반려동물산업의 이해 개정판

개정판

Understanding the Companion Animal Industry

반려동물 산업의 이해

최동락 · 김송병 · 김현주 · 김병석 공저

동문사

"한 나라의 위대함과 도덕성은 동물을 대하는
국민들의 태도로 판단할 수 있다."

마하트마 간디(Mahatma Gandhi)

"건전한 반려동물문화가 건강한 반려동물산업 생태계이다."

머리말

현재 가장 혁신산업 분야를 꼽으라면 단연 IT분야일 것이다. 4차 산업혁명과 기술 발전으로 IT 관련 범국가적인 정책과 맞물려 급성장하고 있다. 이러한 산업동향과 함께 급성장하고 있는 산업이 반려동물 산업이다. 최근 정부 및 지자체에서뿐만 아니라 민간기업체에서도 많은 사람들이 반려동물 산업에 대하여 관심을 기울이고 있다. 하지만 체계적이지 못한 관리와 산업구조 때문에 통합적인 솔루션이 부재한 실정이다.

반려동물산업은 반려인과 반려동물과 함께 성장해 왔다. 그러나 반려동물 산업을 문화의 관점에서 바라본다면 반려동물보호 · 복지 및 생명존중에 대한 메시지가 부족한, 즉 다시 말해 교육이 부재한 채로 성장해 왔다. 체계적인 적절한 교육이 없어 최근 반려동물산업과 문화 등에 사회적 문제가 많이 발생하고 있다. 급성장하고 있는 산업에 맞추어 체계적인 교육시스템을 구축하고 시행하여 비반려인(일반국민)들도 공감할 수 있는 문화가 조성되어야 한다.

그러나 정부와 기업은 세수입과 이윤창출에만 매달려 건강한 반려동물 산업 생태계 조성과 건전한 문화 조성이 미흡하였다. 그래서 소비자들은 지출비용 대비 문화에 대한 혜택은 부족했다.

반려동물 산업이 발전하기 위해서는 반려동물 소비자(반려인)와 비반려인(일반 국민)의 소리가 적극 반영되어야 한다. 하지만 소통이 부족하여 속고 속이는 매매도 빈번하여 소비자들의 불신이 팽배하다.

최근에는 반려동물 산업에 IT기술을 접목한 플랫폼이나 모바일 홈페이지 등 다양한 프로그램과 연결된 상품과 서비스들이 많이 쏟아져 나오고 있다. 또한, 연예인 마케팅을 이용하는 투자를 하기도 한다. 마케팅 수단인 스토리텔링으로 반려인의 공감을 자극하기도 한다. 그러나 투자 대비 좋은 효과를 내지 못하고 있다. 그 이유는 반려동물 소비자 반려인의 공감을 얻지 못하기 때문이다. 또한 반려동물과 직접 생활을 해본 경험이 중요하다. 사람과 용품 사이에 반려동물이 중간매개체 역할을 하기 때문이다.

농협경제연구원은 반려동물 관련 시장 규모가 2020년 5조 8100억 원까지 성장한 것으로 내다봤다. 이미 주얼리 산업 전체 시장규모를 초월한 이른바 펫코노미(Pet+Economy) 시대로 들어서고 있다.

반려동물 산업은 매년 성장세를 보이고 있다. 더불어 반려동물 수와 반려인도 급속도로 늘어나고 있다. 그에 따라 반려동물과 관련된 문제와 갈등이 곳곳에서 발생하고 있다. 반려동물산업은 반려동물을 양육하는 반려인 소비자들과 비반려인 소비자들과 소통하기 위한 체계적인 교육시스템 부재에 대한 해결이 시급하다. 또한, 반려동물산업이 고성장을 하면서 관련 하이테크 기술 상품들도 많이 출시된다. 급성장 산업에 맞는 문화도 뒷받침되어야 한다. 하지만 체계적인 교육시스템이 없다. 그래서 올바른 반려동물문화 이해가 부족하여 사회 전반적으로 산업의 성장과 더불어 개물림 사고, 짖음 소음, 배변처리 그리고 반려동물 유기와 안락사 등의 문제가 증가하고 있다.

한 사람의 필자로 부족하고 작지만 두 사람 세 사람이 공감하여 건강한 생태계로 우리나라 반려동물산업과 문화의 발전에 작은 도움이 되었으면 한다. 또한, 반려인과 반려동물, 비반려인(일반 국민)의 행복한 공존문화 그리고 관련 전공 대학생들에게도 폭넓은 전공 상식을 이해하는 데 작은 도움이 되었으면 한다.

그리하여

1부 시대를 알고 빅픽처(Big picture)로 내일을 준비하자…

제1장 디지털 세상과 5차 산업혁명 그리고 제2장 긱경제(Gig Economy)와 5차 산업혁명 시대를 최대한 이해하도록 압축 정리하여 제3장에서는 미래경제사회를 예측해 보고 그에 맞는 미래설계와 필요 인간형을 각 7가지로 정리하였다.

2부 반려동물문화와 산업도 타산지석으로…

반려동물산업과 문화 발전에 반면교사로 우리를 알고 해외 다른 나라 반려동물문화와 산업의 장단점을 참고하여 더 발전할 수 있도록 먼저 제4장에서는 국내 반려동물산업 현황과 국내 반려동물보호 및 관리체계를 정리하였고, 제5장부터 제9장까지는 우리나라 산업과 관계성과 선진 반려동물문화를 고려한 미국, 중국, 독일, 일본 해외 4개국과 우리나라 반려동물산업과 문화를 비교해 볼 수 있도록 선정하여 반려동물시장 개황, 반려동물문화의 특징, 그리고 4 · 5차 산업혁명시대 기술을 고려한 반려동물 하이테크 상품시장을 정리하였다. 또한 우리나라 반려동물 산업 발전과 성장과정에서의 사회적 문제점들을 정리하였다.

3부 반려동물문화와 산업에도 소비자중심, 소비자 주도…

반려동물산업시장에서도 소비자의 선택을 받지 못하면 살아남을 수 없다. 그래서 반려동물산업의 소비자(반려동물, 반려인 그리고 비반려인) 소비 성향과 니즈를 분석하였다.

제10장 반려동물문화와 산업에 대한 소비자 니즈 분석과 제11장 반려동물 산업 및 소비자 분석과 조사결과와 시사점 그리고 제12장에서는 분석 시사점별

정책제안을 하였으며 제13장에서는 반려인과 비반려인 설문조사 과정에서 주어진 문항 외 자율서식으로 표현한 내용들을 반려동물산업 발전과 자율 창의적 반려동물문화 발전 그리고 공존문화 협업에 매우 귀중하다고 판단하여 테마별로 정리하였다.

그리고 초판에 이어 챗GPT 도움을 더하고 최신 동물보호법을 보완하여 개정판 책이 출판되기까지 도움 주신 분들께 감사함을 전합니다. 동문사 출판사 이중수 사장님 유재영 상무님 그리고 세심하게 챙겨준 편집부 직원분들 그리고 바쁨 중에 기꺼이 감수를 해주신 옆방 연구실 교수님 다시 한번 감사를 드립니다.

2023년 여름

저자 일동

차 례

PART 2 반려동물문화와 산업 발전에도 타산지석으로…

PART 3 반려동물문화와 산업 발전에도 소비자 중심 소비자 주도이다

PART 1

시대를 알고 빅픽처(Big picture)로 내일을 준비하자…

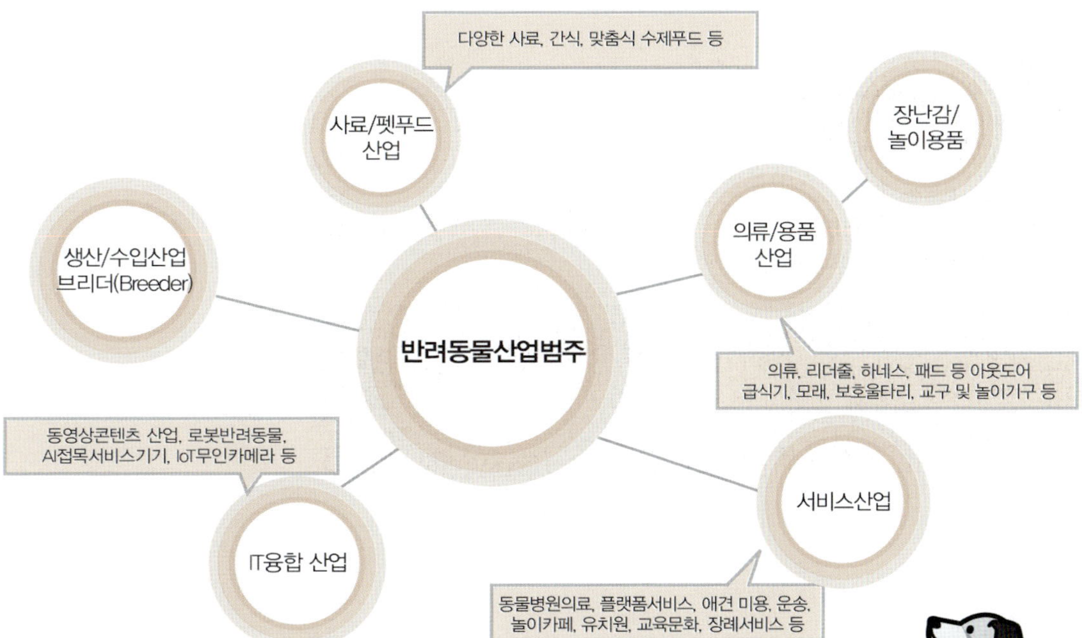

서 론

전 세계적인 추세이다. 반려동물산업은 지속적으로 성장하고 있다. 반려동물을 가족으로 사람과 동일시하는 현상인 펫 휴머니제이션(pet humanization)이 반려동물산업과 시장 성장의 기폭제이다.

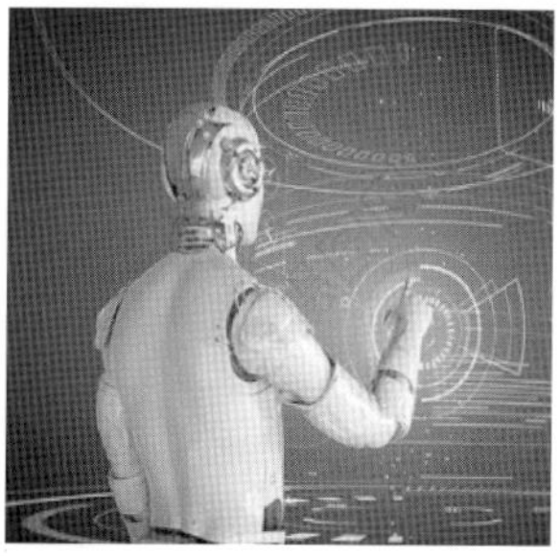

또한, 2019년 하반기부터 시작된 코로나19 바이러스 위험에 따라 집에 있는 시간이 늘어나면서 팬데믹 퍼피(pandemic puppy)라는 신조어가 탄생할 정도로 반려동물과 같이 생활하는 반려인 수 또한 크게 증가하고 있다.

반려동물산업과 시장이 커짐에 따라 많은 파생상품과 산업 그리고 일자리들이 매우 다양해지고 있다. 그중 제일 주목받는 것은 IoT 사물인터넷과 연결된 첨단 기술과 융합된 펫 용품과 동물보건사 국가자격증제도 그리고 2024년 세계 최초로 시행하는 "반려동물행동지도사" 국가자격증 제도이다.

수의사 진료 보조 '동물보건사' 국가자격시험이 2022년 2월 첫 시행했다. 동물보건사는 동물병원에서 수의사 지도 아래 동물 간호 또는 진료 보조 업무에 종사하는 사람으로 동물진료와 관련된 전문인력 육성을 위해 수의사법 개정으로 도입됐다.

정부발표 자료에 따르면, 빠르게 성장하는 반려동물산업 분야에 새로운 일자리 창출과 양성화 정책으로 '동물보건사' 제도 시행과 반려동물산업 관련 국가자격증 및 국가공인 자격증제도를 확대 시행할 것이라고 한다.

4차 산업혁명 시대에 첨단 IT와 연결된 하이테크 기술이 반려동물시장에도 등장했다. IoT 사물인터넷과 연결된 IT 기술이 발전으로 반려동물을 기르는 가구 수가 증가하면서 이제는 인간의 생활환경뿐만 아니라 인간의 동반자인 반려동물의 윤택한 생활까지 기대할 수 있게 되었다. 이에 따라 '펫테크' 산업이 새롭게 주목받고 있다. '펫테크(Pet-tech)'란 반려동물(pet)과 기술(technology)을 합친 신조어로, 반려동물을 안전하게 돌볼 수 있는 서비스와 용품을 제공하기 위하여 IoT(사물인터넷), AI(인공지능)와 Big Data(빅데이터) 등을 이용하는 기술이다.

4차 산업혁명이 더욱 발전된 형태의 6-7G 통신망 설치와 속도네트워크, 사물인터넷이 만물인터넷으로 연결된 빅데이터 시대로 빅데이터 기반 인공지능 로봇이 사람 수준과 비슷하거나 능가하는 실용화 시대, 즉 5차 산업혁명시대로 이어지고 있다.

지금까지 아무도 경험해보지 못한 새로운 시대를 접하게 될 것이다. 이러한 미래를 준비하면서 누구나 스스로에게 질문을 던져보자. 그리고 질문에 대한 답을 찾으려고 노력하면서 내일을 준비하자.

질문1) 10년 20년 미래 어떤 사람이 인정을 받을까??

질문2) 5차 산업시대(인공지능 공존시대)에 어떤 인재를 원하고 어떤 인재가 인정을 받을까?

질문3) 인공지능 공존사회에 좋은 직업을 얻기 위해 무엇을 준비해야 할까??

1900년 부활절 날(왼쪽), 1913년도 부활절 날(오른쪽)
1900년과 1913년의 뉴욕 5번가 전경

1900년까지만 해도 뉴욕 중심가 거리는 마차가 지배하고 있었다. 불과 13년 만에 완전 다른 세상이 되었다. 1913년 자동차로 바뀌었다. 많은 전문가들이 1900년 초 포드가 자동차를 생산할 것이라고 예견했지만 설마 하면서 한 번도 접해보지 않은 자동차 시대를 대부분의 사람들은 믿지 않았다. 그래서 말을 타는 법을 배우고 마차를 끄는 법과 말발굽 수선 등 기존의 방법을 열심히 고수하였다. 하지만 사회변화에 빠르게 준비하는 미래형 사람들은 자동차 운전하는 방법과 자동차 기술을 배우고 자동차 시대에 대비하였다. 현재가 바로 이러한 변화의 시기라고 생각한다.

디지털 세상과 5차 산업혁명

Chapter 01

1 디지털 세상

디지털이란 정보를 0과 1의 수치로 변환시켜 소통하는 기술을 말하는 것이다. 정보가 디지털화되면 모든 기기들을 한 곳에 통합시킬 수 있다. 소위 멀티미디어가 가능하다. 즉, 옛날에는 음향은 '라디오', '오디오', 영상은 '비디오' 계산은 '계산기', 글쓰기는 '타자기' 등으로 나눠서 사용했지만, 디지털 시대에는 이런 것들을 하나의 기기에서 사용할 수 있다는 것이다. 가장 대표적인 것이 컴퓨터이다.

컴퓨터와 정보통신 네트워크를 기반으로 생산과 소비, 소통과 관계, 융합과 연결 등으로 산업혁신, 기술혁신, 노동혁신, 교육혁신 등 삶과 사회 전반에 거대한 혁신이 예고되고 있다. 또한, 디지털 기술의 발전은 COVID-19와 함께 언택트 사회로 급격하게 변화되어 온라인 쇼핑, 온라인공연, 원격의료, 비대면원격 교육 등의 비대면 온라인 산업이 급성장할 것으로 전망된다. 연결과 공유경제의 플랫폼 산업도 더욱 활성화될 것이다. 가상현실과 증강현실 그리고 혼합현실 등의 또 하나의 세상이 도래하면서 메타버스 관련 산업도 크게 발전할 전망이다. 반면, 기존의 아날로그 오프라인 대면 산업은 크게 위축될 것이다.

디지털 전환은 노동과 일자리도 바꾸어 놓고 있다. 재택근무, 원격근무, 1인노동 시대가 급격하게 확대될 것이다. 필요할 때 필요 기간만 계약 고용하는 긱경제(Gig Economy)가 일상 경제가 될 것이다. 좋은 직업의 개념도 바꾸어 놓을 것이다. 디지털 직업, 데이터관리 직업, 디지털 의료, 디지털 교육 등 디지털 기술 기반이 될 것이다. 인공지능 선생님도 등장할 것이다. 반면, 디지털 기술로 무장 되지 않으면 좋은 직업도 갖기 어려울 것이고 직업의 가치도 떨어질 것이다.

"디지털 세상"이란 디지털 기술이 적용되어 모든 것이 디지털화되어 가는 세상을 말한다. 이는 인터넷, 모바일 기술, 인공지능, 빅데이터, 사물인터넷 등의 기술이 발전하면서 현실 세계와 디지털 세계가 융합되어 가는 추세이다. 디지털화는 생산성과 효율성을 높여주는 동시에 새로운 산업과 일자리를 창출할 수 있는 가능성을 열어준다. 또한, 이러한 기술의 발전으로 인해 다양한 산업과 분야에서 혁신적인 서비스와 제품이 출시되며, 소비자들은 보다 편리하고 효율적인 서비스를 경험할 수 있게 해준다.

하지만 이에 따른 개인정보보호, 디지털 격차, 윤리적 문제 등의 문제도 제기되고 있어 적극적인 대처가 필요하다.

1) 디지털 개념

디지털은 0과 1의 이진법으로 데이터를 처리하는 기술이다. 이러한 이진법은 전자적인 신호로 변환되어 처리되는데, 이는 컴퓨터, 스마트폰, 인터넷 등 모든 디지털 기기와 서비스에 적용되고 있다. 이진법을 사용하면 더욱 정확하고 안정적으로 데이터를 처리할 수 있으며, 대용량의 데이터를 빠르게 처리할 수 있는 이점도 있다. 또한, 디지털 기술은 빅데이터, 인공지능, 사물인터넷 등과 같은 새로운 기술과 융합하여 더욱 발전하고 있으며, 산업과 경제, 사회 등 모든 분야에서 큰 변화를 가져오고 있다.

디지털은 "digit"이라는 영어 단어에서 유래한 용어로, "숫자"나 "숫자로 표현된 정보"를 의미한다. 디지털은 아날로그와 대비되는 개념으로, 아날로그 신호를 일정한 시간 간격으로 샘플링하여 이산적인 값으로 나타내는 방식을 말한다. 이러한 방식으로 나타낸 디지털 정보는 논리적인 구조를 가지며, 이를 기반으로 컴퓨터 등의 디지털 시스템에서 다양한 연산과 처리를 수행할 수 있다. 따라서, 디지털 기술은 컴퓨터, 인터넷, 모바일 디바이스, 디지털 카메라 등과 같은 다양한 분야에서 활용되며, 우리의 삶을 크게 변화시키고 있다.

예를 들어, 아날로그 방식은 0시부터 12시까지를 표기한 면에 시침과 분침을 사용하여 시간을 나타낸다. 그러나 디지털방식 시계는 바늘이 없이 11:04처럼 숫자로 표기하여 11시 04분이라고 알려주기도 한다.

출처: Ideenouveau

요약해보면, 디지털이란 의미를 세 가지로 압축할 수 있다. 첫째, 숫자와 연관되어 있다. 둘째, 컴퓨터와 관련을 맺고 있다. 셋째, 디지털이란 컴퓨터를 기반으로 검색, 생산, 소비, 감상 그리고 즐기는 매체 활동이다. 연결하여 디지털매체, 디지털콘텐츠, 디지털 산업, 디지털 세대 등의 개념용어가 등장하였다. 그래서 4차 산업을 digital transformation 디지털 혁신이라고 한다.

2) 디지털 소비

누구나 인지할 것이다. 우리는 모든 것이 풍요로운 세상에 살고 있다. 금전적 여유만 있으면 무엇이든 손에 넣을 수 있다. 불과 40년 전만 해도 제품생산이 부족하여 돈이 있어도 원하는 소비를 얻지 못하였다. 생산자의 입장에선 생산만 하면 비싼 값으로 상품을 판매할 수 있었다. 살 사람 수요는 많은데 생산 공급이 부족하여 생산자 중심이었다. 당연하게 생산하여 판매하려는 사업자가 늘어나게 되어 공장에서 생산하는 제품의 양도 크게 증가하였다. 그리하여 수요와 공급이 적당히 균형을 이루는 시대가 되었다.

〈액티브 시니어, 디지털소비 활발, CEO&. 2021.09.06.〉

이러한 시대도 잠시 약 20년 전부터 공장 자동화 등으로 생산 산업생태계에 큰 변화가 일어나게 되었다. 대량생산과 유사제품 등 생산량이 큰 폭으로 늘어나면서 생산자가 판매를 걱정하게 되었다. 생산 제품을 하나라도 더 팔기 위해 상품 가격을 낮추거나 더 좋은 상품을 만들어내어야 했다. 이렇게 해도 소비자의 선택을 받기 힘들어 이익의 폭이 줄어들고 때에 따라 밑지고 파는 마이너스 출혈경쟁도 일어나게 된다. 이러한 현상은 계속 이어질 전망이다.

따라서 앞으로 생산자는 소비자가 원하는 좋은 상품과 가격으로 제공하여야 한다. 소비자가 원하는 조건에 맞추어야 한다. 그렇지 않으면 시장경쟁 생태계에서 살아남을 수 없을 것이다.

2 4차 산업혁명을 지나 5차 산업혁명 시대

1) 4차 산업혁명이란?

4차 산업혁명이란 정보통신기술융합으로 생산성 혁신으로 18세기 이후 4번째로 중요한 산업혁명이다. 증기기관의 등장으로 방적기계, 철도차량 등에 기계혁명이 1차 산업혁명이라 한다면 2차 산업혁명은 전기와 석유의 발명으로 자동화 등으로 대량생산이 가능해지면서 자동차, 전기, 통신 산업 등이 부흥한 시기이다. 그리고 3차 산업혁명은 컴퓨터의 등장이다. 컴퓨터 기술의 발전으로 생산과 업무자동화가 실현된 것이다. 그러면 4차 산업혁명 발현 동기는 무엇이고 5차 산업혁명시대는 어떤 것일까?

4차 산업혁명은 지속적인 저성장과 저 생산성의 세계 경제를 극복하기 위한 대안으로 탄생하였다. 세계 주요 국가들이 생산제조혁신을 최우선으로 새로운 성장 동력으로 앞세우면서 4차 산업혁명이 촉발된 것이다. 소비자 선택을 받아 시장경쟁우위를 위한 생산성 혁신이다.

4차 산업혁명을 3차 산업혁명과 비교 재정리해 보면, 첫째, 4차 산업혁명은 세계경제포럼의 슈밥 회장이 말 한 것처럼 3차 산업혁명을 기반으로 컴퓨터, 물리, 화학, 기계 등의 경계를 융합하여 모든 것이 연결되고 지능화되어가는 것이다. 둘째, 4차 산업혁명은 변화와 속도 그리고 범위의 영향력이 3차 산업혁명과 큰 차이가 있다. 셋째, 제품의 생산, 유통, 관리, 통제 시스템에도 큰 변화가 있다.

2) 5차 산업혁명 시대

5차 산업혁명은 4차 산업혁명이 더욱 발전된 형태의 6-7G 통신망설치와 속도 네트워크, 사물인터넷이 만물인터넷으로 연결된 빅 빅데이터시대로 빅 빅데이터 기반 인공지능 로봇이 사람 수준과 비슷하거나 능가하는 시대, 즉 인공지능과 공존하는 시대를 5차 산업혁명시대라고 할 수 있다.

5차 산업혁명은 인공지능, 빅데이터, 사물인터넷, 로봇공학, 자율주행 등의 기술이 발전하고 융합됨에 따라 새로운 산업 패러다임이 형성되는 혁명이다. 이전 산업혁명과는 달리 디지털화와 인터넷 기술의 발전을 바탕으로 경제와 사회 전 분야에 큰 변화를 가져오고 있다. 이를 통해 생산성 향상, 새로운 비즈니스 모델의 등장, 일자리의 변화 등이 예상된다. 또한, 기존의 산업과 경제적 가치관이 완전히 변화하게 될 것으로 전망된다.

5차 산업혁명 시대의 주요 기술로는 첫 번째, 다양한 사물들을 인터넷에 연결하는 사물인터넷 기술로 생활가전제품, 휴대용컴퓨터, 모바일장비, 공장설비와 기계 등을 인터넷에 연결하면 사물이 기록한 데이터를 사용자의 컴퓨터에 보내주면 컴퓨터가 보낸 명령을 받아 사물의 동작을 제어할 수 있다. 더 나아가 사람의 개입 없이 인터넷에 연결된 사물들 간에 데이터를 주고받으면서 딥러닝(Deep learning)을 하여 정보를 공유할 수도 있다. 이러한 사물인터넷 기술이 첨단기술로 각광을 받고 있다. 정보통신기술 자문회사인 가트너에 따르면 사물의 개수가 84억 개에 불과하지만, 앞으로는 수백억 개, 수천억 개로 늘어난다고 한다. 사물인터넷이 만물인터넷이 될 것이다. 이렇게 사물인터넷을 통해 수집한 어마어마한 양의 데이터를 이용하면 지금보다 더 효율적 모든 시스템을 관리할 수 있을 것이다.

〈IoT. 사물인터넷의 역사〉

출처: MM Korea

두 번째, 빅데이터이다. 수집과 유통이 빠른 어마한 양의 데이터를 말하며, 데이터의 크기가 1테라바이트 크기의 외장형 하드디스크 약 1,000개의 분량으로 정형화된 형식과 비정형화된 데이터 형식도 포함한다. 어마한 양의 데이터를 분석하고 학습하면 그 안에 수많은 가치를 발견할 수 있다.

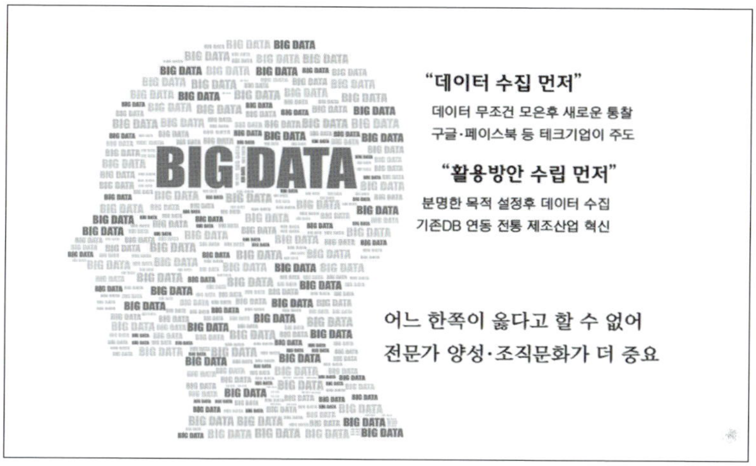

〈Biz Focus. 빅데이터 수집이 먼저냐 활용이 먼저냐…
결국 사람에 달렸다. 2016.5〉

세 번째, 기술은 인공지능이다. 인간이 지닌 지적능력과 인지능력을 기계에 인공적으로 구현한 것이다. 사람이 공부를 하여 지식을 쌓는 것처럼 기계를 학습시켜 인간이 하던 일을 대신하도록 만든 것이다. 10만 개가 넘는 바둑 기보를 학습해서 세계 최고바둑기사를 물리친 "알파고"가 대표적 사례이다. 인공지능은 1956년 미국의 '존 매카시'라는 사람에 의해 처음 탄생하여 알고리즘의 수준이 낮고 학습시킬 데이터가 부족하여 연구중단 위기 과정을 거치고 1900년대 후반 컴퓨터 기술이 발달하고 빅데이터가 등장하면서 인공지능 연구가 다시 활기를 띠기 시작하여 2006년에 이르러서는 사람이 알려주지 않은 데이터의 특징까지 스스로 추출 해내는 수준까지 발전하였다. 소위 딥러닝(Deep Learning)이라고 부르는 학습방식이다. 인공지능 기술은 자율주행 자동차, 스마트 팩토리, 스마트팜, 인공지능금융투자 등 각종 지능정보 시스템이 많이 발전할 것이다.

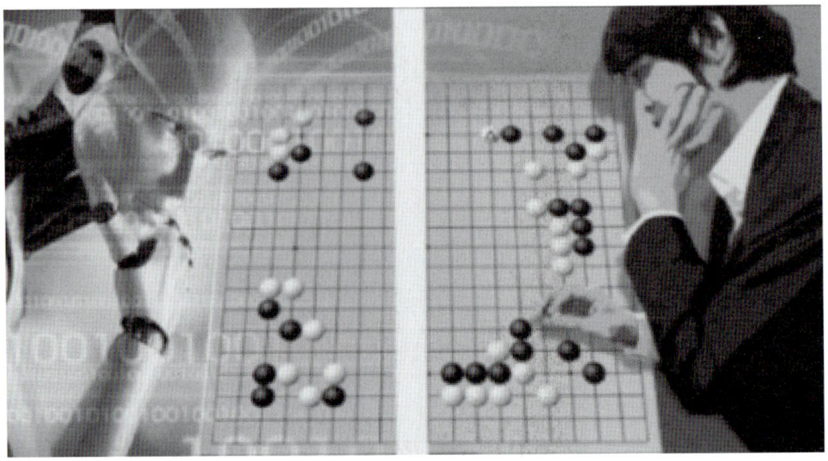

〈이세돌 9단과 인공지능(AI) 프로그램 '알파고' 세기의 첫 대결 2016.03 중앙뉴스〉

네 번째, 기술은 로봇이다. 로봇은 전기 등 동력을 제공받아 인간과 유사한 기능을 수행하거나 스스로 작업을 하는 능력을 가진 기계를 말한다. 로봇은 미국의 '유니메이트'라는 회사에서 1959년 최초로 산업용 로봇을 개발한 이래로 발전을 이뤄왔다. 1974년 컴퓨터제어 산업용 로봇, 1997년 일본 혼다사에서 인간형 로봇을 1999년 일본 소니사에서 애완로봇을 선보였다. 우리나라는 1986년 용접용 로봇을 시작으로 1990년대 말기에는 가정용, 교육용, 오락용 로봇이 선보였다.

로봇은 인간이 해오던 많은 일들을 대신하고 있다. 단순 따분한 반복 작업은 물론 독극물처리, 폭발물 제거 등 위험한 작업을 대신하기도 한다.

뿐만 아니라 가사를 돕거나 환자를 돌보는데도 로봇이 큰 역할을 하고 있다. 앞으로 로봇의 쓰임새는 큰 폭으로 늘어날 것이다.

〈동물 - 로봇상호작용 실험에 사용된 휴머노이드 '나노'
SoftBank Robotis The Science Times, 2020.05〉

다섯 번째, 3D프린트(3D Printer) 기술이다. 잉크젯 프린트는 물감을 종이에 쏘아 인쇄하는 것처럼 3D프린터는 소재를 여러 겹으로 쌓아 입체적인 물체를 만드는 것이다. 1988년 미국의 '3D 시스템즈'라는 회사가 최초로 제품을 내놓았고, 1989년 텍사스대학의 '카알 데커스'라는 학생이 레이저로 분말을 녹여 굳히는 SLS 방식의 3D를 개발하였다. 1991년 세계 1위의 3D프린트 회사인 '스트라타시스' 회사가 플라스틱 필라멘트를 녹여 물체를 쌓아 올리는 FDM 방식의 프린터를 시장에 내놓았다. 그러나 가격이 비쌀 뿐 아니라 제품의 종류도 다양하지 못해 3D프린터 보급은 활발하지 못했다. 그러다가 2000년대 초에 앞에서 소개한 기술들의 특허기간이 만료되자 많은 회사들이 뛰어들기 시작하여 다양한 제품과 가격도 낮아졌다. 하지만 소재가 제한적이고 속도가 만족할 수준이 아니지만 이러한 문제는 곧 극복될 것이다.

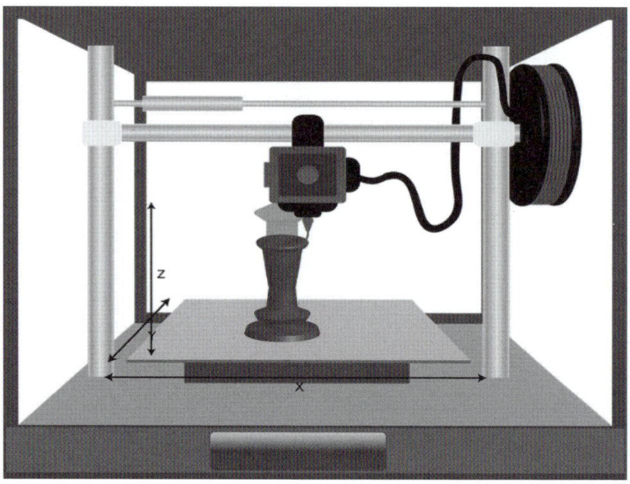

〈3D프린터는 집 안에 있는 공장이다. 매거진 Futurist, Dec.11.2017〉

여섯 번째, 자율주행 자동차이다. 말 그대로 운전자의 핸들 조작 없이 스스로 도로 위를 주행하는 자동차를 말한다. 목적지만 알려주면 자동차 스스로 길을 찾고 속도와 신호를 지키며 장애물을 비켜 목적지에 도달하는 것이다. 그중 제1단계를 차선이탈 경보, 2단계는 운전대와 페달 조작하지 않고 주행 가능한 능동 제어 단계이다. 3단계는 구글 자율주행차와 같이 교통신호와 도로 흐름을 인식하여 운전자의 개입을 최소화해주는 제한적 자율주행단계이며, 4단계는 모든 상황에서 운전자의 개입이 필요 없는 완전 자율주행단계이다. 테슬라 등 자동차회사는 물론 구글, 애플 등의 IT기업들도 핵심기술 개발에 박차를 가하고 있다. 가장 앞서있다고 평가하는 구글의 경우 200만Km가 넘는 거리를 벌써 시험 주행을 하였다.

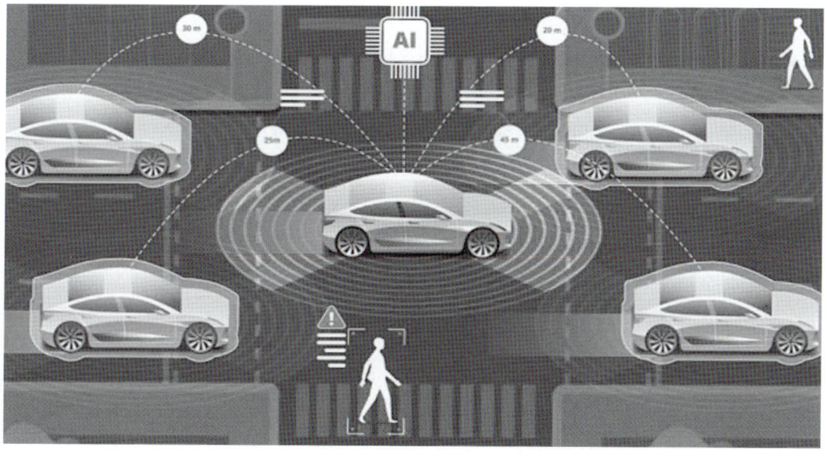

〈167.자율주행차 -15. 완전 자율주행차 시대, 정말로 도래할까? GLOBAL AUTO NEWS, 2021.10.24.〉

일곱 번째, 드론이다. 무인 항공기를 통틀어 드론이라 한다. 1930년대 중반 영국해군 표적용으로 개발한 원격조정용 비행기에서 비롯됐다. 목적에 따라 형태도 다양하여 헬리콥터, 멀티로터 등 다양하며, 크기 또한 곤충의 몸집만 한 것에서 사람이 탈 수 있을 정도의 큰 드론도 있다. 드론은 크게 비행체의 속도와 이동거리를 조종하는 제어부와 비행체의 속도와 좌표, 장애물을 감지하는 센서부 그리고 지상에 있는 장비와 데이터를 주고받는 통신장치 등 여러 개의 부품들로 구성되어 있다. 용도로는 군에서 사격용 목표물과 적진 감시용도 사용되었다. 하지만 지금은 교통관측, 건설현장 감시, 재난구조, 환경오염 제거, 농약살포와 산림 보호 등 다방면으로 이용된다. 앞으로도 기업은 물론 개인과 가정에서도 드론을 활용할 것이다.

〈드론의 '배송혁명'이 시작됐다. LG CNS, 2021.1.15.〉

여덟 번째, 모바일과 클라우드 기술이다. 먼저 모바일기기이다. 우리가 알고 있는 스마트폰이 세상에 선보인 지 어언 20년이 돼간다. 그동안 스마트폰이 나오기 전에는 상상도 못 했던 많은 것들을 체험했으며 경험하고 있다. 손바닥만 한 스마트폰으로 못 하는 것이 없을 정도로 편리한 생활을 하고 있다. 이러한 모바일기기는 앞으로도 그 활용이 더욱 확대될 것으로 전망된다.

클라우드는 따로 떨어진 것들을 하나의 네트워크로 연결하고 원격으로 필요한 작업을 수행할 수 있는 기술이다. 클라우드 서비스를 이용하면 자신이 생성한 데이터를 원격 저장장치에 보관, 검색 또는 열람을 할 수 있다. 뿐만 아니라 클라우드 서버에 있는 프로그램을 원격으로 접속하여 원하는 작업을 수행할 수도 있다. 앞으로 클라우드 서비스는 빅데이터와 인공지능과 함께 중요한 역할을 하게 될 것이다.

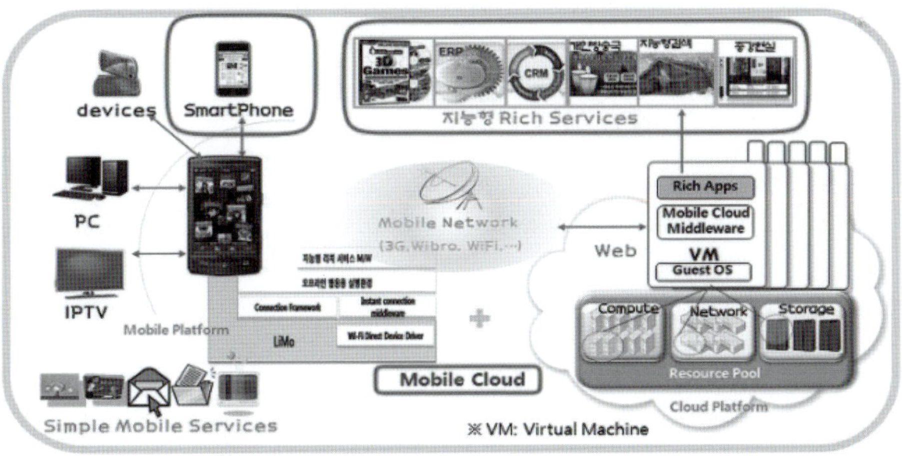

〈모바일 클라우드 구성도 - 지식경제부 보도자료〉

아홉 번째, 마지막으로 소개할 5차 산업혁명 기술은 가상현실과 증강현실이다. 가상현실은 컴퓨터기술을 이용하여 인공적으로 만들어낸 특정 환경이나 상황을 의미한다. 가상현실 기술을 이용하면 현실 세계에서 존재하지 않는 것까지도 경험할 수 있다. 책상에 앉아서 잠수함을 타고 바닷속을 체험할 수 있고, 패러글라이딩을 타고 하늘을 날아다닐 수도 있다. 또한, 멀리 있는 물건도 마치 눈앞에 있는 것처럼 보고 만질 수 있다.

반면, 증강현실은 현실 세계와 가상세계를 합쳐 하나의 동영상으로 보여주는 것이다. '포켓몬 고'라는 게임도 증강현실 기술을 이용한 것이다. 게임 앱이 설치된 스마트폰으로 거리나 건물을 비추면 포켓몬이라고 하는 캐릭터가 나타나거나 사라지도록 한 것이다. 앞으로 가상현실과 증강현실 기술은 우리 생활을 더 윤택하고 편리하게 만들어 줄 것이다.

〈사람들이 삼성 휴대폰을 구입하는 5가지 이유 가젯바이트, 2017.3.2.〉

긱 경제(Gig Economy)와 5차 산업혁명 시대

Chapter 02

1 변화의 속도와 긱(Gig) 경제

Gig 서비스는 인터넷을 통해 제공되는 일시적이고 유연한 일자리나 서비스를 말한다. 이러한 서비스는 다양한 분야에서 제공된다. 예를 들어, Chat-GPT 생성형 대규모언어 모델 Open AI 등을 활용한 디자인, 프로그래밍, 마케팅, 글쓰기, 번역, 비디오 제작, 음악 제작 등 다양한 분야에서 Gig 서비스가 제공된다.

Gig 경제는 이러한 Gig 서비스가 제공되는 경제를 말한다. Gig 경제에서 일하는 사람들은 종종 프리랜서 또는 독립 기술자로서 일을 한다. 이들은 보통 전통적인 고용 모델과 달리 프로젝트별로 일하며, 클라이언트나 고객과 직접적으로 협력하게 된다.

Gig 경제는 기업의 비즈니스 모델과 고용 관행에 변화를 일으키고 있다. 기업들은 비용 절감, 유연성, 전문성, 민첩성 등을 이유로 Gig 경제를 이용하고 있다.

반면, 일자리를 찾는 개인들은 자신의 역량과 시간을 효율적으로 활용할 수 있으며, 더 많은 자유와 유연성을 누릴 수 있다.

Gig 경제의 성장은 일자리 시장과 경제에 대한 이해를 변화시키고 있다. 이러한 변화는 잠재적인 이점과 함께 일자리와 소득 불균형, 사회적 보호 등의 문제도 함께 가져올 수 있다. 따라서 Gig 경제가 가지는 잠재적인 이점을 극대화하고, 부작용을 최소화하기 위한 규제와 정책 개발도 함께 필요하다.

Gig 서비스를 제공하는 사람들을 'Gig 워커'라고 하며, Gig 경제는 이러한 Gig 서비스가 발전하면서 형성된 경제 생태계를 말한다. Gig 경제에서는 전통적인 일자리나 고용 형태가 아닌 임시적인 일자리나 프로젝트를 수행하는 개인들이 주체가 되어 경제가 돌아간다. 따라서 기업이나 조직과 직원 간의 관계에서 벗어나 개인과 개인 간의 관계가 중심이 되는 경제 체제이다.

Gig 경제는 일자리와 수익을 창출하는 새로운 방식으로 간주된다. 많은 사람들이 이를 취미나 부업 알바로 시작하여, 고정적인 일자리에 플러스 2잡 · 3잡의 형태로 다양한 기술을 가진 사람들이 직접적인 서비스를 제공하면서 수익을 창출하는 경제 모델이다. 따라서 기존의 고용 체제에서 벗어나고, 새로운 경제 모델을 통해 취업 기회를 창출할 수 있는 장점이 있다. 그러나 이러한 모델은 일정 수준 이상의 경제 안정성이 요구되며, 일부 분야에서는 고정적인 일자리나 직업이 필수적일 수 있다.

정보통신기술 발달로 우리의 일상도 빠른 속도로 변화하고 있다. 이러한 변화에 산업과 직업의 변화도 예측해 보자. 반드시 인지하고 넘어가야 할 것이 바로 기술의 발전 속도이다. 기술의 발전에 따라 산업이 변화는 속도이다. 미국의 한 전문가 기업에 따르면 10년 후에는 지금의 천 배를 능가하는 기술 수준이 될 것이라고 한다. 또한, 기업의 수명이 60년대에는 60년에 이르렀는데 최근에는 20년으로 단축되었고, 앞으로는 기업수명이 더 짧아질 것이다.

그렇다면 앞으로 직업세계는 어떤 변화가 일어날까? 현재 우리가 가지고 있는 직업들은 어떤 변화가 있고 얼마 동안 유지할 수 있을까? 또한, 지금처럼 한 직장에 오래 다니는 것이 가능할까? 하는 질문을 스스로에게 해보자. 여기에 대한 답은 '아니다.'일 것이다. 기술이 빠르게 변화 발전되는 만큼 직업도 거기에 맞추어 변화될 것이다. 그래서 한번 공부한 것을 평생 써먹는다는 것은 있을 수 없다. 적어도 서너 번 아니 그 이상의 직장을 바꾸거나 직업을 바꾸어야 할 것이다.

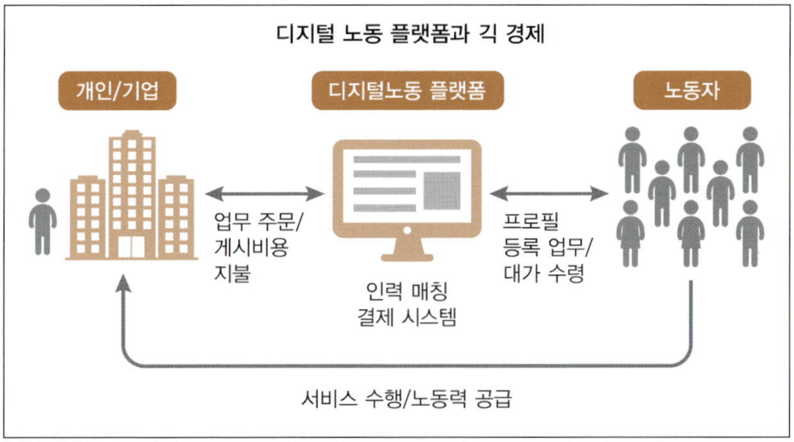

〈Staffing Industry Analysts(2018) 재구성〉

이미 미국에서는 직장에 소속되지 않고 프리랜서로 홀로 일을 하는 사람의 숫자가 큰 폭으로 증가하고 있는 추세다. 우리나라도 1인기업 또는 1인 지식기업 전문가 활동들이 크게 늘어나고 있다. 심지어는 이들에게 일자리를 알선해주는 미국의 섬텍(Thumbtack), 우리나라의 숨고, 크몽 등 온라인플랫폼 회사가 등장하고 있다. 이와 같은 것을 긱 서비스(Gig Service)라고 하고 이러한 생태계를 긱 경제(Gig Economy)라고 한다.

2 5차 산업혁명 시대 역량

1) 5차 산업혁명

1990년대 전후로 우리나라에 막 컴퓨터가 보급되면서 286이나 386 컴퓨터로 테트리스 게임을 했다. 처음에는 컴퓨터로 게임기구로 사용을 하였다. 당시에는 글 쓰는 것이 타자나 손 글씨로 쓰는 것이 훨씬 익숙했던 때였다. 30여 년의 시간이 흘러 이제 컴퓨터는 슈퍼컴퓨터로 발전하여 용량이나 속도가 무한대로 커져 있어 이제 컴퓨터가 없으면 모든 업무가 마비될 정도이다. 이런 과정에 '알파고'의 등장은 세상 사람들의 관심을 끌기에 충분했다. 인공지능의 존재를 인식하기 시작했다. 그리고 4차 산업혁명이란 단어도 빠르게 우리에게 다가왔다. 지금은 경이로운 기술시대에 서 있고, 기술의 발전 속도가 인간의 적응속도보다 훨씬 빠르다. 이제 4차 산업혁명이란 말을 안 들어본 사람은 없을 것이다.

과거에는 산업혁명이라는 의미와 몇 번째인지 모르더라도 일상생활에 아무런 불편함이 없었다. 그런데 이제 우리는 네 번째 맞이한 산업혁명은 모르는 체할 수 없는 상황이다. 마치 세상이 금방 변화될 것처럼 온 지구가 들썩이고 있기 때문이다. 그런데 4차 산업혁명에 대해 이해하기도 전에 벌써 5차 산업혁명 얘기가 나오고 있다. 그것이 사회나 우리 인간의 삶에 미치는 영향이 막대하다고 보기 때문일 것이다.

산업혁명은 인간이 동물이나 기계 등의 '비인간인 사물'을 이용하여 인간이 하는 노동을 대신함으로써 인간의 노동을 경감시키며, 업무의 효율을 높여온 과정이라고 볼 수 있다. 이러한 산업혁명을 인류는 크게 세 차례 경험했다.

1차 산업혁명은 증기기관의 발명과 사용으로 시작 영국을 패권 국가로 만들었고, 2차 산업혁명은 전기의 발명과 사용으로 유럽을 세계강대국으로 만들었다. 그리고 3차 산업혁명은 컴퓨터의 발명으로 정보화혁명으로 미국을 세계 최강 대국으로 우뚝 서게 하였다. 4차 산업혁명은 인터넷의 등장과 정보통신 네트워크와의 융합으로 전 세계적인 생산성 혁신이다.

5차 산업혁명은 디지털 기술과 혁신적인 기술들이 융합되어 새로운 비즈니스 모델과 가치창출 방식을 만들어내는 혁명적인 변화를 의미한다. 4차 산업혁명에서는 인공지능, 빅데이터, 사물인터넷 등의 기술이 중요한 역할을 하였지만, 5차 산업혁명에서는 이들 기술이 더욱 발전하여 인공지능과 로봇, 사물인터넷, 블록체인, 생명공학 등의 기술이 융합되어 새로운 비즈니스 생태계를 형성하고 있다.

이를 통해 제조업을 비롯한 전통 산업에서도 자동화와 로봇화, 빅데이터와 인공지능 기술을 활용한 생산성 향상, 서비스 산업에서는 디지털 기술을 활용한 창의적인 서비스 제공 등의 혁신적인 변화가 이루어지고 있다. 또한, 신재생 에너지와 스마트 그리드 등의 에너지 분야에서도 인공지능, 사물인터넷, 블록체인 등의 기술이 활용되어 지속 가능한 성장과 환경 보호가 가능해지고 있다.

하지만 이러한 혁명적인 변화가 불안정한 일자리, 개인 정보 보호 등의 문제를 일으키고 있기 때문에, 적극적인 대응이 필요하다. 이를 위해서는 산업과 교육부문에서 적극적인 혁신과 연구개발을 추진하며, 교육과 기술개발을 통해 인재양성과 역량 강화가 필요하다. 또한, 국가 및 기업은 혁신적인 비즈니스 모델과 사회적 가치를 중시하는 경영 전략을 수립하여, 혁명적인 변화를 대처하고 적극적으로 활용할 수 있도록 해야 한다.

5차 산업혁명은 인공지능, 빅데이터, 사물인터넷 등 디지털 기술의 발전으로 인해 새로운 산업혁명이 일어나는 것을 의미한다. 이전 산업혁명과는 달리 5차 산업혁명은 기존 산업을 대체하는 것이 아니라, 새로운 가치를 창출하고 새로운 산업을 창출하는 방향으로 전개된다.

5차 산업혁명은 다양한 기술들이 상호작용하면서 발전하고, 이를 통해 인간의 삶과 사회 전반에 큰 변화를 가져올 것으로 예상된다. 예를 들어, 스마트팩토리를 비롯한 산업용 IoT 기술은 생산성과 효율성을 대폭 높일 것으로 예상되며, 자율주행차 기술은 교통체증 문제를 해결할 수 있을 것으로 기대된다.

또한, 5차 산업혁명은 새로운 일자리를 창출할 뿐 아니라, 기존의 일자리를 대체하거나 변화시킬 가능성도 있다. 이를 고려하여 교육과 직업 교육에 대한 새로운 접근과 정책 등이 필요할 것으로 보인다.

〈AI vs 휴먼〉

5차 산업혁명은 인공지능이 인간과 동등하거나 뛰어넘는 세상이며 인간과 로봇이 공존하는 세상이다. 이런 세상은 인류 전체와 인간 자체에도 큰 변화를 맞이하게 될 것이다. 아직 도래하지는 않았지만 언제 어떻게 다가올지 모르는 세상은 인류에게 인간에게 새로운 생존능력을 요구할 것이다.

5차 산업혁명 시대에 필요한 역량은 크게 두 가지로 나눌 수 있다. 첫째는 디지털 기술과 관련된 역량이고, 둘째는 창의적이고 유연한 사고와 협력적인 역량이다.

디지털 기술과 관련된 역량으로는 인공지능, 빅데이터, 사물인터넷, 블록체인 등의 기술에 대한 이해와 활용 능력과 역량이 중요하다. 이러한 기술들을 활용하여 문제를 해결하거나 새로운 가치를 창출하는 능력이 필요하다.

또한, 창의적이고 유연한 사고와 협력적인 역량도 매우 중요하다. 빠르게 변화하는 환경에서는 새로운 아이디어를 연결해내는 것도 중요하며, 다양한 분야와 사람들과 협력하여 문제를 해결할 수 있는 능력이 필요하다. 따라서, 자기주도적인 학습과 문제해결 능력, 창의성과 협력력을 발휘할 수 있는 능력과 역량이 요구된다.

더불어, 커뮤니케이션 능력도 매우 중요하다. 디지털 기술의 발전으로 인해 비대면으로 일하는 경우가 많아지고, 다양한 문화와 배경을 가진 사람들과 협력하는 경우가 많아졌기 때문이다. 따라서, 명확하고 효과적인 커뮤니케이션 능력이 필요하다.

필요역량을 세부적으로 구분하여 정리하면 여섯 가지로 구분할 수 있다.

첫째, 디지털 역량이다. 디지털 기술에 대한 이해와 활용 능력이 필요하다. 코딩, 데이터 분석, 인공지능 등의 기술을 습득하고 활용할 수 있는 역량이 있어야 한다. 둘째, 창의성 역량이다. 창의적인 아이디어를 발견하고, 문제 해결 방안을 제시하는 능력과 역량이 필요하다. 디지털 기술을 활용하여 새로운 가치를 창출하는 아이디어를 생각할 수 있어야 한다. 셋째, 문제 해결 역량이다. 복잡한 문제를 해결할 수 있는 능력과 역량이 필요하다. 다양한 정보를 수집하고 분석하여 문제를 해결하는 능력이 필요하다. 넷째, 협업 역량이다. 다양한 분야의 전문가와 협력하여 문제를 해결하고, 새로운 아이디어를 발굴하는 능력과 역량이 필요하다. 팀워크를 통해 문제를 해결할 수 있는 능력 또한 중요하다. 다섯째, 커뮤니케이션 역량이다. 자신의 생각과 아이디어를 명확하게 전달할 수 있는 능력과 역량이 필요하다. 디지털 기술을 활용한 커뮤니케이션 능력도 필요하다.

마지막으로 지속적인 학습 역량이다. 새로운 기술과 트렌드에 대해 지속적으로 학습하고, 역량을 개발할 수 있는 능력이 필요하다.

이러한 역량은 교육, 체험교육, 자기계발 등을 통해 지속적으로 습득하여야 할 것이다.

2) 5차 산업혁명 시대 필요 역량

5차 산업혁명 시대는 기계가 다시 말해 인공지능이 인간을 초월할 수 있는 시대이다. 자동화로 대부분 로봇이 처리할 것이다. 따라서 인간은 새로운 패러다임의 교육을 통해 인공지능 로봇에 대응할 수 있는 역량 제고를 할 필요가 있다.

만약 미래에 인공지능으로 무장한 로봇과 공존해야 한다면 인간에게는 어떤 능력이 필요할까? 기계와 공존해야 하는 미래는 기존과 다른 새로운 역량과 이를 배양할 수 있는 새로운 교육시스템이 필요하다. 세계경제포럼(WEF)은 새로운 시대에 요구되는 기술로 기초문해력, 역량, 인성 자질을 들고 있다. 기초문해력은 일상생활에서 핵심 기술들을 적용시키는 능력, 역량은 복잡한 도전 과제에 대해 어떻게 대처하는 능력, 인성 자질은 변화하는 환경에 대처할 수 있는 자질 능력을 말한다.

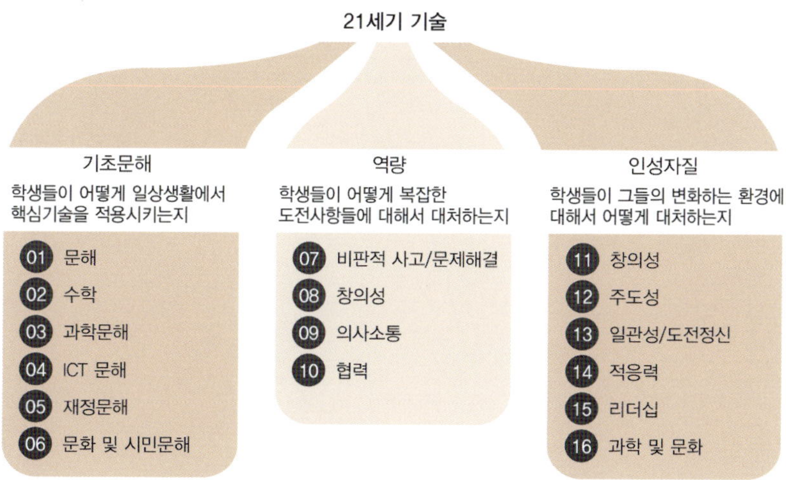

〈세계경제포럼, 21세기 기술〉

더 나아가 인공지능을 장착한 로봇과 경쟁하기 위해서는 전통적인 읽기, 쓰기, 말하기를 넘어 데이터 문해력, 기술문해력, 인간문해력과 고도의 인지능력이 필요하다고 한다(노스이스턴대학 오운 총장, Joseph E. AOUN). 이것은 체계적 사고, 창작정신, 문화적 민첩성, 비판적 사고와 같은 것이다. 이러한 뉴 리터러시와 인지역량은 융합 창의성을 함양함으로써 영리한 기계의 능력을 능가할 수 있도록 하여 결국 미래사회에서는 하드웨어적인 기술능력과 전문지식 그리고 소프트웨어적인 기술로서 변화에 대한 유연한 적응성과 융합창의성 역량을 길러야 할 것이다.

777 미래경제사회 설계와 미래인간형

Chapter 03

1 7 미래경제사회

1) Exchanging 경제

그동안 세계 사회경제 변화는 직선과 유선형같이 점진적이었다. 그래서 미래가 어떻게 변화할지를 어느 정도 예측이 가능하였다. 그렇지만 미래사회는 곡선과 같다. 다시 말해 매우 빨리 변화하여 예측이 어렵다. 이것을 기하급수적 성장 Exponential Growth라고 한다.

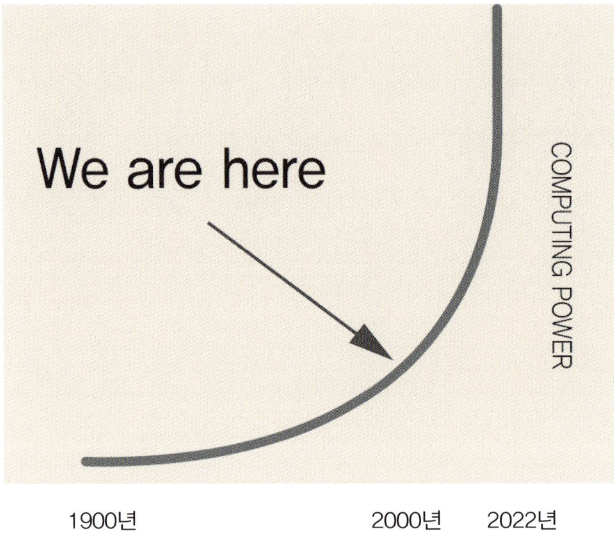

〈COMPUTING POWER Forbes, 2019.04.23.〉

빠른 변화는 기술이 주도하고 있다. 컴퓨터 발전의 속도가 1980년 이후 급속도로 빨라지고 있고 미국의 유명잡지 『포브스(Forbes)』는 2020년 이후 컴퓨터의 속도 능력이 엄청 빨라지고 있다고 했다.

세계 인터넷 사용 인구도 1995년 이후 급속도로 증가하고 있고, 인공지능 기술발전의 경우 2016년 이후 급속도로 빨라지고 있다. 2022년 현재 선형적 증가 속도를 멈추고 폭발적 증가 속도의 분기점에 놓여 있다. 이것은 5G 5세대 초광속 이동통신의 발달로 데이터 전송속도가 매우 빨라졌다. 앞으로 더 빨라질 것이고, 더 빨리 변화할 것이다.

2) O2O 경제

요즘 상품이나 서비스를 구매하는 방식이 인터넷 접속을 하여 쇼핑을 한다.

컴퓨터가 미숙한 기성세대 다수가 아직까지 직접 눈으로 확인하고 구매를 하지만 컴퓨터를 좀 쓸 줄 아는 세대들 다수는 인터넷으로 접속하여 구매를 한다. 어디서나 본인이 원하는 것과 시간 편리로 상품 구매, 음식 배달, 표 예매 그리고 농산물 배달까지 인터넷으로 해결하려 한다. 이처럼 물건을 인터넷으로 구입하는 것과 같은 일들을 오투오(O2O) 서비스라고 한다. 그리고 이런 오투오 서비스가 만들어내는 생태계를 오투오 경제라고 한다.

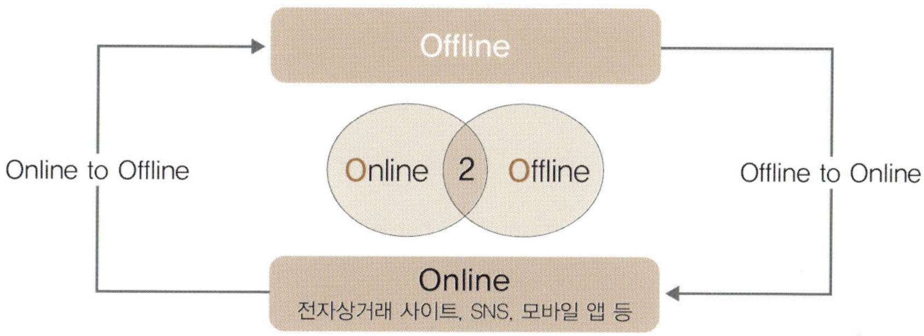

〈O2O의 개념과 구성〉

3) On-Demand 경제

스마트폰 배달 앱에 접속해 언제든지 본인이 원하는 메뉴를 골라 주문하면 식당에 방문하지 않고 집에서도 바로 음식을 즐길 수 있다. 그래서 배달을 전문으로 대행하는 회사가 늘어나고 있다. 소비자가 원할 때 원하는 것을 제공해주는 것을 우리는 온 디맨드(on demand) 서비스라고 하고 이러한 서비스를 만들어내는 생태계를 온 디맨드 경제라고 한다.

〈세상을 바꾸는 온 디맨드 경제, O2O로 구현한다. IT TREND, 2015.12.〉

소비자 중심으로 시장이 돌아가기 때문에 이러한 서비스가 등장하게 되는 것이다. 수요와 공급에 경제 원리에 따라 생산 공급자가 중심의 시장에서 수요 소비자 중심의 시장이 형성되면서 가격이 형성된다. 지금은 생산과잉의 시대라고 해도 과언이 아니다. 소비자가 원하는 것을 원하는 가격으로 제공하지 못하면 소비자의 외면을 받아 경영악화로 이어진다. 소비자 주도의 시대인 것이다. 온 디맨드 서비스경제는 필요한 것이 있으면 바로 손에 넣어야 하는 요즘 신세대들의 성향으로 더 빠르고 더 크게 성장할 것이다.

4) 플랫폼 경제

모든 거래는 플랫폼으로 통한다. 원하는 것을 그때그때 제공하고 필요한 것을 공유하려면 누군가의 도움이 필요하다. 그 누군가가 없다면 생산자는 소비자를 직접 찾아야 한다. 소비자 또한 자신이 원하는 상품을 판매하는 생산자를 스스로 찾아야만 한다. 직접 찾아 알아내야 하기에 많은 시간과 노력이 뒤따라야 할 것이다. 어쩌면 원하는 재화와 서비스를 찾을 수 없을 수도 있다.

하지만 파는 사람과 사고자 하는 사람들이 모여 있는 장소가 있다면 어떨까? 또한, 모여 있는 그곳에서 누군가의 도움을 받을 수 있다면 어떨까? 한곳에서 많은 사람을 만나게 되니 더욱 편리하게 상품을 사고팔 수 있지 않을까? 더 좋은 빈방과 자동차를 빌려주고 빌릴 수 있지 않을까? 이 모임의 장소가 인터넷 온라인과 모바일 공간이면 더 편리하지 않을까?

그렇다. 온라인과 온 디맨드 그리고 공유서비스를 하려면 누군가의 도움이 필요하다. 이때 도움을 주는 것을 플랫폼이라 한다. 이러한 플랫폼을 이용한 서비스를 플랫폼 서비스라고 하고 플랫폼서비스가 이루어지는 생태계를 플랫폼 경제라고 한다.

〈왜 명품브랜드는 메타버스 플랫폼을 구축하는가?
Digital Transformation Trend 2022〉

비즈니스 세상의 플랫폼도 기차역 플랫폼과 마찬가지로 비슷한 역할을 한다. 수많은 소비자에게 그들이 원하는 상품과 서비스를 얻을 수 있도록 해주고, 수많은 생산자들에게 제품과 서비스를 판매할 수 있도록 해 준다. 플랫폼에 접속해서 생산자와 소비자가 만나 상품과 서비스를 매매하는 것이다. 생산자와 소비자를 만나게만 해주면 플랫폼 서비스가 아니다. 기존의 온라인 쇼핑몰은 플랫폼 서비스가 아니다. 플랫폼 서비스는 다수의 생산자와 다수의 소비자를 보유하고 있어야 하고 이들이 서로 만나 가치를 교환할 수 있도록 하여야 한다.

5) 메타버스 경제

우리는 가상현실이 대중화되는 세상에서 사는 첫 번째 인류가 될 것이다. 헤드셋과 스마트 글라스를 착용하고 가상의 현실 속에서 전 세계와 또 하나의 세계를 경험할 수 있고 다양한 체험도 할 수 있을 것이다. 수많은 가상앱이 등장할 것이다.

또한, 증강현실이 대중화되는 세계에서 생활하는 첫 인류가 될 것이다. 증강현실은 현실에 가상을 덧입힌 것이다.

출처: https://www.youtube.com, 2020.10.23.

증강현실은 게임, 교육, 의료 등 산업 전 영역에서 우리들의 삶을 더 편리하게 해 줄 것이다. 혼합현실도 경험하게 될 것이다. 실제현실, 가상현실, 증강현실 모두 혼합된 형태로 SF영화에서 보이는 세계가 구현될 것이다. 현실과 가상세계를 구분하기 어려울 정도로 우리의 생활세계로 들어올 것이다.

이렇게 5차 산업혁명시대에는 다변화와 대융합 세계 속에서 살아가게 될 것이다. 삶의 세상이 변한다는 것은 사람이 변한다는 것이다. 생활이 달라지고, 가치가 달라지고, 윤리가 달라지고, 공부도 달라지고, 여가생활도 달라진다고 할 수 있다. 오프라인 세계, 온라인 세계, O2O세계, 모바일세계, 가상현실과 증강현실 혼합현실세계 등 상상할 수 없는 신인류 시대가 목전에 다가왔다.

6) 집단지성 경제

집단지성은 '조직의 생각'을 구성원에게 강요하는 것이 아니라, 다수의 의견과 민주적 의사결정을 존중하는 다수의 창의적인 의견을 도출하여 효율성을 제고시키는 것이다. 이러한 실물경영 생태계를 집단지성 경제라고 한다.

〈집단지성 나무위키. 삼성전자 블로그(SAMSUNG TOMORROW) 2022.01.08〉

오늘날 인터넷이 광대한 정보의 장으로 성장한 것은 결코 우연이 아니다. 참여 · 공유 · 개방을 표방하는 인터넷 환경은 의사소통과 협업 기반의 '집단지성'을 실현하는 공간으로 자리 잡았다. 하지만 인터넷에 넘쳐나는 정보가 모두 집단지성의 산물은 아니며, 어떤 문제에 대해 항상 올바른 답을 주지는 않는다. 집단지성이 인터넷 공간을 넘어 일상생활과 조직경영 등 다양한 분야에서 다양한 방법으로 확산될 것이다.

7) 초연결 경제

5세대(5G)가 상용화되면서 연결성에 대한 관심이 높아지고 있고, 곧 6G 상용화를 예상하면서 초연결성에 대한 관심이 급증하고 있다. 초연결성이란 사람과 사람, 사람과 사물, 사물과 사물 간 정보교환을 통하여 소통할 수 있게 연결을 하는 것을 의미한다. 이러한 사물인터넷 기술발달로 만물인터넷으로 연결이 되어가고 있다.

〈초 연결시대 만드는 '사물인터넷' 매일경제. 2021.04.07.〉

사물인터넷(IoT · Internet of Things)은 각종 사물에 통신과 센서 기능을 내장해 무선통신으로 사물을 연결하는 기술이다. 사물들이 통신망에 연결돼 정보를 주고받을 수 있고, 서버에서는 데이터 수집이나 저장, 분석까지도 가능하다. 따라서 사물인터넷은 빅데이터, 클라우드, 인공지능 기술과도 연결된다. 무인 자율자동차가 운행할 때 도로의 정보, 표지판, 옆 차선의 자동차, 횡단보도의 사람 등을 파악하고 감지하기 위해선 차량에 많은 센서 정보가 필요한데 이러한 센서 또한 사물인터넷의 한 형태다.

이러한 만물인터넷으로 연결된 기술과 서비스 생태계가 초 연결경제이다. 초고속 통신망 네트워크 기술과 연결된 경제는 모든 분야에서 급속도로 발전할 것이다.

2 7 미래설계

1) 인공지능시대와 미래설계

5차 산업혁명 시대에는 컴퓨터 지능과 인간지능을 구별할 수 없는 새로운 도전을 맞게 될 것이고 그러한 도전에 적극 대처하기 위해서는 높은 산에 올라가 멀리 볼 수 있는 새로운 전략으로 미래세계를 조망하고 큰 그림 Big Picture의 미래 설계를 해야 한다.

2015년 『타임(Time)』지에서 2015년에 태어난 아이는 142세까지 산다는 전망을 하였다. 미래세대는 150세를 살아갈 수 있는 역량을 준비해야 할 것이다. 30~40년을 내다보고 큰 그림을 그리고 단계별로 미래설계를 해야 한다.

〈『타임(Time)』. 2015.02.〉

인공지능시대에 맞는 진로와 역량을 준비해야 한다. 기초핵심역량, 진로역량, 진학역량이 필요하다.

평생 살아가면서 필요한 기초핵심역량은 유치원과 초등학교과정에서 익혀야 하고, 다음 단계로 나를 이해하고 인공지능을 이해하고 미래세계 변화를 파악하는 진로기초역량과 인공지능을 장착한 로봇과 공존해야 하는 미래에는 학벌의 가치가 약해지어 좋은 대학과 좋은 전공의 개념이 바뀌게 된다. 그래서 자신의 가치 역량을 키워줄 수 있고, 다양한 경험을 할 수 있고, 미래 직업 세계를 잘 준비할 수 있는 자기주도 학업연구역량 즉, 능동적인 진로역량을 잘 키워야 하는 미래설계를 해야 한다.

2) 인공지능과 미래사회

사물인터넷을 활용하여 초 연결성을 실현하고 메타버스(metaverse) 세계를 새로운 생활과 산업공간으로 창의(創意)하는 뉴노멀(new normal) 시대가 점점 성숙되고 있다. 이미 와 있는 미래를 인식하기도 전에 새로운 흐름은 흔적도 없이 살아지고, 인간의 인식 능력과 인공지능(AI)을 하나로 하는 동기화의 실상이 또 다른 미래의 모습으로 나타나고 있다.

미래세계 우리의 가장 큰 경쟁자는 사람이 아니라 인공지능이다. 인공지능이 발달하면서 사람의 일자리가 곳곳에서 위협받고 있다. 아마존고(Amazon Go)가 등장하면서 판매원 일자리가, 자율주행차가 조만간 보편화되면 기사의 일자리가 위협받게 될 것이다.

그렇지만 인공지능이 바로 인간을 대체하지는 못할 것이다. 인공지능 초기 도입단계는 사람과 같이 협력하며 일할 것이다. 인공지능 변호사, 인공지능 의사, 로보어드바이저 역시 의사, 변호사, 펀드매니저와 협업하며 일할 것이다. 따라서 인공지능과 협력하며 일하는 방법을 익혀야 할 것이다.

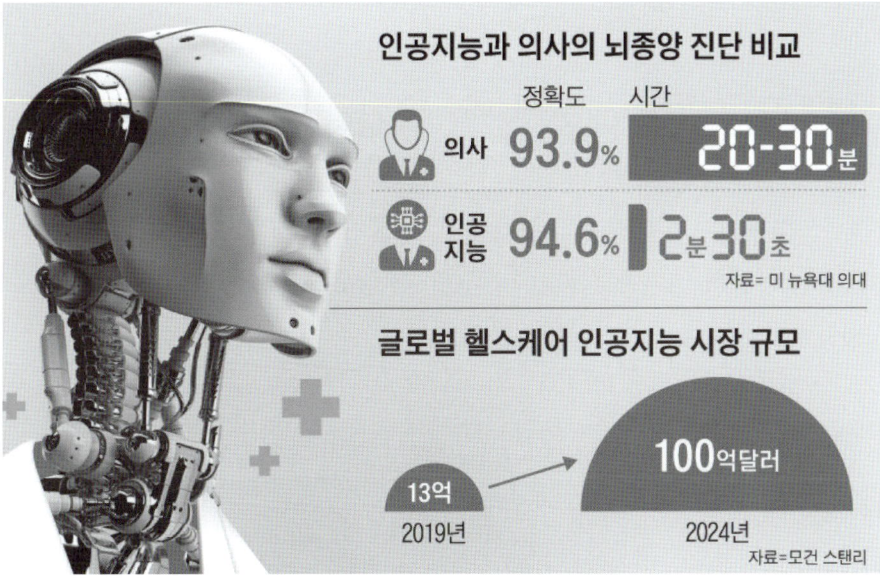

〈닥터 AI, 뇌종양 진단도 전문의 뛰어넘었다. 조선일보 2020.01.07.〉

그러나 인공지능이 더 발달하여 빠르고 정확하게 일하면서 사람의 일자리를 대신하게 될 것이다. 이러한 현상은 거의 모든 일자리에서 일어나게 될 것이다. 다만, 빨리 일어나는 영역과 천천히 일어나는 영역의 차이는 있을 것이다.

인공지능 시대에는 어떤 직업도 안전하다고 할 수 없다. 직업을 섬세하게 준비해야 한다. 창의융합적인 새로운 가치를 창출하는 영역과 사람의 감성과 감정을 다루는 직업은 대체하기 어려울 것이다. 예를 들어, 교사의 경우 지식을 전달하는 주 업무는 인공지능이 더 잘 하기 때문에 위험하다. 그러나 학생생활 케어와 지도하는 교육 교사영역은 대체하기 어려울 것이다. 따라서 같은 직업 내에서도 인공지능의 특성을 잘 관찰하면 대체하지 않고 역량을 발휘하며 지속적으로 종사할 수 있다. 반려동물 돌봄 산업분야도 마찬가지일 것이다.

3) 인공지능시대 미래직업 변화

인공지능은 돈을 많이 버는 직업부터 먼저 진출한다. 그래서 미래 직업에 대한 생각도 준비도 바꾸어야 한다. 자본주의 사회에서 우리는 당연히 돈을 많이 버는 직업이 좋은 직업이라고 생각했었다. 또한, 아무나 할 수 없는 전문적인 일에 종사하면 더 대접받고 돈도 많이 벌 수 있다고 생각했었다. 그래서 대부분의 부모들은 자녀를 전문직으로 만들고 싶어 한다.

그러나 미래 인공지능 시대는 좋은 직업에 대한 개념도 생각도 바뀌고 있다. 좋은 직업이 항상 좋은 직업이 아니고, 좋은 직업이 새로이 떠오르고 사라지는 직업도 많을 것이다. 그래서 인공지능의 특징을 잘 살펴야 한다.

〈재테크도 '언택트 시대' AI가 알아서 돈 굴려준다. 한국경제 2020.06.02〉

인공지능은 명확한 두 가지 특징을 가지고 있다. 하나는 인공지능은 돈을 벌기 위해 만든다는 것이다. 즉 인공지능은 돈이 되는 곳에 가장 먼저 진출한다는 것이다. 또 하나는 인공지능이 가장 잘 하는 것은 전문적인 분석이다. 인간에게 어려운 과제도 인공지능은 다양한 데이터 학습방법을 통하여 잘 풀어낸다. 속도와 정확도 면에서 인간이 도저히 따라갈 수 없다.

그런데 대부분의 우리들은 아직도 돈을 잘 버는 곳 전문직에 취업하기를 희망한다. 인공지능이 진출하는 방향과 우리들의 가고자 하는 방향이 정확하게 일치하고 있다. 충돌을 한다는 것이다. 가까운 미래는 인공지능과 경쟁하여 이길 수 있는지를 잘 살펴보고 미래를 준비해야 한다.

4) 스마트공장

스마트팩토리란 공장 내 설비와 기계에 센서(IoT)가 설치되어 데이터가 실시간으로 수집, 분석되어 공장 내 모든 상황들이 일목요연하게 보여지고(Observability), 이를 분석해 목적된 바에 따라 스스로 제어(Controllability)되는 공장을 말한다.

과거에는 숙련된 작업자가 원료의 색깔을 보고, 혹은 설비의 소리만 들어도 경험적으로 무엇이 문제인지 알고 손쉽게 문제 해결을 했다. 하지만 고령화에 따라 숙련공들은 점점 줄어들어 문제가 발생할 때 제대로 대응하기가 점점 어려워지고 있는 실정이다. 또한 제품의 라이프 사이클이 단축되고 있고, 맞춤형 대량생산으로 변화하면서 가볍고 유연한 생산 체계가 요구되고 있다. 이러한 상황에서 제조업 혁신을 위한 새로운 방안으로 부상하고 있는 것이 바로 '스마트 팩토리'이다. 류기락(2017)은 '4차 산업혁명에 따른 4가지 변화 동인으로 생산방식과 노동 생산성의 변화는 산업구조는 물론 고용시장 등 산업 전반에 변화를 예고하고 있다.'라고 했다.

〈스마트 팩토리(Smart Factory)란? 포스코 ICT, 2016.06.22.〉

5) 일자리 양극화

제조업의 시설투자로 고용창출 효과의 약화로 분야와 기술숙련도에 따라 일자리 수요도 양극화가 보편화 될 전망이다. 또한, 기술발전에 따라 컴퓨터, 로봇 등의 자본재 가격이 계속 하락하여 노동절감형 생산기술이 더욱 빨리 확산될 것이다.

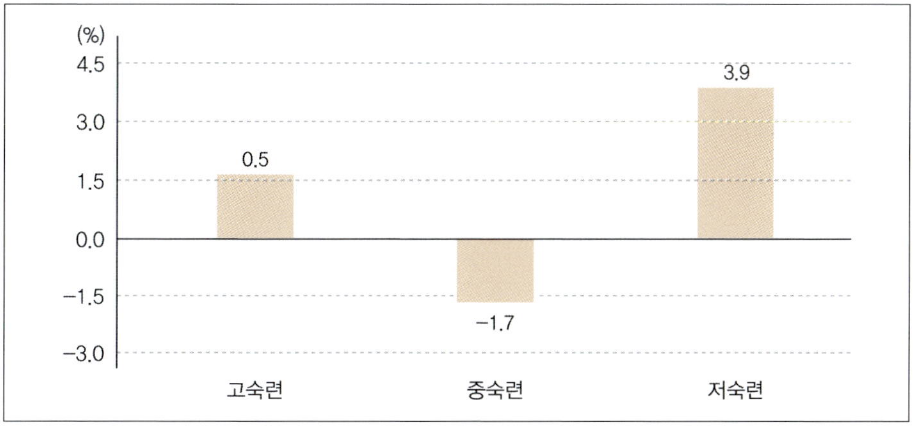

〈한은 '코로나19 이후 일자리 양극화 지속. 경향신문. 2021.12.27.〉

코로나19 확산 이후 사무 · 판매 · 조립 같은 '중숙련 일자리'에서 취업자 수가 크게 줄고, 임금상승률도 가장 큰 폭으로 둔화된 것으로 나타났다. 택배 · 배달 같은 저숙련 단순 일자리는 코로나 국면에서 이례적으로 큰 폭으로 늘었다.

앞으로도 중숙련 일자리가 줄어드는 일자리 양극화는 지속될 가능성이 크다. 로봇 등 자동화 기술의 발전, 인터넷 등 기술의 발전으로 STEM(Science, Technology, Engineering 및 Mathematics) 고숙련 종사자들과 그 외의 종사자들의 임금격차 심화와 의료, 요양, 동물케어 서비스 업종은 앞으로 증가할 것이다.

6) 디지털 플랫폼 노동

플랫폼이란 기차를 타고내리는 승강장에서 유래되어, '다수가 공통으로 사용하는 물리적 기반'이란 뜻으로 사용되어 왔다. 인터넷이 등장한 후에는 '서비스 플랫폼'이 대세이다. 트위터, 페이스북, 카카오톡 등 SNS와 특정 앱을 통해서 연결되고 콘텐츠를 사고파는 앱스토어, 구글플레이 등 온라인 장터가 개설되었다. 여기서의 플랫폼은 '연결과 중개가 이루어지는 디지털 생태계'라는 개념으로 쓰이고 있다.

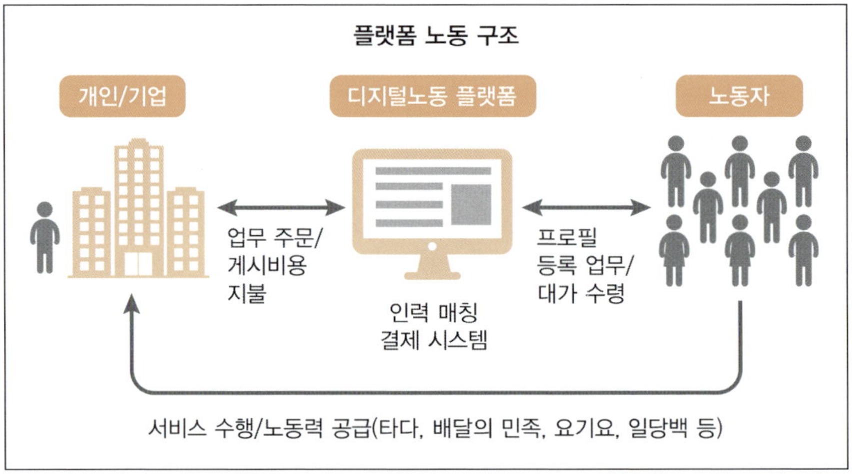

출처: 국민일보, 2019.2.14

플랫폼은 복잡한 중간거래를 생략하고 인터넷을 통하므로 접근성, 편리성, 저렴한 가격, 새로운 일자리 창출 등에서 장점이 있고, 참여자가 많을수록 네트워크 효과로 생태계가 구축되고 다양한 다른 사업 모델을 개발할 수 있다. 이러한 플랫폼 경제는 많은 경우 플랫폼 노동을 동반한다. 따라서 플랫폼 경제가 새로운 성장의 기회가 되고 국민경제를 발전시키키기 위해서는 플랫폼 노동에 대한 사회적 관심과 제도 개선이 따라야 할 것이다.

7) 교육의 질적 변화와 인성역량

5차 산업혁명 시대의 교육은 시대를 선도할 인재상과 그 인재를 배양하는 역할을 제시해야 할 것이다. 다니엘 핑크(2012) 「미래가 온다」에서 디자인, 스토리, 조화, 공감, 놀이, 의미라는 6가지 인재의 조건을 제시하였고, 조난심(2017)은 미래사회 인재는 지식과 정보를 암기하는 것이 아니라 적응력, 창의적 사고, 협업할 수 있는 바람직한 인성역량을 강조하였다.

공통적인 인재상으로 비판적 사고, 공감능력, 창의력, 융합력, 문화적 다양성, 협업 등이 중요하다. 시대의 변화에 따라 전통적인 인재상과는 다소 거리가 있다. 그래서 기존의 교육 및 훈련은 그 체계와 방법도 바꾸어야 한다. 향후 대학에서는 전공보다 교양교육이 더 중요해질 것이다.

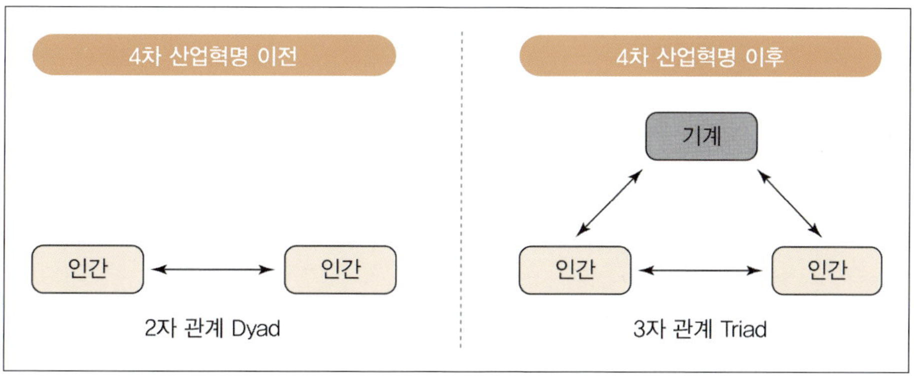

〈제4차 산업혁명 시대의 교육, 한국교육개발원 2018.12〉

4차 산업혁명과 5차 산업혁명시대는 기계가 인간의 육체적, 지적능력을 완전히 대체하는 것에 이어 인간과의 관계에 근본적인 변화를 일어나게 할 것이다.

인간의 관계는 공동체 안에서의 관계, 수평적 관계, 수직적 관계, 개별적 관계 등 다양한 형태로 존재한다. 그런데 인간의 관계에 대해 심층적 이론을 발전시킨 고전사회학자 게오르그 짐멜에 의하면 인간의 관계에 있어 1명과 다른 1명 간의 2자 관계는 그 2자 관계 사이에 새로운 1명이 들어올 때 엄청난 변화가 일어난다고 설명하고 있다. 즉 3자 관계가 될 때 2자 관계에서는 없었던 새로운 상호작용의 양상들이 나타난다는 것이다.

5차 산업혁명 시기에는 오랜 기간 인간의 도구로만 존재해오던 기계의 능력이 인간의 능력을 능가하는 부분이 있고 딥러닝을 갖는 방향으로 발전하게 되면서 인간과 인간의 2자 관계가 인간－기계－인간 간의 3자 관계로 변화할 것이다.

3 7 미래인간형

1) 자기관리와 자기주도 학습역량을 갖춘 사람

5차 산업혁명 시대의 급속한 변화로 불투명한 미래를 적극적으로 헤쳐 나가는 사람은 자기관리와 자기주도 학습을 잘 하는 사람이다. 자기관리는 생활관리, 건강관리, 커리어관리 등을 포함한다.

자기주도학습(Self-Directed Learning) 역량이란 학습자가 주체가 되어 학습과정을 스스로 이끌어 나가는 학습활동을 의미한다. 5차 산업혁명시대는 모든 것이 급속도로 빠르게 변하기 때문에 지속적으로 학습하며 변화에 적응해 가야 할 것이다. 그러기 위해서는 자기주도적으로 학습할 수 있는 역량이 필요하다.

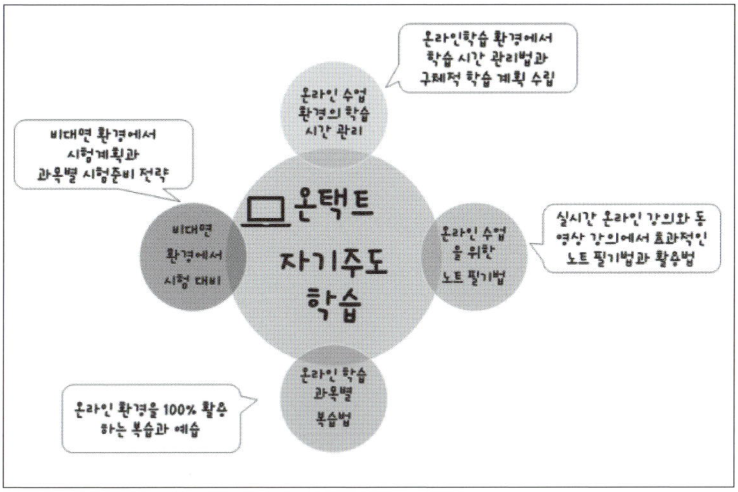

〈온택트 자기주도 학습역량 강화 클리닉, 한스이엔에스〉

자기주도 학습 역량은 주입식으로 키워지지 않는다. 스스로 좋아하는 게임을 하면서 영어를 익히고 좋아하는 앱툰 만화를 보면서 일어를 배우듯이, 스스로 학습 동기를 만들어야 한다.

미래인재는 남과 비교하지 않고, 남을 비하하지 않고, 새로운 경험을 통해 자기 발전의 가치를 두고 스스로의 동기부여와 스스로 노력하는 사람만이 빠르게 변화하는 5차 산업혁명시대에 가장 경쟁력이 있는 인재가 될 것이다.

2) 인성역량이 좋은 사람

언제 어디서나 통하는 것이 있다면 무엇일까? 즉, 어느 시대 어느 지역에도 변함없이 통하는 것이 있다면 바로 인성일 것이다. 그래서 글로벌기업의 경우 지식적인 똑똑함과 더불어 인성을 매우 강조한다. 아마존 CEO 베이조스는 많은 인력인재가 필요하더라도 인성에 문제가 있으면 한 사람도 선발하지 않는다고 한다. 한국인 최초 구글에 입사한 이영준 씨의 Google에서는 아무리 똑똑해도 팀워크에 문제가 있을 경우 선발하지 않는다.

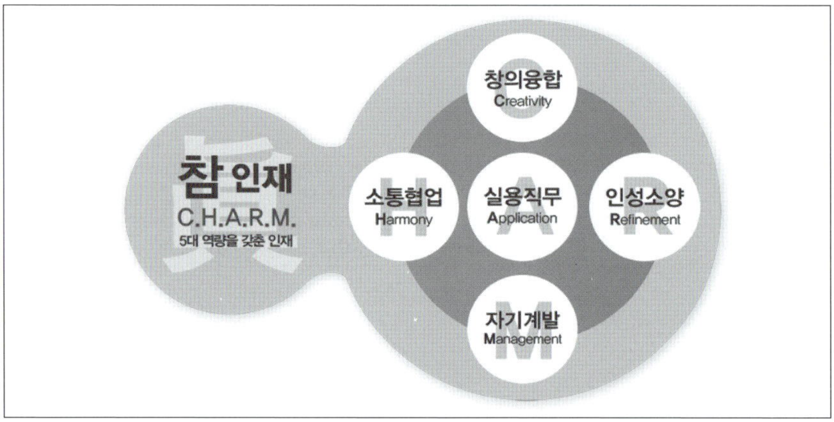

〈BSKS부산경상대 인재상과 핵심역량 2021〉

미래시대는 인공지능이 사람의 경쟁자이다. 최대경쟁자는 사람이 아니다. 지금까지는 공부 잘하고 좋은 대학에 다니는 사람이 경쟁자였다면, 이제는 인공지능이다. 사람이 아무리 뛰어나다 해도 인공지능의 지능을 따라잡을 수 없다. 그러면 그동안 주변의 다양한 사람들을 경쟁자로 생각했다면, 경쟁자를 다르게 보아야 한다. 미래 인공지능 시대에는 사람은 누구나 경쟁 상대가 아니고 협력해야 하는 대상이다. 팀워크와 협력 등의 인성으로 집단지성을 발휘하여 인공지능의 위협에 공동으로 대응해야 할 것이다.

3) 경험과 체험의 실천역량이 좋은 사람

미래는 경험이 중요한 자산이 될 것이다. 5차 산업혁명 시대에 슬기롭게 대처하기 위해선 다양한 문제를 경험한 사람이 다양한 해결책을 고안해 낼 수 있다. 기회를 만들고 다양한 경험(체험)을 해야 한다. '시도하지 않으면 경험하는 것도 없다.'는 서양 속담처럼 경험하지 않으면 나의 것이 아닌 것이다.

〈만지고 느끼고… 공간체험의 힘. 매일경제. 2020.02.07.〉

경험을 통해 지식을 쌓고, 식견을 확대하고, 창의 · 융합성을 발전시켜가야 한다. 오프라인 관련 직업 외에도 온라인 관련, 온오프라인 O2O 연결 관련, 인공지능 관련, 5차 산업혁명 관련 직업 등등 경험이 중요하다. 체험방법도 직접 체험하는 방식도 있겠지만, 온라인 모바일, 가상현실, 증강현실과 혼합현실을 통해 체험하는 것도 필요하다.

〈졸업식, 컨퍼런스가 열리는 Jump VR〉

출처: SKT

4) 독서역량이 좋은 사람

읽고 쓰고 말하는 언어적 활동들을 많이 활용하는 것이 모든 학습역량 강화에 도움을 준다. 책 읽기 자체가 길러주는 능력 이외에도 독서를 통해 이루어지는 활동들이 생활의 단단한 기초가 되어준다는 것이다. 독서는 체험의 원천이고, 창의 · 융합적 아이디어의 보고이다.

〈웅진 씽크빅 AI독서케어 –AI독서케어 메인화면 메트로신문. 2019.05.15.〉

디지털 미디어시대에 매체는 단문중심으로 사고와 생각의 힘을 길러주고 확장시켜 주는 데 한계가 있다. 독서(서점)는 여러 가지 아이디어를 새로운 시각에서 조합 할 수 있는 최고의 장소라고 생각한다. 세상에 필요 없는 정보는 없다. 새로운 지식과 만나면 물리와 화학작용을 일으켜 새로이 기발한 아이디어로 변신하곤 한다. 독서는 자신의 세계를 넓혀 나가는 아이디어의 뱅크이다.

5) 디지털역량이 뛰어난 사람

변화하는 디지털 환경에서 뒤처지지 않기 위해선 체계적인 교육을 통해 역량을 강화해야 한다. 특히, 기업에서는 직무 역량 향상을 위해 개인적으로 교육을 받았다면 이제는 기업의 전략적 차원에서 디지털역량을 높이기 위한 많은 시도가 이뤄지고 있다. 특히, 5차 산업혁명을 준비하고 기술 격차를 극복하기 위해 기업에서는 임직원의 리스킬링과 업스킬링에 초점을 맞추고 있다. 기본적인 데이터 분석부터 머신러닝–딥러닝 기반의 AI 기술, 디지털 마케팅, 프로그래밍까지 많은 기업이 직무에 상관없이 다양한 디지털 교육을 진행하고 있다.

〈인재의 새로운 역량, 디지털 리터러시–Fast campus Media. 2020.12.28.〉

미래사회는 디지털기술혁신, 디지털소비, 디지털세대라고 한다. 디지털 시대에 걸맞게 미래는 디지털능력이 뛰어난 인재를 요구할 것이다.

6) 영어언어 역량이 있는 사람

인간의 사고를 형성하고 표현하는 것이 언어이다. 인간이 존재하는 한 언어는 필수적인 것이다. 인간의 정신세계를 형성하는 데도 언어는 매우 중요하다.

5차 산업혁명 시대에는 특히 영어가 중요한 언어이다. 영어가 전 세계적인 글로벌 언어이기 때문이다. 혹자는 미래는 인공지능이 번역과 통역을 하면서 영어의 중요성이 감소할 것이라고 한다. 그러나 역설적으로 미래는 영어가 더욱 중요해질 것이다. 인공지능 패권을 쥐고 있는 미국이 세계경제의 패권을 갖게 될 것이며, 인공지능의 기술 개발도 영어로 개발되고 있기 때문이다.

〈Digital Transformation이란? 네이버 블로그. 2019.03.17.〉

미래사회를 이해하고 의사소통을 위해서 영어는 더 중요해질 것이다. 또한, 미래사회는 데이터가 돈이라는 견해도 있다. 데이터의 바다를 서핑하기 위해서도 영어가 필수이다.

7) 창의 · 융합 역량이 있는 사람

행복한 교육 2015년 10월호에서 창의 · 융합형 인재라는 용어는 '인문학적 상상력과 과학기술 창조력을 갖추고 바른 인성을 겸비하여 새로운 지식을 창조하고 다양한 지식을 융합하여 새로운 가치를 창출할 수 있는 사람'으로 정의하고 있다. 인문학적 상상력에 대한 가치, 바른 인성에 대한 가치, 융합 등의 가치들이 포함되어 있다. 인문학적 상상력과 과학기술의 융합은 우리 삶을 예측하기 어려운 방식으로 변화시키고 있다.

〈LG CNS Creativer & Smart, 2016.09.30.〉

5차 산업혁명 시대에 중요한 역할을 할 수 있는 사람은 문제를 해결하는 능력의 사람보다 문제를 찾는 능력을 가진 사람이다. 사회가 갈수록 복잡해지고 문제도 많아지고 문제 해결 방법도 찾기가 어려워지고 있다. 그래서 직업세계에서도 다양한 문제를 찾고 해결하는 것을 매우 중요시한다. 어려운 문제를 해결하고 답을 찾는 것은 인공지능이 더 잘 할 수 있다. 인공지능이 한동안은 문제를 찾는 영역은 할 수 없을 것이다. 따라서 창의·융합적인 새로운 가치 창출과 사람과 사람의 협업으로 문제를 찾는 노력과 능력이 필요하다.

사고의 틀을 깨뜨리는 사고와 탐구가 필요하다. 사고의 틀을 바꾸면 보이지 않던 것들이 보인다. 예컨대, 인공지능이 할 수 없는 네이버나 구글이 답을 할 수 없는 질문을 찾는 것이다.

문제해결을 위해 협업하는 과정에서 그동안 학습한 지식을 총동원해 생각, 분석 그리고 무엇보다 중요한 실패를 경험할 것이다. 기존에 없는 새로운 해결책을 찾기 위해 딥러닝에 빠져드는 순간 창의성이 발현되는 것이다.

인공지능시대 미래설계는 중장기적인 큰 그림으로 지금을 준비하고 '개인의 가치 창출과 일자리 환경 변화'를 섬세하게 살펴야 한다. 그리고 능력과 역량 중심으로 슬기롭게 미래를 설계하고 준비해야 할 것이다.

PART

2

반려동물문화와 산업 발전에도 타산지석으로…

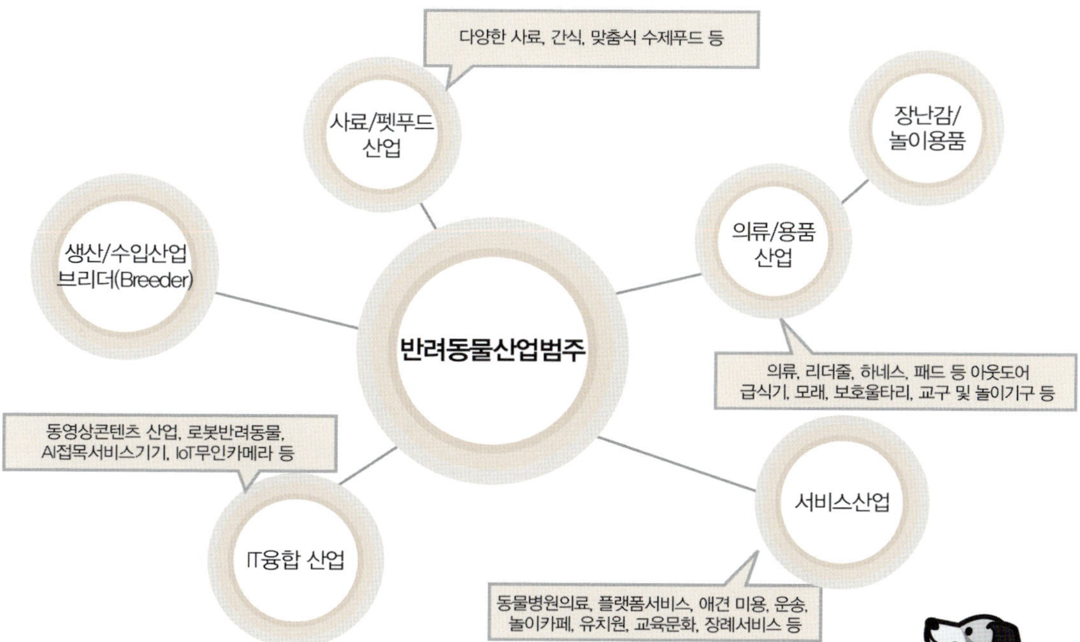

Chapter 04

국내 반려동물산업 개황과 관리체계

1 국내 반려동물 양육현황 및 관리체계

1) 국내 반려동물 양육현황

우리나라 반려동물 양육 인구는 KB금융그룹 2021한국반려동물보고서 기준으로 604만 가구에 1448만 명으로 그중에서 반려견 483만 가구에 1161만 명, 반려묘 154만 가구에 370만 명으로 전체 국민의 29.7% 추정되며, 최근 5년간 반려동물 평균증가율 4.8%이다. 반려견 양육 가구의 경우 가구당 1.2마리, 반려묘 양육 가구는 가구당 1.4마리를 양육하는 것으로 나타났다.

<table>
<tr><th>구 분</th><th>2016년</th><th>2017년</th><th>2018년</th><th>2019년</th><th>2020년</th><th>최근 5년
평균증가율</th></tr>
<tr><td>반려동물 양육
가구 수</td><td>525만</td><td>593만</td><td>511만</td><td>591만</td><td>604만</td><td rowspan="2">4.8%</td></tr>
<tr><td>양육가구 비율</td><td>24.9%</td><td>28.1%</td><td>23.7%</td><td>26.4%</td><td>29.7%</td></tr>
</table>

출처: 농림축산식품부 동물보호 국민의식조사(2015~2017년 전화조사/ 2018년:대면 면접 조사/2019년: 온라인 조사/2020년: KB금융그룹보고서)

2) 우리나라 유기동물 현황

농림축산검역본부 자료에 의하면 2020년 한 해 동안 발생한 유실 · 유기동물은 모두 13만 401마리로 조사되었다, 최근 5년간 연간 유실 · 유기동물 수는 꾸준히 늘어나고 있다가 2020년은 전년도에 비해 -4%로 고무적인 현상으로 나타났다. 그래도 최근 5년 평균 약 10%로 늘어나고 있다.

2014년 1월 1일부터 가정에서 기르는 강아지(반려견)를 대상으로 동물등록제가 의무화되었지만, 유기동물 발생 건수는 오히려 늘어나고 있다.

〈우리나라 최근 5년 유실 · 유기동물(강아지 · 고양이) 발생현황〉

<table>
<tr><th colspan="2">구 분</th><th>2016년</th><th>2017년</th><th>2018년</th><th>2019년</th><th>2020년</th><th>최근 5년
평균증가율</th></tr>
<tr><td>반려견</td><td>마릿수</td><td>63,602</td><td>74,337</td><td>91,797</td><td>102,363</td><td>95,261</td><td>–</td></tr>
<tr><td>반려묘</td><td>마릿수</td><td>24912</td><td>27,083</td><td>28,090</td><td>31,946</td><td>33,572</td><td>–</td></tr>
<tr><td rowspan="2">합계</td><td>마릿수</td><td>89,732</td><td>102,593</td><td>121,077</td><td>135,791</td><td>130,401</td><td rowspan="2">10.0%</td></tr>
<tr><td>증가율(%)</td><td>9.3%</td><td>14.3%</td><td>18.0%</td><td>12.2%</td><td>–4.0%</td></tr>
</table>

출처: 농림축산 검역본부(각 연도) 반려동물보호 · 복지실태조사, 자체작성

2 우리나라 반려동물보호 및 관리체계

1) 우리나라 반려동물보호 및 정부관리 조직

반려동물산업을 이해하기 위한 우리나라 반려동물보호 및 관리체계를 검토하기 위해 반려동물 관련 정부 관리조직 및 업무분담 내용과 시행 중인 정책제도 그리고 반려동물보호 · 관리 정책들을 정리해 보면, 반려동물 관련 업무 중앙정부조직은 농림축산식품부, 농림축산검역본부, 농촌진흥청 축산과학원이 있다.

그리고 특별시 · 광역시 · 특별자치시 · 도 광역지방자치단체와 시 · 군 · 구 기초지방자치단체에서는 별도의 전담부서 또는 축산 관련 부서에서 동물보호 및 복지업무를 병행하여 담당하고 있다.

	조 직	업무분장 및 전담조직 운영
중앙정부조직	농림축산식품부 (농업생명정책/동물복지정책팀)	– 동물보호법 운영 – 동물보호문화개선 및 동물학대예방 – 반려동물산업관리 및 윤리적 동물실험 등
	농축산검역본부 (동물질병관리부/동물보호과)	– 동물등록제 운영 – 동물보호센터 및 동물보호 관리시스템 운영 – 동물보호법 개정지원 및 동물복지교육지원홍보 – 동물복지 관련 정책동향 파악 및 기술연구과제 수행 등
	농촌진흥청 국립축산과학원 (축산생명환경부/축산환경과)	– 동물행동 및 동물복지연구와 동물복지정책 (축산환경과) – 반려동물영양 및 사료안정성 평가연구 (영양생리팀)
지방정부조직	광역지방자치정부 (특별 · 광역 · 자치시 9개, 도 8개)	– 특별시 · 광역시: 서울, 부산, 대전/동물보호 · 복지 전담조직 – 기타 광역시: 농축산 관련 부서 병행 – 도: 경기도 전담조직 운영 – 나머지 도: 축산 관련 부서 동물보호 · 복지 업무 병행
	기초지방자치단체 (시 · 군 · 구)	– 특별시 · 광역시 서울 25개 구 중 5개구, 인천 10개 구 중 2개 부산 16개 구 · 군 중 2개구, 동물보호 · 복지 전담조직 운영 – 기타 광역자치정부: 전담조직 없음 – 도 및 자치정부: 전북 1개 시, 전남 1개 시 전담조직(팀)운영 – 기타 도 자치정부: 전담조직 없음

출처: 농림축산식품부(www.mafra.go.kr. 2019.10.1.), 농림축산검역본부(www.qia.go.kr 2019.10.1.)

<table>
<tr><th colspan="2">주요법률규정 및 제도</th><th>내 용</th></tr>
<tr><td>주요 법률</td><td>동물보호법</td><td>제1장 총칙 제2장 동물의 보호 및 관리
제3장 동물실험 제4장 동물복지축산농장의 인증
제5장 영업 제6장 보칙 제7장 보칙 부칙</td></tr>
<tr><td rowspan="9">주요 제도</td><td>동물 등록제 (2014년)</td><td>– 주택(준주택) 또는 이외의 장소에서 반려목적으로 기르는 3개월령 이상의 개를 소유한 사람은 동물의 보호와 유실 · 유기 방지 등을 위해 시장 · 군수 · 구청장에게 등록</td></tr>
<tr><td>동물생산업허가제</td><td>– 동물생산업영업을 위해 시설 · 인력기준 등을 갖춰 시장 · 군수 · 구청장에게 허가를 득해야 함</td></tr>
<tr><td>동물관련 영업등록제</td><td>– 동물장묘업, 동물판매업, 동물수입업, 동물전시업, 동물위탁 관리업, 동물미용업, 동물운송업 영업을 위해서는 시장 · 군수 · 구청장에게 등록을 해야 함</td></tr>
<tr><td>동물검역 제도</td><td>– 외국에서 반려동물을 수입하거나 데려오는 경우 동물검역 기관장에게 신고와 검역관의 검역을 받아야 함
– 외국으로 반려동물을 데리고 가거나 수출할 때도 검역절차를 거쳐야 함</td></tr>
<tr><td>피해보상 제도 (반려동물)</td><td>– 반려동물 구입 후15일 이내 피해(폐사 또는 질병발생)가 발생할 경우 교환 또는 환불, 질병치료 비용부담 등의 피해를 보상받을 수 있다</td></tr>
<tr><td>동물보호 감시원제도</td><td>– 중앙정부, 지방정부 및 자치단체장은 동물학대방지와 보호를 위하여 소속 공무원 중에서 동물보호감시원을 지정하여야 함</td></tr>
<tr><td>동물보호명예 감시원제도</td><td>– 중앙정부, 지방정부 및 자치단체장은 동물학대방지와 보호 · 지도 · 계몽을 위하여 동물보호명예감시원을 위촉할 수 있음</td></tr>
<tr><td>지자체동물소유권 취득제도</td><td>– 시 · 도, 시 · 군 · 구가 동물소유권을 취득할 수 있음
• 공고10일 후 동물소유자 등을 알 수 없는 경우
• 동물소유자가 그 동물의 소유권을 포기한 경우
• 보호비용납부기한 종료된 날부터 10일 지난 경우
• 동물소유자 확인 날 10일 동안 정당한 사유 없이 연락두절 반환받을 의사를 표시하지 않는 경우</td></tr>
<tr><td>포상금제도</td><td>– 아래 해당 사항 동물보호법 위반자 신고 또는 고발자
• 등록대상 동물을 등록하지 아니한 소유자
• 인식표를 부착하지 않은 소유자
• 안전조치위반, 배설물을 수거하지 아니한 소유자 등</td></tr>
</table>

출처: 찾기 쉬운 생활법령정보(easylaw.go.kr 2019.10.01.). 동물보호법

2) 우리나라 반려동물보호 및 관리 주요 법률규정 및 제도

우리나라 반려동물산업 관련 직간접적인 법률규정은 수의사법, 사료관리법, 가축전염병예방법 등 많이 있지만, 반려동물보호 및 관리의 기준이 되는 주요 법률규정으로 동물보호법 있다.

반려동물보호 및 관리 관련 주요제도로는 동물등록제, 동물생산업허가제, 동물 관련 영업등록제, 동물검역제도 등 총 9개이다.

3) 우리나라 반려동물보호·복지 주요 정책 및 계획

반려동물복지 관련 주요 정책으로 반려동물복지 5개년 종합계획은 [동물보호법]에 명시된 계획에 따라 농림축산식품부에서 5년마다 계획을 수립하여 집행하고 있다.

농림축산식품부에서 동물복지 5개년 종합계획(2020-2024)을 수립 동물보호·복지제도, 인프라 확충을 통한 성숙한 동물보호·복지문화 내면화 비전과 6대 분야 26개 세부 추진과제 계획을 수립하여 집행하고 있다. 반려동물복지5개년 종합계획은 [동물보호법]에 명시된 계획에 따라 농림축산식품부에서 5년마다 계획을 수립하여 수행하고 있다.

추진목표로는 동물보호복지에 대한 국민 공감 제고, 반려동물 관련 영업의 건전화, 유기 감소 및 재입양 활성화, 사육부터 유통까지 전 단계에서 농장동물 복지 제고, 동물윤리위원회 기능강화로 동물실험 윤리성 제고와 동물보호복지 거버넌스 확립으로 수립·수행하고 있다.

추진과제 6대 분야는 1. 동물보호 · 복지 인식개선, 2. 반려동물 관련 영업의 강화, 3. 유기 · 피학대 동물보호수준 제고, 4. 농정동물의 복지개선, 5. 동물실험 윤리성 제고, 6. 동물보호 · 복지 거버넌스 확립 계획으로 수립되었다. 26대 과제는 6대 분야 추진과제별로 각 4개에서 5개 세부적인 추진과제별로 정책을 수립하여 진행하고 있다.

비전	동물보호 · 복지제도 고도화, 인프라 확충을 통한 성숙한 동물보호 · 복지문화 내면화
추진목표	• 동물보호복지에 대한 국민공감 제고 • 반려동물 관련 영업 건전화 • 유기동물 감소 및 재입양 활성화 • 사육부터 유통까지 전 단계에서 농장동물복지제고 • 동물실험윤리위원회 기능강화로 동물실험 윤리성제고 • 동물보호복지 거버넌스 확립

추진과제

6대 분야	26대 과제
1. 동물보호 · 복지 인식개선	① 동물보호 · 복지 의무교육 확대 ② 개 물림 사고 예방체계 구축 ③ 동물학대 행위 범위 확대 및 처벌강화 ④ 동물등록제 개선 및 활성화
2. 반려동물 영업 관리 강화	① 반려동물 생산유통 환경 개선 ② 불법영업근절 ③ 반려동물이력 관리 강화 ④ 반려동물 관련 서비스 품질 개선
3. 유기 · 피학대 동물보호 수준제고	① 시설보호소 관리제도 마련 ② 지자체 동물보호센터시설 · 인력 기준개선 ③ 유기 · 피학대 동물 구조 체계 개선 ④ 재난 발생 대응 역량 강화
4. 농장동물의 복지개선	① 사육단계 동물복지 기준개선 ② 운송 · 도살 단계 동물복지 기준 구체화 ③ 축산농가 동물복지 의무교육 확대 및 점검 강화 ④ 동물복지축산 인증 고도화 ⑤ 말 · 축제 이용 동물복지 가이드라인 마련
5. 동물실험 윤리성 제고	① 동물실험윤리위원회 심의 · 감독 기능강화 ② 동물실험시행기관 준수사항 처벌 강화 ③ 사역동물 실험 관리 개선 ④ 윤리적 동물실험 정보 보급 · 체계 구축
6. 동물보호 · 복지 거버넌스 확립	① 동물복지위원회 정책심의 기능 강화 ② 동물보호 · 복지 R&D 기획단 운영 ③ 동물보호 · 복지 통계 · 실태조사 개선 ④ 지자체 동물보호 · 복지정책추진 동력개선 ⑤ 동물보호 · 복지 전문기관 구축

4) 우리나라 반려동물보호법상의 반려동물 관련 산업체 현황

〈우리나라 반려동물 관련 산업체 현황〉 (단위: 개)

구분	계	동물 병원	동물 생산업	동물 수입업	동물 판매업	동물 전시업	동물 위탁 관리업	동물 운송업	동물 미용업	동물 장묘업
업종별	22,306	5,082	2,073	124	4,132	667	4,859	809	8,279	59

출처: 농림축산검역본부 동물보호관리스템 2021.12.31.

2021년 12월 말 기준일 기준 우리나라 반려동물법상의 등록된 반려동물산업체 수는 미용업이 8,279개 업체로 가장 많았고, 다음으로 동물병원 5,082개, 동물위탁관리업 4,459개, 동물 판매업 4,132개 업체 순으로 나타났으며, 동물장묘업이 59개 업체로 가장 적은 수였다.

해외 반려동물시장과 산업(미국)

Chapter 05

1 미국 반려동물산업 개황

1) 미국 반려동물시장 현황

미국의 반려동물산업 시장규모는 전 세계 1위로 미국반려동물산업협회(APPA; American Pet Products Association)와 유로모니터 및 패키지팩트 데이터 통합 자료에 따르면, 2019년 미국 반려동물산업 소비시장은 957억 달러(한화 약 100조 원)를 돌파한 것으로 나타났다. 2020년 반려동물산업 소비시장은 2019년보다 더 늘어난 990억 달러를 기록한 것으로 추정하고 있다.

미국 반려동물 양육가구 비율

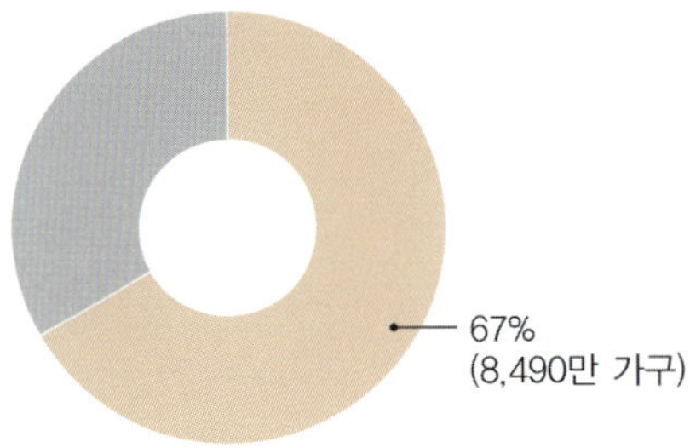

미국 반려동물산업 소비지출액

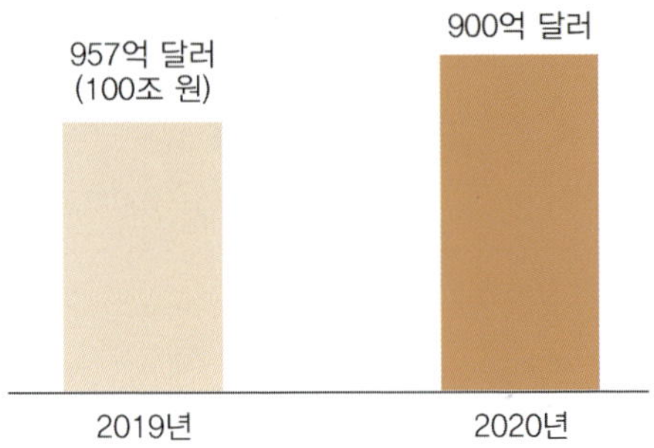

출처: 해외 반려동물시장 KOTRA ① 미국, 데일리 개원 2021.08.05.

미국도 코로나19 팬데믹으로 반려동물 붐이 일고 있다. 외부와 물리적 접촉을 줄이고 가정에서 보내는 시간이 길어지고 도시를 벗어나 주거공간이 넓은 교외로 이사하는 미국인들이 늘어나면서 반려동물을 키우는 이들이 크게 증가하고 있다.

뱅크오브아메리카는 가정에서 집안 개조, 공예품 만들기와 함께 반려동물을 새 가족으로 받아들이는 미국인이 늘어나고 있다며 향후 수년간 반려동물 붐이 계속 이어질 것으로 본다. 통제되고 고립된 시간 동안 반려동물이 외로움을 달래주고 과거보다 반려동물과 더 많은 시간을 보낼 수 있는 여건이 허락된 것도 반려동물 붐의 요인으로 분석된다.

최근 재택근무를 하는 1,000명 이상의 소비자를 대상으로 한 설문조사에 따르면 미국 국민 중 69%가 최소 한 마리의 반려동물을 양육하고 있으며, 현재 미국 내 반려견 수는 9,500만 마리, 반려묘는 9,000만 마리로 1억8천5백만 마리 이상으로 추정한다.

〈반려동물의 사진과 이름을 넣을 수 있는 머그컵 판매를 시작한 츄이〉

출처: chewy.com

2) 미국 반려동물 용품(상품)시장 특징

IBIS World에 따르면, 2021년 기준 미국의 전체 동물사료 시장규모는 약 616억 달러(약 69조 원)로 예상하며, 미국 동물사료시장(반려동물+농장동물)은 상위 3개 기업이 전체 시장의 21.6%를 차지할 정도로 주도하고 있는데, 1위는 네슬레(Nestle SA, 8.3%), 2위 카길(Cargill Inc., 7.3%), 3위는 마즈(Mars Inc., 6.0%)였다. 축종별 사료시장에서는 반려견 사료시장이 약 20조 5천억 원(29.6%)로 가장 높게 나타났다. 반려묘 사료시장은 약 9조 원(13.0%) 수준이었다. 코로나19 팬데믹 기간 동안 반려동물 사료 판매량이 약 1.7% 증가했는데, 이에 대해 "반려동물 사료가 미국 동물(가축)사료 산업의 차세대 성장 동력"이라는 평가가 나온다.

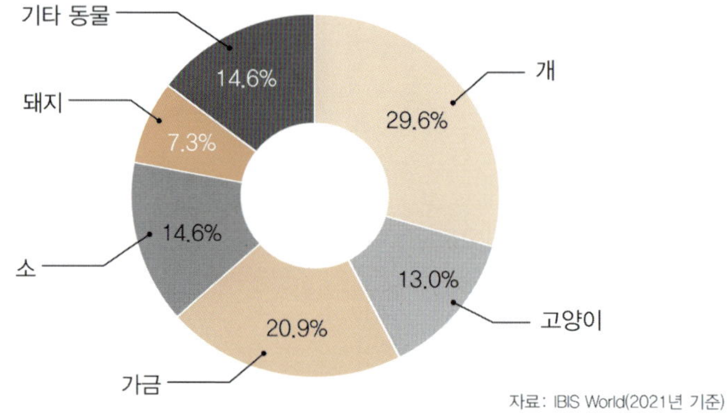

* 미국 전체 동물사료 시장 규모: 약 69조 원
* 반려견 사료 시장: 약 20조 5천억 원
* 반려묘 사료 시장: 약 9조 원

〈미국 동물사료 축종별 시장 점유율(%)〉

출처: 2021 글로벌 반려동물시장 ② 데일리 벳. 2021.06.17.

미국 내 시장 조사업체 the Spurce에 의하면, 로얄캐닌, 오리젠, 힐스, 블루버팔로, 퓨리나, 웰니스 등이 미국의 주요 반려동물 사료 브랜드이며, 코로나19 팬데믹 영향으로 온라인 주문량이 전년 대비 30.1%로 급증하고 있다.

특히, 아마존에서 반려동물 사료 · 간식 판매량은 전년 대비 45% 이상 급증했으며, 이중 고양이 간식이 105%로 가장 높은 증가율을 나타냈다. 그 뒤를 반려견 습식사료가 63%로 나타났다.

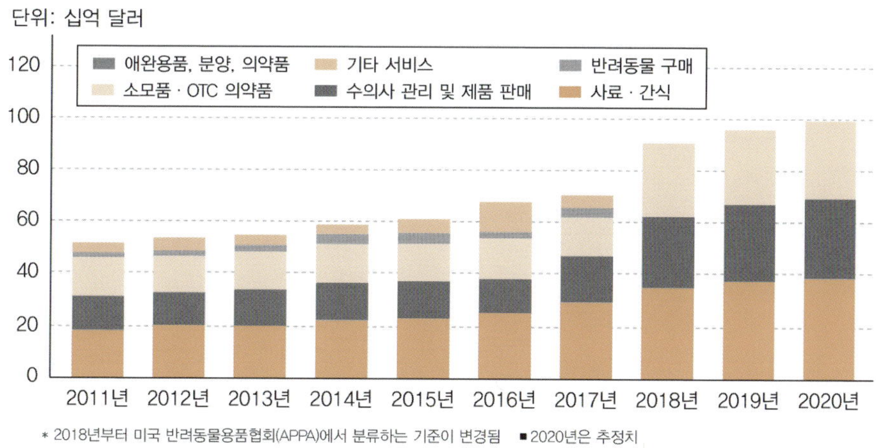

〈미국 신산업 리포트 '미국 반려동물산업' 한경비즈니스 2021.01.15.〉

미국 반려동물시장은 꾸준히 성장하고 있다. APPA의 자료에 따르면 최근 10년 동안 계속 성장하여 2020년 990억 달러(약 110조 원)로 예상했다. 무엇보다도 2008년부터 2010년까지 금융위기와 코로나19 팬데믹 상황에서도 위축되지 않고 성장하고 있다.

반려동물을 사람과 동일 시 하는 현상인 펫 휴머니제이션(pet humanization)이 미국 반려동물시장의 기폭제 중 하나이다. 게다가 코로나19 팬데믹 상황과 위협으로 집에 머무르는 시간이 늘면서 팬데믹 퍼피(pandemic puppy)라는 신조어가 생길 정도로 반려동물 입양과 반려인구 수가 증가하고 있다.

눈에 띄게 성장한 반려동물 산업 중의 하나가 바로 이커머스(e-commerce)이다. 미국 반려동물시장에서 2019년 기준 가장 높은 시장 점유율 항목은 사료(간식)상품으로 38.6%였다. 반려동물이 섭식하는 사료는 주기적인 배송이 필요해 관련 서비스도 늘어나고 있다.

〈(앵콜) 월드베스트 캣리터 어드벤스드, 옥수수알갱이로 만든 고양이 모래. wadiz〉

미국 반려동물 용품시장의 특징으로 도시화가 가속되면서 좁아진 생활공간과 라이프스타일의 변화에 맞춰 고양이에 대한 선호도가 높아짐에 따라 캣리터(고양이 모래)가 주목받고 있다. 캣리터 시장은 꾸준한 성장세를 보이고 있고, 다양한 성분과 종류의 캣리터의 등장에 모래시장 수요 증가가 예상된다.

2 미국 반려동물문화의 특징

미국은 3명 중 2명은 반려동물을 키운다고 할 정도로 반려동물의 천국이라고 불린다. 그중 가장 많이 키우는 동물은 강아지다. 미국에서 차지하는 반려견의 수는 약 9500만 마리로 추정된다. 우리나라 인구보다 훨씬 많은 반려견이 미국에서 생활하고 있다.

〈인스타그램 @cocothemaitesedog〉

〈현지에서 먹힐까? 시즌3: 미국편. tvN〉

최근 방영됐던 tvN 예능 프로그램 '현지에서 먹힐까' 시즌3: 미국편에서 푸드트럭을 운영하는 동안 반려견을 데리고 오는 현지인들이 빈번하게 등장해 이목을 끌었다. 많은 미국인들은 어린 시절부터 강아지와 함께 자라난 경험으로 같은 테이블에서 식사하는 것이 익숙하다. 이 밖에 반려견을 위한 다양한 문화가 발달했다. 그래서 반려동물 천국이라고 불리기도 한다.

또한, 바쁜 보호자를 대신해 개를 산책시켜주는 직업의 수요와 공급이 굉장히 활발하다. 반려견 전용 놀이공원과 강아지들만 먹을 수 있는 음식을 파는 반려견 전용 푸드트럭이 그 예시다. 뿐만 아니라 반려견과 견주가 실내에서 함께 영화를 볼 수 있는 반려견 전용 영화관도 있다. 심지어 미국에서는 이혼 시 반려견 양육권에 대한 법도 존재한다.

〈현지에서 먹힐까? 시즌3: 미국편. tvN〉

이렇듯 미국의 반려견 문화는 반려견을 자신의 소유물이 아닌 가족처럼 여긴다는 것을 알 수 있다.

〈JEK공항. 반려동물휴게소〉

〈야구경기장. 이미지: Pet Products News〉

〈도그워크. 돈 벌기/부업, 투잡〉

〈반려동물 푸드트럭. 동물뉴스〉

3 미국 반려동물 하이테크 산업

주인이 없을 때 혼자 가정에 남아있는 반려동물을 관찰하거나 먹이를 주고, 실시간으로 음성이나 화상 대화를 하거나 놀아줄 수 있도록 도와주는 펫 테크(Pet Tech) 시장이 급속도로 커지고 있다. 미국 소비자기술협회의 보고서에 따르면 2017년 펫 테크 시장의 생산 규모는 1억 9,700만 달러로, 9,200만 달러였던 전년의 생산 규모에 비해 113% 성장한 것으로 나타났다. 이 시장은 꾸준히 증가할 것으로 예측되었다. 펫 테크는 사물인터넷 기술을 주로 스마트폰, 무선기기 등을 연결해 반려동물의 웰빙(Well-being)을 보살피는 등의 기술을 말한다.

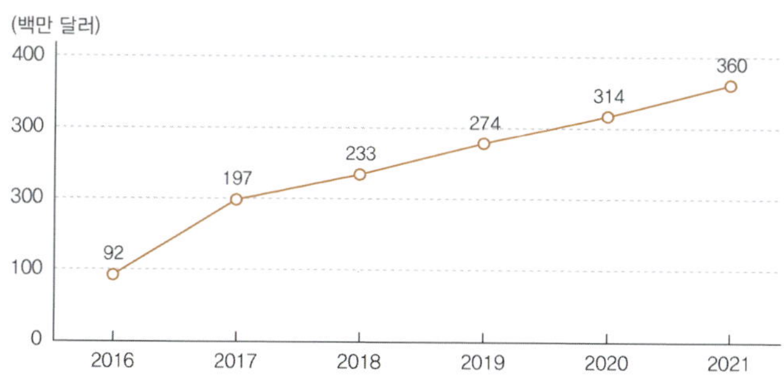

〈미국 펫 테크 시장 전망〉

출처: 오피니언뉴스. http://www.opinionnews.co.kr

코트라 로스앤젤레스 무역관의 보고서에 따르면, 전에는 단순히 반려동물 카메라나 간식 급식 도구, 위치 추적 웨어러블 기기 등으로만 구분되었으나, 최근에는 펫 테크 제품을 구분하는 종류도 다양해졌다. 특히 스마트폰이나 기타 무선기기를 활용한 애플리케이션이나 반려동물을 위한 서비스 분야도 세분되는 추세다.

또한, 미국 소비자 설문 조사에 따르면, 펫 테크 제품 중 스마트폰 등과 연계해 반려동물의 건강관리를 도와주는 반려동물 건강모니터 제품으로 94%의 만족도를 보였다. 그 외에는 반려동물용 사료 서브스크립션 및 배달 서비스와 운동량 추적기가 93%, 반려동물용 GPS가 91%의 높은 만족도를 기록했다. 펫 테크가 반려동물의 안전과 건강을 지키고, 동시에 사용자에게는 편리함을 제공한다는 측면에서 소비자들의 만족도가 높은 것으로 나타났다.

♣ 세계 최대 가전제품 전시회 'CES 2021' 선보인 펫테크 상품

1. 인공지능 기반 개 목걸이 PetPuls
반려견의 짖는 소리를 분석 추적해 행복, 불안, 슬픔, 분노, 편안함의 5가지 감정 상태를 감지해 앱에 해당 정보를 전송해준다. *자료: CES 2021

2. 로봇 청소기 제트봇 AI+
삼성전자의 '제트봇 AI+'는 인텔의 AI 솔루션 반도체를 탑재한 펫케어 기능이 있는 로봇 청소기로 딥러닝 기반 인식 기술을 사용해 객체를 식별, 분류하고, 최적의 청소 경로를 결정한다. 별도의 카메라가 부착돼 스마트폰을 통해 원격으로 반려동물을 모니터하고 원활한 청소가 가능하다. *자료: Samsung

3. 스마트 개 목걸이 Wagz Freedom
실시간 GPS 추적 및 충격 없는 지오펜스 격리 기술을 갖춰 반려견을 쉽게 추적할 수 있는 웨어러블 장치다. 스마트폰과 연동돼 청각, 초음파, 진동 보정 기술을 이용해 앱으로 설정된 지오펜스 구역 내 머무르도록 할 수 있다. *자료: Wagz

4. 스마트도어 MyQ 펫포털
'MyQ 펫포털'을 이용하면 내·외부 카메라, 양방향 오디오, 블루투스, 맞춤형 앱을 통해 반려동물의 행동이 라이브 동영상으로 스트리밍돼 반려동물과 떨어져 있는 동안에도 안심할 수 있다. *자료: MyQ

5. 전문적인 개 훈련 및 지원 Sniffy
스타트업 Sniffy Labs는 인증된 개 훈련사 및 행동전문가의 도움을 받은 과학적인 개 훈련 콘텐츠와 대화형 인-앱 훈련 프로그램을 발표, 해당 앱을 통해 주인은 훈련 진행 상황을 추적하고, 일관된 과정의 훈련을 지속해 반려견의 상태에 맞는 순종, 민첩성, 행동 교정과 같은 훈련 목표를 이룰 수 있게 된다.

6. 인공지능 로봇 펫 Moflin
Vangquard Industries에서 내놓은 'Moflin'은 인간과 상호 작용하면서 어떤 행동을 나타낼 지 스스로 학습하며 진화하는 인공지능이 탑재된 로봇으로 9가지의 감정 상태를 갖고 스스로 감정을 개발 표현할 수 있다.

〈해외 반려동물시장 트렌드 KOTRA ① 미국. 데일리 개원 2021.08.05.〉

코로나19 팬데믹 위협이 미국 반려동물산업의 성장에 날개를 달아주었다. 또한, 4차 산업혁명의 바람이 불면서 반려동물 비즈니스 모델에 첨단 ICT 기술을 결합한 인공지능 목걸이, 로봇청소기, 스마트도어 그리고 로봇 펫 등 펫테크 상품들이 속속 등장하고 있다. 기술전문지 WIRED는 반려동물 소유자의 49%는 반려동물관리 시간을 절약할 수 있는 기술을 찾고 있어 반려동물산업과 하이테크의 결합이 더욱 가속화되고 있다.

해외 반려동물시장과 산업(중국)

Chapter 06

1 중국 반려동물시장 개황

1) 중국 반려동물시장 현황

중국에서는 자식을 낳지 않고 결혼생활을 하는 사람, 즉 딩크족 증가, 인구 고령화, 고소득 여성 비율 증가 등으로 인한 '고독' 인구 증가로 반려동물 양육이 빠르게 늘고 있다. '2020년 중국반려동물산업백서(2020年 中国宠物行业白皮书)'에 따르면 중국의 반려견과 반려묘의 개체 수는 지속적인 성장세를 보이고 있다. 2020년 중국의 도시 반려견, 반려고양이 수는 1억 84만 마리를 돌파했는데 이는 2019년에 비해 1.7% 증가한 수치다. 반려견, 반려고양이의 개체 수 변화도 눈에 띄는데, 개는 5,222만 마리로 전년 동기간 대비 5.1% 감소했고, 고양이는 4,862만 마리로 10.2%가 증가해 개에 비해 고양이에 대한 선호도가 급격하게 증가하고 있음을 알 수 있다. 2020년 반려동물 양육자 수는 총 174만 명이 늘어나 총 6,294만 명이 반려동물을 양육하고 있는데, 이는 중국의 인구지수와 대비해 여전히 낮은 비율을 보이고 있어 향후 반려동물 양육 가정 수의 상승 여지는 여전히 클 것으로 본다.

구분	반려견(강아지) 수	반려묘(고양이) 수	비고
2019년	5,503만 마리	4,412만 마리	9,915만 마리
2020년	5,222만 마리	4,862만 마리	10,084만 마리
증감	–5.1%	10.2%	1.7%

〈2020년 중국 반려동물 수 1억 돌파, 중국 청두무역관 2021.06.15.〉

2) 중국 반려동물 용품(상품)시장 특징

중국 반려동물산업에서 가장 큰 시장은 역시 '사료 · 간식(반려동물 식품) 시장'이었다. 중국산업정보에 따르면 반려동물 식품 시장이 중국 전체 반려동물산업 규모의 약 34%를 차지한다.

실제로 유로모니터(Euromonitor)에서 조사한 반려동물 식품 분야의 시장 규모를 살펴보면 반려동물 식품산업은 2015~2020년 매년 20~45% 이상 성장해 2020년 시장 규모가 440억 위안(한화 약 8조 원)에 달한다. 반려동물 식품 시장이 계속해서 성장할 것으로 기대됨에 따라 반려동물 식품업계는 추세를 반영한 제품 세분화가 가속화될 것으로 본다.

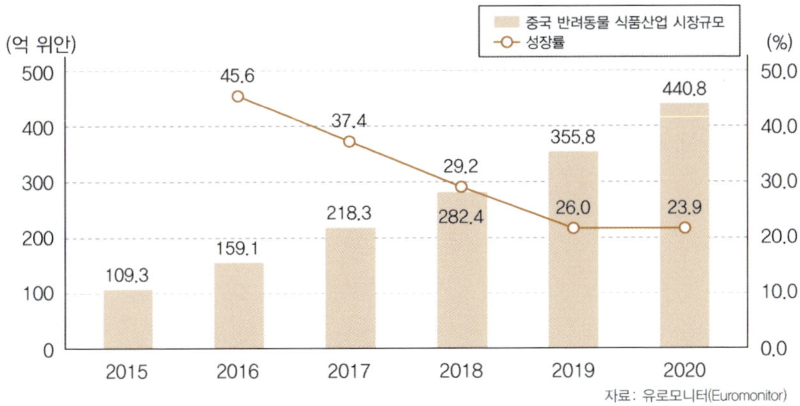

〈2015~2020 중국 반려동물 식품산업 시장규모 성장현황〉

이는 반려인들의 인식 수준이 높아짐에 따라 간식의 구성과 품질에 대한 관심이 높아지고 있기 때문인 것으로 분석된다. 이는 반려동물 양육인 중 고학력자의 비중과 80년대, 90년대 생의 비율이 점차 높아지고 있는 것과 무관하지 않다. 이들은 반려동물의 건강에 대해 높은 관심과 식품의 영양학적 비율에 대한 관심도 매우 높다.

이에 따라 반려동물 사료는 반려견 혹은 반려묘의 품종에 따라 해당 품종에 적합한 영양학적 비율을 고려한 성분, 반려동물의 나이와 질병 등을 고려한 처방 사료 등 그 종류가 세분화되고 있다. 양육인들이 사료를 선택할 때 우선적으로 고려하는 요소는 영양소 배합비율, 재료구성, 기호성이 1~3위로 나타났고, 그 이외에는 주변 지인의 추천과 댓글 및 평가, 브랜드 인지도, 가격, 원산지, 안정적인 유통경로 등인 것으로 나타났다.

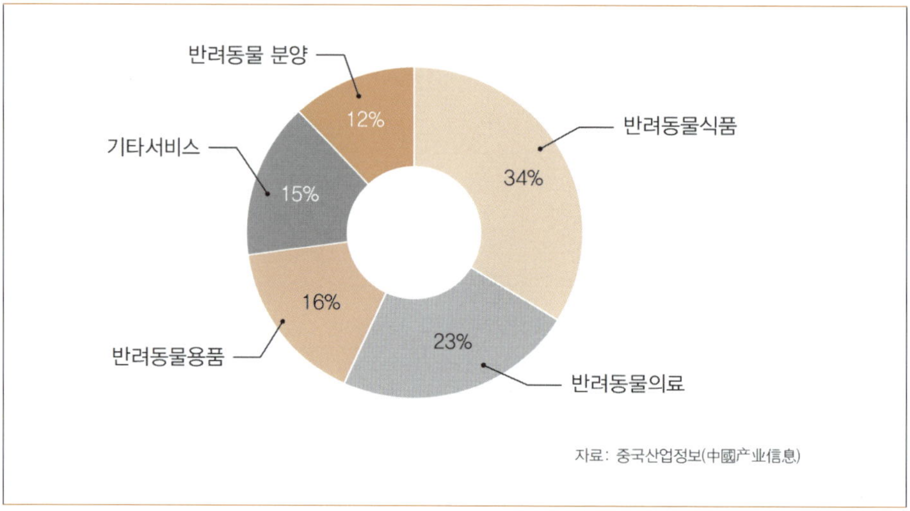

〈중국 반려동물산업 영역별 총생산액 점유율(단위: %)〉

사료 시장에 이어 반려동물 의료(23%), 반려동물용품(16%), 기타 서비스(15%), 분양(12%)시장이 그 뒤를 이었다.

또한, 중국 반려동물 사료 시장에서도 마즈(Mars), 로얄캐닌(Royal Canin), 네슬레 퓨리나(Nestle Purina), 힐스(Hills) 등 글로벌 기업이 높은 점유율을 점하고 있다. 외국 브랜드의 사료시장 점유율이 70% 이상이다.

중국 청두무역관은 “중국 반려동물 사료 시장의 큰 특징은 일부 기업의 과점”이라며 “해당 브랜드들은 지속적인 인수합병을 통해 광범위한 판매 채널을 구축해 시장 점유율을 높이고 있고, 오랜 시장경쟁 속에서 얻은 풍부한 시장 개척 경험으로 브랜드 인지도와 소비자 충성도를 갖추고 있다.”라고 분석했다.

〈중국 우이시장. 펫용품〉

최근 중국 반려동물 용품시장 특징으로 첫 번째 트렌드는 고품질이다. 시장이 달아오르고 있는 중국 반려동물용품시장은 점진적으로 고품질을 중시하는 추세로 급변하고 있다. 예전에는 가격만 추구했다면 최근 시장은 상품의 질을 최우선적으로 추구하고 있다.

특히 중국 반려동물용품 소비성향은 퀄리티가 1순위이며, 참신성, 본사 제품과의 호환, 가격 등을 본다고 밝혔다. 또한 중국 시장에서 통할 수 있는 요소로 품질을 꼽는 데 주저하지 않았다.

두 번째는 스마트화이다. 중국 시장에서도 이런 스마트화가 중요 트렌드로 꼽혔다. 중국 생활수준의 향상으로 반려동물용품업계에도 '스마트 열풍'이 불고 있다.

모바일 애플리케이션과 블루투스를 이용한 액티브 모니터, 소형 GPS 및 반려견 LED밴드 등 사고방지 기능과 반려동물의 안전을 위한 상품을 판매하는 업체에 관심이 쏠리고 있다. 웨어러블 기기를 생산하는 중국 현지업체 펫올웨이즈(Petalways)는 현재 반려견용 위치확인 GPS와 충전 그리고 미끄럼 방지 스크래처 기능 상품 등도 시중에 판매되고 있다.

세 번째는 웰빙과 고급화이다. 중국 반려동물들 역시 이미 먹고살 만한 단계는 지난 것으로 평가됐다. 이 단계를 지나면 추구하는 것이 바로 웰빙이다. 중국 내 1인 가구는 반려동물용품 시장의 주 소비층이며, '개인 중심'의 소비성향을 띠고 있다. 이러한 1인 가구 반려동물의 '반려화'가 웰빙과 고급화에 일조하고 있다. 특히 미국과 유럽에서 히트한 천연사료가 중국 시장에서도 경쟁력이 있다.

네 번째 반려동물 상품 시장 특징은 아웃도어 펫 패션이다. 중국 소비시장 전반에 걸친 아웃도어가 유행하면서 반려동물의 의류 및 이동장비 판매업체가 증가하는 추세다. 캐리장비와 야외배변용 시트, 의류 및 목줄 등 야외사용용품이 눈에 띄게 증가했다는 것이다. 업체로 시트나 캐리어 등 아웃도어 용품을 판매하는 아이토&컴퍼니 관계자는 "동종업계 제품의 증가와 반려견과 동행한 방문객들이 많음으로 봤을 때 반려견의 야외용품은 충분히 대세인 것으로 판단된다"며 "애견용 리더줄, 캐리어, 의류 등은 디자인이 우수한 유럽 제품들이 인기가 많은데, 중국 제품들의 빠른 성장에 귀추가 주목된다"고 한다.

2 중국 반려동물문화의 특징

중국은 우리나라보다 반려동물문화 수준이 낮은 나라라고 생각한다. 그래서 선입견으로 못 할 것이라고 생각하는 사람들이 많은 것 같다. 하지만 우리가 배워야 할 문화도 많은 것 같다. 그중 세 가지로 정리해 보면 첫 번째가 동물을 보는 시선이 따뜻하다. 불교나 도교 문화로 추측하지만 중국은 동물에 대한 시선이 따뜻하다. 길 고양이가 있다면 당번을 정해 사료를 챙기기도 한다. 개, 고양이 식용도 일부 지역의 소수민족 문화일 뿐이다. 두 번째는 동물 한방치료가 활발하다. 사람도 한방을 선호하는 경향도 강할뿐더러 한방에 대한 신뢰도가 높은 편이다. 자국의 한방 전통의학에 대한 자부심도 강하여 반려동물 치료에도 많이 적용하고 있다. 또한, 수의학에서도 세부전공으로 한방치료 교육을 한다. 세 번째로 제도적인 차원에서 동물보호제도이다. 대도시에서는 동물등록이 법적으로 의무화되어 있고, 대도시에서는 대형견을 키울 수 없도록 규정하고 있으며, 불시에 검문으로 미등록 동물을 강제로 잡아가도록 하는 제도도 병행하고 있다. 동물등록을 하면 광견병 접종 연 1회 무료 제공 제도적 서비스도 하고 있다.

동물을 보는 따뜻한 시선이나 제도적인 강한 동물보호는 큰 장점이라고 생각한다. 하지만 중국 반려동물문화에서도 개선해 나가야 할 부분도 많다고 본다. 예방치료나 위생관리 부분에서는 더 성숙해야 할 것이다.

또한, 상하이 저널(2019)에 의하면 중국의 동물장례문화는 매장, 화장, 수목장 그리고 박제 방법으로 처리하고 있다.

〈세계 각 나라별 반려동물 장례식. 상하이저널. 2019.04.10.〉

중국 반려견 장례식 사례로 절장성 한 반려견 주인은 20만 위안(한화 3,200만 원)의 거금을 들여 장례식을 진행해 화제가 됐다. 사람을 대하듯 영정 사진을 준비하고 스님도 불러 경을 읽고 난 후 모든 가족이 무릎을 꿇고 반려견과 작별을 했으며 7일 동안 장례를 치렀다. 그리고 반려견은 꽃으로 장식된 관 안에 수의를 입고 한때 자기가 좋아했던 인형에 둘러싸인 채로 고급 리무진으로 운구되어 화장터로 옮겨 고급 장례를 치렀다.

또한, 베이징에서 자신의 반려견 장례식에 1만 위안(한화 약 180만 원)을 사용한 유(刘)양은 "자신의 19년밖에 안 되는 일생을 주인에게 바친 강아지에게 무엇이 아깝겠냐? 전혀 아깝지 않다."라고 했다.

3 중국 반려동물 하이테크 산업

중국 반려동물산업이 급성장하고 있다. 쑤닝금융(SUNING FINANCE)에서 연구한 바에 따르면, 한 국가 평균 GDP가 3,000~8,000불에 달하면 그 국가 반려동물산업은 급속히 발전된다고 한다. 중국의 평균 GDP는 급상승해 2010년 4,550.7불에서 2020년 10,986.5불로 증가해 연평균 성장률은 약 9.28%에 달한다. 경제 성장은 국민 소득 상승을 견인하고 소비가 확대되어 중국 1인 1펫 당 연간 평균소비액은 2019년 5,561위안까지 증가했다.

또한, 중국 모바일 인터넷의 빠른 성장은 반려동물 제품 거래의 편의성과 중국 펫코노미 발전을 크게 이끌었다. 대다수 양육인은 온라인을 통해 반려동물 돌보기 팁, 오락, 상품추천, 경험공유 등 정보를 교환하고 온라인에서 제품 구매하는 걸 선호하는 편이다. 이러한 현상은 온라인 반려동물 소비 증가를 더욱 촉진시켰다.

〈잃어버린 반려동물 찾기 위한 하이테크 기기 광고 모습. 사진 SCMP〉

특히, 펫테크 분야가 가파른 성장을 보일 것으로 예상된다. 빠른 일상 속에서 편리하게 반려동물을 케어할 수 있도록 기존의 제품을 개조하거나 양육 관련 다양한 시스템이 개발되고 있다.

또한, 향후 인공지능, 사물인터넷 등 4차 산업기술을 접목한 스마트한 반려동물 양육을 위한 제품들이 속속 출시될 것으로 기대된다.

〈100위엔 애완동물 살균기〉

〈앤트하우스의 반려동물이미지〉

'개집' 형태로 만들어진 '펫살균 토탈 케어룸'에 반려견이나 반려묘가 들어가면 공기청정기가 작동해 피부와 털에 붙어 있는 먼지나 세균을 효과적으로 제거한다. 살균 조명장치도 설치돼 있어 털 속 깊이 숨어 있는 진드기나 곰팡이를 없앨 수 있다. 집 형태로 돼 있기 때문에 반려동물의 잠자리로도 사용할 수 있다.

중국의 '싱글족' 확대와 중산층 경제력 상승으로 반려동물 사육을 위한 로봇 상품과 시장이 주목받고 있다. '반려동물 로봇 친구' 담당자는 "주인이 집에 없을 때 주인을 대신해서 반려동물에게 공을 던지면서 놀아주기도 하고 식사를 챙겨주기도 한다"며 "카메라와 스피커가 내장돼 있어 집안의 상황을 주인이 한눈에 알아볼 수 있도록 보내주면서 반려동물이 무엇을 하는지 알려준다"고 말했다.

음성 통화와 영상통화도 지원하고 반려동물에게 음악을 들려줄 수도 있다. 배터리가 다되면 자동으로 충전장치가 있는 곳으로 돌아가 충전을 하는 기능도 있다. 모바일 앱과 와이파이 환경으로 제어할 수 있다. 장애물을 피해 다닐 수도 있다.

중국에서 이러한 반려동물 관련 하이테크 기술상품 시장 잠재성은 매우 크다. 중국 반려동물 전문 사이트 통계에 따르면 중국의 반려 강아지와 고양이 반려동물 총수가 이미 약 2억 마리에 달하는 것으로 추정한다. 최근 반려동물에 대한 젊은이들의 관심이 높아지면서 펫테크 시장에 대한 관심도 매우 높은 추세다.

해외 반려동물시장과 산업(독일)

Chapter 07

1 독일 반려동물시장 개황

1) 독일 반려동물시장 현황

IVH(Industrial Association of Pet Care Producers)와 독일 ZZF(German Pet Trade and Industry Association)에 따르면, 2020년 기준 독일의 반려동물 수는 약 3천 5백만 마리로, 2019년 대비 100만 마리 이상 증가했다. 시장조사기관 Skopos의 조사에 따르면 독일 가구의 약 47%가 반려동물을 양육하고 있고, 그 중 15%는 두 마리 이상을 양육하는 것으로 조사 됐다. 특히, 자녀가 있는 가구에서 반려동물 양육비율은 66%로 상대적으로 높았다. 독일 뮌헨무역관은 “독일의 반려인과 반려동물 수는 계속 늘어나는 추세”라며 “지난해 코로나19 팬데믹으로 인한 경제위기에도 불구하고 독일 반려동물용품 시장은 지속적으로 성장했다”고 한다.

독일은 백화점, 음식점, 카페 등 모든 공간에서 반려동물과 함께할 수 있는 환경이다. 반려인들은 개를 양육하려면 1년에 약 26만 원의 세금을 지불해야 하며 세금은 지역마다 조금씩 다르다. 반려동물과 함께 대중교통을 이용할 때도 반려동물 요금을 별도로 내야 하는 것이 특징이다. 반려견의 산책도 의무사항이며 그렇지 못할 경우 동물학대죄로 고소를 당할 수도 있다는 점도 또 하나의 특징이다.

독일 반려인의 연령대

(단위: %)

연령대	2019년	2018년
~29세	17%	15%
30~39세	16%	17%
40~49세	20%	19%
50~59세	22%	22%
60세 이상	24%	27%

출처: 독일 동물전문협회 ZZF 2018/19

독일 반려인의 연령대. 60세 이상 비율이 줄고, 29세 이하 비율이 늘고 있다. 독일의 반려인과 반려동물 수는 계속 늘어나는 추세이다. 코로나19 팬데믹으로 인한 경제위기에도 불구하고 독일 반려동물 용품 시장은 지속적으로 성장했다. ZZF 조사 결과 2019년도부터 반려인의 연령대가 점점 더 젊어지고 있어 많은 반려동물 산업현장에서는 젊은 연령층을 타깃으로 한 마케팅을 하고 그 효과도 기대하고 있다.

2) 독일 반려동물 용품(상품)시장 특징

독일 애완동물 용품 시장은 지난 몇 년 동안 꾸준히 높은 수준의 성장을 유지하고 있다. 2019년 오프라인에서의 반려동물용품의 총매출액은 43억 유로(약 6천억 원)로 전년 대비 2.4% 증가하였으며, 온라인 시장의 총매출액은 7억500만 유로(약 1조 원), 야생조류 사료 시장은 1억2,500만 유로로 독일 반려동물시장의 총매출액은 약 52억 유로(약 7조 원)에 달하고 있다.

강아지 사료의 매출은 지속적으로 증가하고 있는 추세로 2019년 총 15억700만 유로의 매출을 달성하였으며, 이는 전년 대비 4.2%가 증가한 수치이며 특히 간식 분야 매출이 전년 대비 5.6%로 크게 증가하였다.

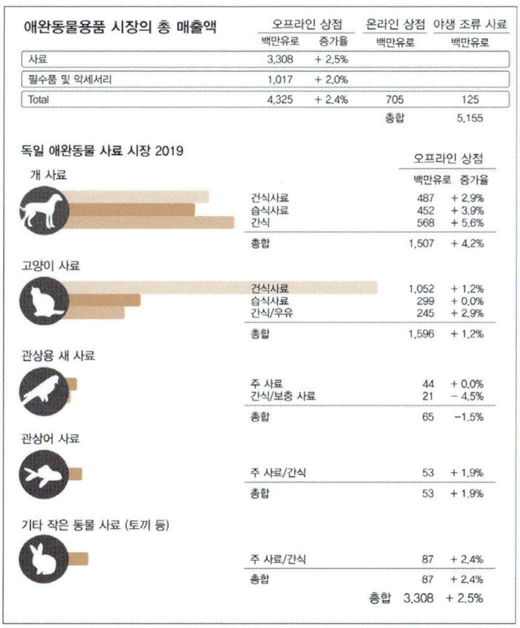

〈독일 애완동물 용품 시장 총 매출액 및 사료 시장 2019년도〉

출처: 독일 애완용 동물협회, IVH 2019, KOTRA 뮌헨무역관 정리

고양이 사료 시장은 독일 내에서 꾸준히 인기 있는 사업 분야로 전년 대비 총 1.2% 성장하였으며, 총매출액은 1억5,960만 유로로 독일 내 몇 년째 가장 큰 시장을 차지하고 있다. 독일 애완동물협회 회장 M씨는 '고양이 습식사료가 고양이 체내에서 필요로 하는 액체의 요구량을 충족시키는 데 결정적인 기여를 하고 있어 계속해서 수요가 증가하는 것이라고 언급하며 또한 1회용 사료가 요즘 독일 사료시장의 트렌드를 이끌고 있다.'라고 한다.

뮌헨무역관 독일 펫산업 관련 보고서에 따르면 독일 펫산업은 올해도 지속 성장이 기대된다며 관련 용품 전문점의 규모도 점점 더 확대되고, 취급하는 제품도 다양화되고 있다고 한다.

2 독일 반려동물문화의 특징

독일은 반려견의 천국으로 불린다. 전체 가구 중 약 20%가 개를 기르며 2019년 기준 등록된 반려견이 940만 마리이다. 많은 마릿수에도 불구하고 모든 반려견을 체계적으로 관리하는 것으로도 유명하다. 반려견에게 시민처럼 세금과 의료보험 등 엄격한 의무와 권리를 부여한다.

독일 반려동물문화와 정책에 대하여 살펴보자.

첫째로 정책의 기본은 정확한 통계를 파악하는 것이다. 국민의 규모와 나이 ·

지역별 분포 등을 알아야 세금을 걷고 복지 정책을 세울 수 있다. 독일은 세계에서 가장 철저한 반려동물 등록 국가로 알고 있다. 또한 반려견의 등록번호를 내장칩 혹은 문신으로 표시해야 한다.

〈독일이 자랑하는 공공 유기동물 보호소 티어하임 전경. 사진은 베를린시의 티어하임〉

두 번째로 독일은 공공보호소를 통한 유기견 입양을 사실상 의무화했다. 전문 브리더에게 분양받으려면 한화로 약 1000만 원 가까운 금액을 내야 한다. 반면 동물보호소 티어하임(Tierheim)의 입양비는 200유로(약 27만 원)에 불과하다고 한다. 게다가 입소한 유기견들은 예방접종, 동물등록, 여권 발급을 마친 상태이고, 시간과 비용을 절약할 수 있으니 반려견을 입양하고자 하는 시민의 발길은 티어하임으로 간다.

세 번째로 반려견으로 인한 안전사고가 발생해도 그 대응이 제도적으로 빠르다. 모든 견주가 책임보험(Hundehaftpflichverscherung)에 가입하기 때문이다. 이 보험은 반려견이 일으킬 수 있는 개 물림 사고, 교통사고 등 거의 모든 피해를 보상해 준다.

네 번째로 예방접종 및 건강검진도 의무이다. 반려견은 등록번호, 전염병 예방접종 정보, 혈액검사 결과를 기록한 공인 수의학 증명서(Tieraus Nicht-EU-Staat)를 발급받아야 한다. 이 과정을 모두 완료하면 수백만 원의 비용과 많은 시간이 소모되므로 그만큼 반려인으로 정성을 쏟을 사람만 반려견을 양육할 수 있도록 입양단계를 매우 까다롭게 하는 것이다. 반려동물 통제 국가의 방법이기도 하다.

다섯 번째로 반려견과 함께 EU 회원국으로 자율 여행을 가려면 반려동물의 여권을 소지해야 한다. 이 여권은 허가를 받은 수의사가 발급하며 견주 이름과 연락처, 개의 식별번호, 예방접종 현황 및 분양받은 장소가 적혀 있다. 반려견을 사실상 시민처럼 대하는 것을 알 수 있다.

여섯 번째 독일은 반려견에게 시민과 동등한 의무와 권리를 부여한다. 반려견도 세금을 내고 걸맞은 복지 혜택을 누린다. 독일의 견주들은 매년 한화 약 27만 원의 동물 보유세(Hundesteuer)를 내야 한다. 만약 견공이 은퇴한 탐지견이나 구조견이라면 세금을 감면한다. 동물 보유세는 반려견만 적용되며 실내 동물인 고양이, 기니피그 등에는 적용되지 않는다.

▲ 독일 반려견 대중교통 이용

일곱 번째로 반려인 자격시험제도를 시행한다. 마치 자동차 운전면허증이 있어야 자동차 운전을 할 수 있듯이 독일에서는 니더작센주를 시작으로 2011년부터 반려견 자격시험이 도입되었다. 이론시험과 실습 시험을 보고 자격증을 따야 반려견을 입양할 수 있다. 심지어 한 사람 당 반려동물의 수를 제한도 한다. 이는 무분별한 반려동물 입양을 막아 보호하겠다는 취지이며, 동물을 학대할 경우 2년 이하의 징역에 처하기도 하는 법 규정을 두고 시행한다.

여덟 번째로 시민의 한 구성원으로 권리와 의무를 부여한다. 독일 반려견의 버스 요금은 어린이와 동일하다. 주인은 대중교통 이용 시 본인 비용과 개의 비용을 같이 지불하여 티켓을 구입해야 한다. 만약 개가 무임승차를 했다면 주인이 몇 배에 해당하는 벌금을 내야 한다. 실제로 큰 개가 승객 옆에 타고 있다면 굉장히 위험할 것 같지만, 독일에서는 반려견에게 철저한 교육을 시키는 것이 의무이기 때문에 공공장소에서 크게 짖는 것조차 보기 힘들다.

아홉 번째 독일에서는 2015년부터 독일묘지협회(German Cemetery Association)에서 반려동물과 사람의 합장을 허용한 이후 에센(Essen)과 브라우바흐(Braubach) 두 지역에서 합장이 가능한 묘지가 운영되고 있다.

마지막으로 독일 반려동물문화와 규정의 특징으로 민간에서 반려동물 매매를 금지한다. 민간 펫숍에서는 반려동물 관련 용품만 판매할 수 있다. 반려동물 입양은 '동물의 집'이라는 뜻을 가진 '티어하임'에서만 할 수 있다. 티어하임에서는 동물이 병으로 고통받는 경우를 제외하고는 안락사를 시키지 않는다. 티어하임이 보호하는 반려동물의 90% 이상이 가정으로 입양된다.

3 독일 반려동물 하이테크 산업

독일 펫테크 산업도 IT와 LED 등의 첨단기술을 접목한 제품들이 인기를 끌고 있다. GPS로 위치 추적이 가능한 강아지 목줄은 물론 반려동물 털을 제거하는 진공청소기, 고양이 센서 자동화장실 등이 독일의 대표적인 반려동물 하이테크 제품이다.

GPS로 위치 추적이 가능한 강아지 목줄	USB LET 목줄(충전가능)
 Tractive GPS GmbH사 제품	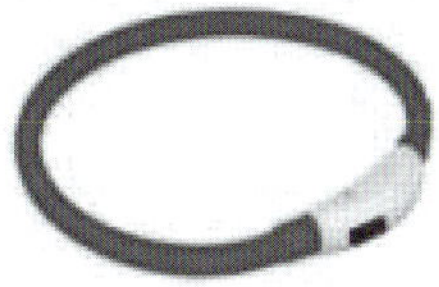 Trixie Heimtierbedarf GmbH사 제품
털제거용 진공청소기  Swirl사 제품	고양이 센서 자동화장실 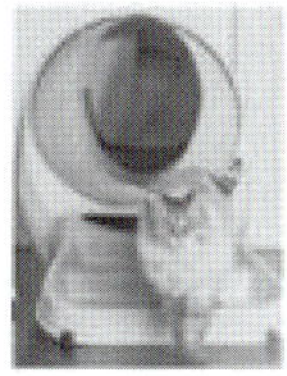 Litter Robot사 제품

〈프리미엄 애완동물 용품〉

출처: Tractive GPS GmbH, Ritter Robot, Swirl, Trixe 홈페이지

Tractive GPS GmbH사에서 GPS로 위치 추적이 가능한 강아지 리더줄, Trixie Heimtierbedarf GmbH사 USB LED 목줄(충전식), Swirl사 털 제거용 진공청소기, Litter Robot사 고양이 센서 자동화장실 등이 독일 상용되고 있는 반려동물 하이테크 제품들이다.

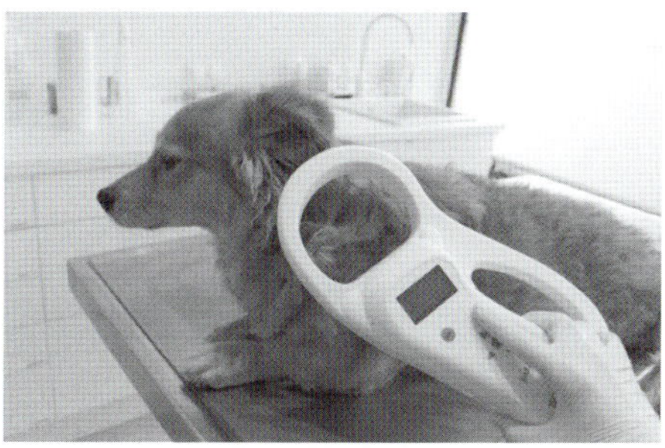

〈독일 티어하임 동물등록인식기〉

〈독일 티어하임 동물생활전시관〉

전 세계적으로 5차 산업혁명 기술과 맞물려 독일에서도 반려인과 반려동물의 행복한 삶을 지원하고 편의를 제공하기 위해 사물인터넷(IoT), 인공지능(AI) 등 첨단 ICT 기술이 펫 제품에 접목되는 펫테크 기술과 산업이 크게 발전하고 있다.

해외 반려동물시장과 산업(일본)

Chapter 08

1 일본 반려동물시장 개황

1) 일본 반려동물시장 현황

코로나19 팬데믹으로 전 세계 개·고양이 숫자가 대폭 증가했지만, 일본은 오히려 반려견, 반려묘 수가 모두 감소한 것으로 나타났다. 유로모니터가 지난달 발표한 반려동물시장 전망 보고서(Pet Care Outlook)에 따르면, 2020년 개, 고양이 숫자는 전 세계 모든 대륙에서 증가했다.

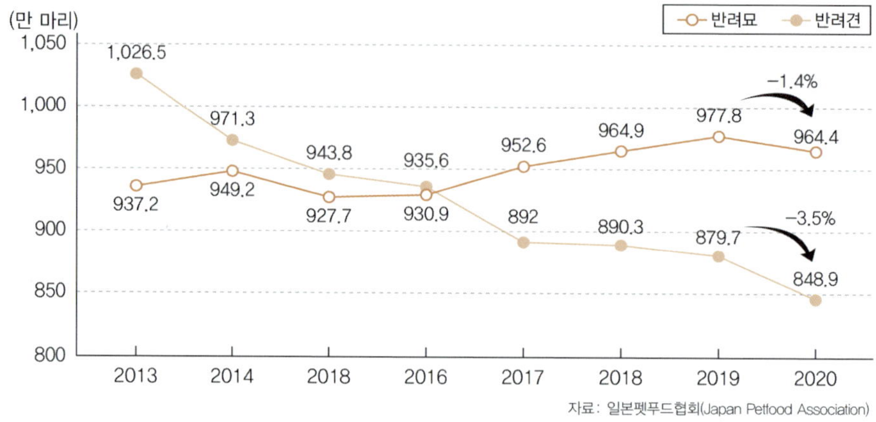

〈2021 글로벌반려동물시장 ① 개 · 고양이 수 데일리벳. 2021.05.25.〉

이런 글로벌 트렌드와 달리 일본은 오히려 개 · 고양이 숫자가 줄어들었다. 2020년 기준 일본 반려견 848만 9천 마리, 반려묘 964만 4천 마리 전년 대비 각각 3.5%, 1.4% 감소…고양이는 5년 만에 감소세로 돌아섰다. 일본펫푸드협회(JPFA)의 최신 자료에 따르면, 2020년 일본의 반려견은 총 848만 9천 마리로 전년(879만 7천 마리) 대비 3.5% 감소했다.

2019년까지 일본의 최신 반려동물시장 최근 5년 트렌드는 반려견은 줄고, 반려고양이는 늘어나는 추세였다.

개는 2013년 1026만 5천 마리에서 꾸준히 줄어들어 2019년 879만 7천 마리까지 감소한 반면, 고양이 수는 꾸준히 증가해 2016년을 기점으로 개 숫자보다 많아졌다. 그런데 4년 연속 증가하던 일본의 고양이 수도 작년에 줄었다. 5년 만에 감소세로 돌아선 것이다.

흥미로운 점은 2020년 처음으로 입양된 강아지, 고양이 숫자는 많았다는 점이다. 일본펫푸드협회에 따르면, 46만 2천 마리의 반려견이 입양되어 길러졌는데, 이는 전년 대비 14% 증가한 수치다. 반려묘도 48만 3천 마리가 입양되어 길러졌다. 이는 "코로나19 팬데믹에 의한 봉쇄 조치의 영향으로 새로운 개, 고양이 입양이 증가했다"고 분석했다.

새로운 개, 고양이 입양이 늘어났음에도 전체 반려견, 반려묘 숫자가 줄어든 것은 사망한 개체수가 많기 때문으로 추정된다.

2) 일본 반려동물 용품(상품)시장 특징

반려동물의 고령화, 실내 양육으로 반려동물 건강에 대한 관심이 커지면서 프리미엄 사료와 고령식 사료에 부응하는 고부가가치 상품의 수요가 높아졌다.

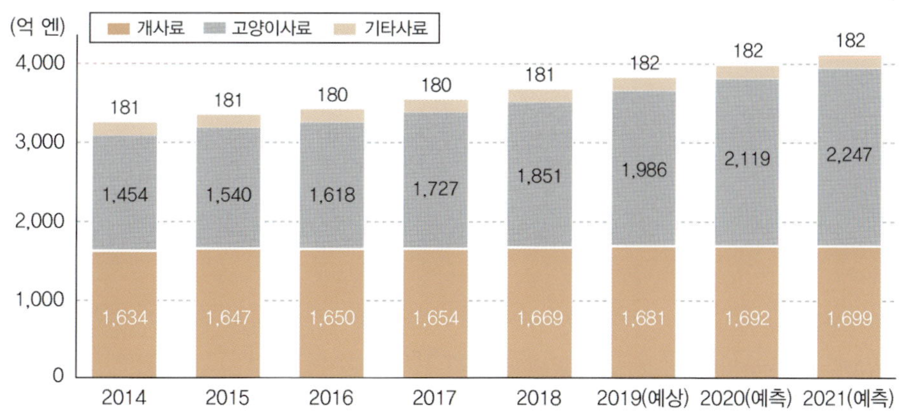

〈일본 반려동물 사료 시장규모 추이(제조사 출하액 기준)〉

일본반려동물 용품시장 특징은 2016년 기점으로 고양이 양육 두수가 역전되어 강아지보다 많은 수가 되어 고양이 시장이 반려동물 사료(용품) 제조사들이 고양이 신상품 사료를 출시하고 고양이 용품을 취급하는 전문 매장 수도 확대되고 있다. 고양이사료의 특징은 고양이는 강아지에 비해 한 사람이 여러 마리를 키우는 경향이 있어 프리미엄 상품보다는 일반사료 및 저가형 사료 수요가 높다.

한 연구기관에서 조사한 자료에 의하면 일본에서의 고양이가 인기 있는 이유는 ① 조심스러운 손 모양, ② 고양이마다 다른 얼굴, ③ 도도한 행동, ④ 사람을 부르는 것 같은 울음소리가 고양이의 매력 포인트라고 한다.

〈고양이 캐리어백〉

〈고양이 용변 및 탈취제〉

〈마네키네코〉

〈일본 고양이 피규어〉

이러한 '고양이 붐'으로 고양이 관련 용품시장, 즉 반려고양이 시장이 급성장하고 있다. 일본 하면 가장 먼저 떠오르는 동물이 고양이다. 손을 흔들며 손님을 맞이하는 '마네키네코'나 세계적으로 유명한 '헬로키티' 등 고양이 캐릭터를 활용한 상품은 매우 다양하다. 최근에는 1천만 엔을 호가하는 고양이가 등장해 화제가 되기도 했다. 이처럼 일본인들의 유별난 고양이 사랑은 새로운 신조어를 탄생하기도 하였다. 바로 '네코노믹스'라는 단어이다. 경제 불황에도 반려고양이 산업이 활기를 띠자 등장한 말이다.

2 일본 반려동물문화의 특징

일본은 반려견과 지내기가 쉽지 않은 나라다. 아니 그것보다는 '처음부터 가족의 일원으로 받아들이기가 쉽지 않은 나라이다.'라는 말이 더 정확하다. 일본의 반려동물문화의 특징을 몇 가지 정리해 보자.

첫 번째로 높은 분양가이다. 일본 역시 커다란 마트 안에 펫숍이 존재한다. 이곳에서 만나게 되는 강아지들은 역시 작은 소형견이 주를 이룬다. 가격대를 보자면 대형견보다 소형견의 분양가가 더 높다. 대형견의 경우 15~25만 엔 정도가 대부분이며 대개 20만 엔을 전후로 많이 보인다. 소형견의 경우는 기본적으로 20만 엔 이상이다. 우리나라에서도 선호하던 토이푸들 경우에는 100만 엔을 넘는 편이다.

두 번째 특징으로 입양자의 조건과 까다로운 절차이다. 반려견을 분양받고자 한다면 엄청난 양의 서류들을 가지고 와서 사인하고 서로 확인한다. 1시간 이상 테이블에 앉아 이야기를 나누고 정보를 주고받는다. 개에 대한 정보와 키우는 방법 등에 대한 브리핑을 간단하게나마 전달받는다. 가장 중요한 것은 서류 작성에서 끝나지 않고, 분양받을 가정의 구성원이 전부 함께 와서 확인한다는 것이다. 누구 하나 반대한다면 숍 측에서도 분양을 허락하지 않는다.

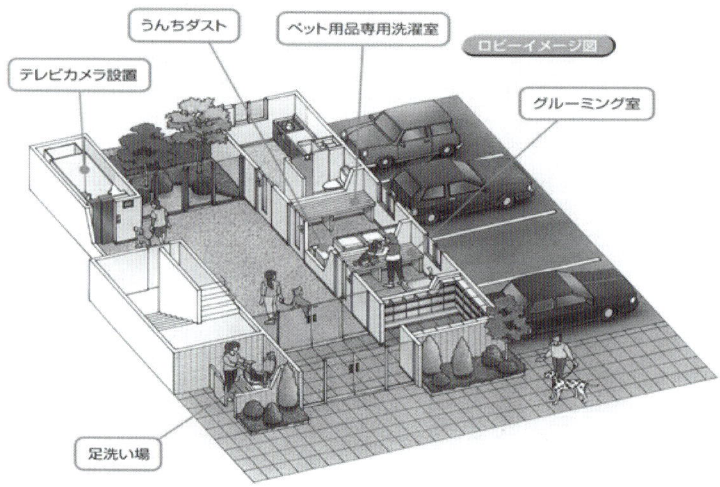

이미지 출처_ https://www.takatsuka-con.co.jp/jigyo/img/5.jpg

〈반려동물 공생형 주택 이미지, 시사일본어사. 2020.05.27.〉

세 번째는 거주 환경의 조건이다. 맨션(우리나라의 아파트와 빌라의 중간개념)의 경우 대부분이 반려동물 양육을 허락하고 있지 않다. 그렇게 고층이나 여러 건물이 하나의 군락을 이루고 있지 않지만 허락하고 있지 않다. 반려동물이 허락되는 맨션을 찾기란 하늘의 별 따기이며, 혹시 이를 어기고 몰래 기르다 적발 시엔 열에 아홉은 퇴거당한다. 또한 기르게 되더라도 입주민들의 양해와 맨션의 관리회사 및 부동산 회사 측과 소통 및 허락이 있어야 한다.

〈트레이닝 중인 개와 보호자〉

〈훈련 중인 보호자와 개〉

〈펫티켓 교육 안내 포스터〉

네 번째 특징은 대형견을 반려견으로 맞이하기 위해서는 일정 시기부터 사회화를 위한 교육이 시행된다. 이는 견주와 반려견이 함께 참여해야 한다. 이 퍼피 트레이닝을 마친 반려견과 견주에게는 수료증이 부여되며, 이는 이 반려견은 충분히 다른 개들과 다른 사람들과 어울릴 수 있음을 증명한다. 지역별로 차이는 있다. 첫 번째에서 통과하지 못하면 연장하여 교육을 받기도 한다.

마지막으로 일본 반려동물문화의 특징으로 보호자가 먼저 사망했을 경우 '펫신탁'과 반려동물이 먼저 사망했을 경우 '동물장례 제도'가 활발하게 운용되고 있다.

3 일본 반려동물 하이테크 산업

일본에서는 목줄 형태 기기를 반려동물에 채워주면 심장 박동 및 리듬을 분석해 기분을 판독하는 '이누파시', IoT 기술을 이용해 고양이 건강 상태를 확인하는 스마트 화장실 '토레타', 원격 진료 등 펫테크를 중심으로 한 서비스가 두드러진다. 야노경제연구소는 2023년까지 일본 펫테크 시장이 2018년보다 약 7배 높아질 것으로 예측했다.

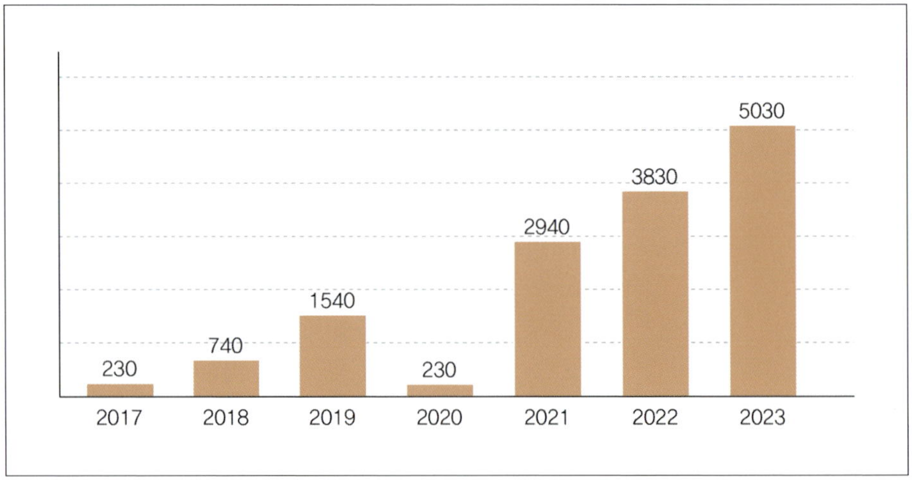

〈일본 펫테크 시장 성장추이(단위: 백만 엔)〉

출처: KOTRA 나고야무역관, 야노경제연구소

특히 반려동물의 양육 마릿수는 크게 증가하지 않는 가운데 반려동물을 가족의 일원으로 여기고 있는 사람들이 늘어나면서 1마리당 지출 금액은 늘어나고 있는 추세가 두드러진다. 최근 이러한 반려인(반려고양이, 반려강아지)들이 새로운 기술을 통해서 반려동물과의 보다 깊은 교감을 원하고 있기 때문에 '펫테크(Pet Tech)' 시장도 급격하게 성장하고 있다. 이 때문에 야노경제연구소는 2023년까지 일본의 펫테크 시장이 2018년의 약 7배인 50억 엔 규모에 다다를 것으로 예측하고 있다.

〈일본 가정용 로봇 '러봇'〉

〈소니 AI강아지 로봇 아이보〉

블룸버그는 펭귄 같은 로봇, 로봇(Lobot)이 인간의 마음을 훔치려 한다며 이 로봇기술에 주목했다. 러봇은 최근 일본 로봇 스타트업 '그루브 X'가 내놓은 신개념 로봇으로 집에 거주하면서 집안을 돌아다니며 포옹을 하고, 긴 하루를 보낸 후 가족들이 긴장을 푸는 데 도움을 주는 사랑스러운 반려동물로 행동한다.

또한, 최신형 아이보는 클라우드 기반 AI 엔진을 탑재해 소리와 이미지 등을 감지 · 분석 · 학습할 수 있으며 새로운 말을 배우고 명령을 수행하는 수준까지 발전했다. 카메라와 터치 센서, 마이크로폰 등 4천 개 부품을 정착해 반응 속도를 높였으며 OLED 디스플레이로 두 눈을 제작해 생동감까지 제공한다.

기술집약적 고부가가치 산업에 집중하며 실적 개선에 성공한 소니는 AI 등 첨단기술과 결합한 서비스 로봇 시장을 新수익창출원으로 다시 주목했다.

정보통신기술진흥센터(IITP)가 최근 발간한 'ICT 브리프(Brief) 2018-33호'에 따르면 "초고령 인구와 1인 가구가 증가하며 외로움과 우울성 등이 사회적 문제로 대두되고 있는 일본은 반려 로봇의 역할에 높은 기대감을 표명하며 업계의 기술개발 열기가 고조되고 있다고 했다.

일본 펫 테크 시장에 인공지능(AI)과 사물인터넷(IoT)을 결합한 제품과 서비스가 등장하면서 대기업도 진입을 노릴 정도로 시장이 활성화될 조짐을 보이고 있다. 일회성 판매에 그치지 않고 계속 케어해주는 방향으로 제품과 서비스가 결합하고 있는 일본의 하이테크 반려동물용품 시장 특징을 나타낸다.

펫푸드협회의 조사에 따르면 '운동 부족을 해소하기 위해 반려견을 기르게 됐다'고 답한 70대의 비율이 20~60대에 비해 월등히 높았다. 산책 시간, 빈도 또한 전 세대 중 가장 길고 잦았기 때문에 고령자가 반려견과 안전하게 산책할 수 있는 용품의 수요가 늘어날 전망이다.

크라우드펀딩 사이트 킥스타터를 통해 펀딩에 성공한 한 스타트업은 세계 최초로 스마트폰과 연동된 웨어러블 발광다이오드(LED) 반려견 조끼를 개발했다. 화려한 겉모습은 물론 안전을 고려해 여러 기능을 탑재했다. 밝은 조명으로 길을 비춰 자동차나 자전거로부터 반려견과 주인을 모두 보호할 수 있으며 스마트폰과의 연결이 끊어지면 '로스트 독(LOST DOG)'이라는 메시지가 조끼에 자동으로 뜬다.

1인 가구를 위한 반려동물 실시간 모니터링 서비스도 있다. 도쿄 전력에너지파트너는 스마트홈 서비스의 일환으로 부재중인 집에서 반려동물을 지켜볼 수 있는 '펫미룬' 서비스를 새로 제공하고 있다. 이 서비스는 집에 설치한 네트워크 카메라 데이터 중 반려동물이 등장한 영상을 주인의 스마트폰으로 전송하는 서비스로 집 밖에서도 반려동물을 지켜볼 수 있다. 음수대, 식사장소, 화장실 방문 횟수 등을 그래프로 확인해 반려동물의 행동 변화를 알 수 있다. 월 1350엔을 지불하면 도쿄 전력에너지파트너와의 계약 여부에 관계없이 이용할 수 있으며 동영상이나 사진을 전용 클라우드로 전송해 6개월간 관리해줘 스마트폰 용량 사용에도 부담이 없다.

Chapter 09 우리나라 반려동물시장과 산업 이해

1 우리나라 반려동물산업의 현황

1) 우리나라 반려동물시장 현황

우리는 지금 반려인 약 1500만, 반려동물 약 1000만 시대를 살고 있다고 추정한다. 최근 몇 년간 미디어를 통해 국내에서 반려동물을 키우는 사람의 수가 빠르게 늘어나고 있다는 이야기를 자주 접하고 있다. 오픈서베이 '반려동물 트렌드 2021 리포트'에 따르면 반려동물을 키우고 있다고 응답한 사람은 2019년에는 22.3%였으나 2021년에는 27.2%로 늘어났다.

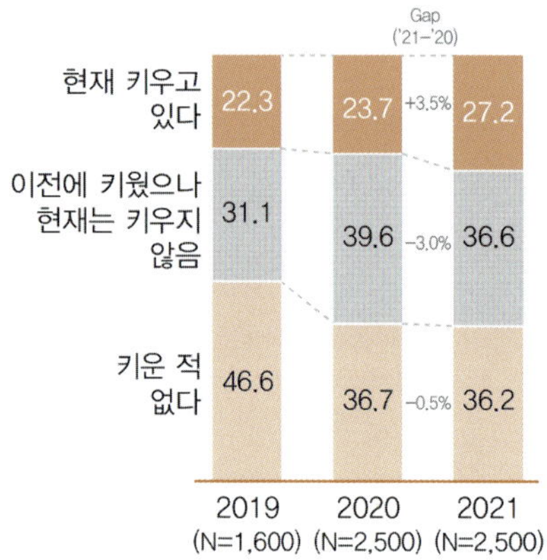

	성별		연령대				가구구성	
	남성	여성	20대	30대	40대	50대	1~2인 가구	3인 이상 가구
(Base)	(1,250)	(1,250)	(625)	(625)	(625)	(625)	(761)	(1,739)
현재 키우고 있다	26.2	28.2	31.8	23.8	27.4	25.8	25.0	38.2
이전에 키웠으나 현재는 키우지 않음	37.2	36.0	317	39.5	40.0	35.2	38.0	36.0
키운 적 없다	36.6	35.8	36.5	36.6	32.6	39.0	37.1	35.8

[Base: 전체 응답자, N=2,500, 단수응답, %]
* 색 음영: 전체 평균 대비 +3%p 이상인 데이터

〈오픈서베이 반려동물 트렌드 리포트 2021.04.27.〉

반려동물에 대한 긍정적인 인식도 더욱 높아지고 있다. 반려동물이 그냥 동물이 아니라 가족이라고 응답한 비율은 2020년에 69.4%에서 2021년에는 74.5%로 5.1%p 늘어났다. 이러한 생각은 젊은 층일수록 더욱 강하다. 50대에서는 65.3%가 반려동물은 가족이라고 응답한 반면, 20대에서는 그보다 훨씬 높은 84.0%가 반려동물을 가족이라고 인식했다.

보고서에 따르면 반려동물 관련 콘텐츠를 즐겨보는 사람도 늘었고, 향후 반려동물을 키울 생각이 있냐는 질문에도 약 40% 전후로 긍정적인 대답이 늘어나고 있는 추세다. 전반적으로 반려동물에 대한 긍정적 인식이 확산되고 실제 양육하는 사람도 늘어나고 있다. 또한, 이런 트렌드는 소셜미디어 등을 자주 이용하는 젊은 층이 이끌고 있는 상황으로 보인다. 반려동물에 대한 인식이 나이를 먹어감에 따라 갑자기 바뀌는 일은 드물기 때문에 반려동물에 대한 긍정적인 인식을 하는 젊은 층이 늘면서 앞으로 반려동물과 함께 생활하는 가정은 점차 늘어날 것으로 예상된다.

2) 반려동물용품시장 현황

국내 기업들은 약 10년 전부터 반려동물시장의 성장 가능성을 예견하고 관심을 기울였다. 농협경제연구원 보고서에 2011년 기준 반려동물시장 규모는 약 1조 원에서 2020년 5조8천억 원으로 1인가구 증가와 평균 소득 수준 향상 그리고 코로나 사태 등이 반려동물시장을 가파르게 성장케 했다. 대형 반려동물 복합매장 등이 생겨났고 개고기와 모피 옷을 반대하는 사람이 크게 늘었던 시기이다.

특히 반려동물 양육비 가운데 가장 높은 비율을 차지하는 펫푸드의 경우 국내 식품업계는 물론 제약업계, 화장품업계의 높은 관심을 샀다. KB금융지주 경영연구소에 따르면 반려동물 양육비에서 가장 큰 비중을 차지하는 항목은 '사료비'(33.4%)와 '간식비'(17.8%)로 식비 관련 지출이 절반 이상인 것으로 나타났다. 이에 국내 기업들은 자체 기술력을 바탕으로 펫푸드 시장에 야심 차게 출사표를 던졌다.

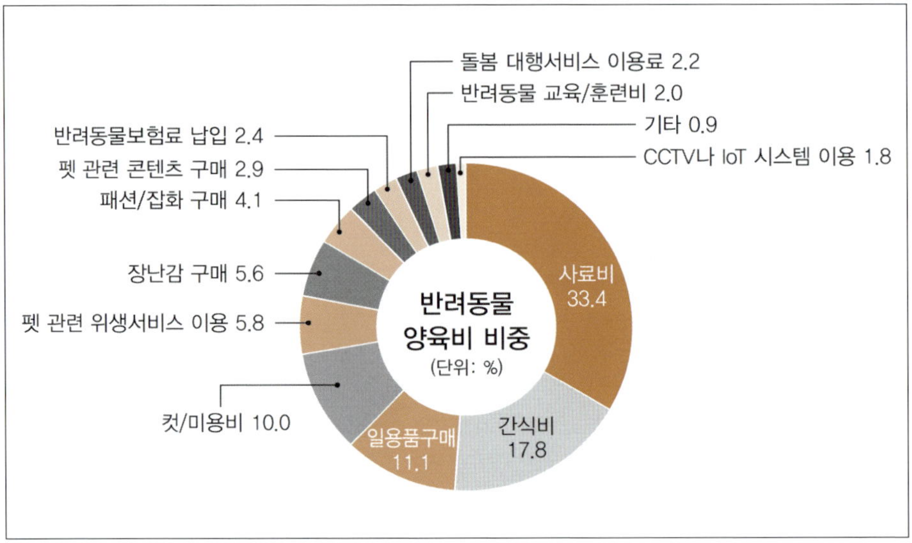

출처: KB금융지주 '2021 한국 반려동물보고서'

다만 빠르게 성장하는 펫푸드 시장 규모와 달리 국내 기업들의 성적표는 지지부진했다. 그나마 존재감을 드러내는 곳은 '하림'과 '동원 F&B' 그리고 '풀무원' 정도에 그치는 데다 이들마저도 수익성이 그다지 좋지 않다. 하림은 지난해 198억 원 매출을 올렸지만 아직까지 적자를 벗어나지 못했고 동원F&B 역시 당초 연매출 1,000억 원 규모로 키울 생각이었으나 아직까지 200억 원대에 머무르면서 고전 중이다. 풀무원도 매출은 꾸준히 늘고 있지만 성장 정체기를 맞았다.

게다가 CJ제일제당, 빙그레는 사업 철수 수순까지 밟았다. 빙그레는 펫 밀크로 시장에 진출했지만 사료 대비 시장규모가 작아 사업 진출 1년 반 만에 사업 철수를 했다. CJ제일제당 역시 2013년부터 투자를 이어왔으나 매출이 100억 원대에 그치는 등 수익창출에 어려움을 겪고 2020년 4월 사업을 포기를 했다.

반려동물 용품시장도 상황은 마찬가지다. GS리테일, 이마트 등 국내 유통업체들이 반려동물시장에 뛰어든 상태지만 국내 기업 시장 내 점유율은 아직 5%에 불과한 것으로 알려졌다. 해외 브랜드에 익숙해진 소비자가 국내 브랜드에 대한 신뢰도와 인지도가 부족한 영향이다. 또한 시장 초입기에 소비자 니즈 파악과 철저한 시장조사가 부족한 점도 문제점으로 꼽힌다. 예컨대, 해외브랜드의 강아지용 사료의 경우 10년 전부터 성장기, 성견, 노견 등 연령별 사료가 다를 뿐 아니라 피부 타입, 헤어타입, 곡물 알레르기를 최소화하기 위한 그레인프리(무곡물 사료) 등 이미 제품 세분화와 전문화가 활발했다.

〈해외브랜드 장악한 韓반려동물시장… 이코노믹리뷰. 2021.06.26.〉

업계 관계자는 "자신의 반려견에게 최고의 것을 주고 싶어 하고 돈을 아끼지 않는 특성이 있다"며 "오래전부터 반려동물과 관련한 해외 유명 브랜드 제품이 국내에서 활발하게 유통되고 있었기 때문에 시장 진입 초기 국내 기업들이 반려인 소비자들의 니즈를 충족시키기 어려웠을 것"이라고 말했다.

그럼에도 불구하고 매년 커지는 반려동물시장은 여전히 매력적일 수밖에 없다. 거듭된 실패사례에도 반려동물 관련 사업을 시작하는 국내 기업이 늘어나는 이유다.

펫푸드 시장은 원재료와 구성성분, 첨가물 여부 등을 꼼꼼하게 따지는 집사가 늘면서 '프리미엄' 전략이 대세로 자리 잡았다. 반려동물을 또 하나의 가족처럼 여겨 가격을 고려하는 대신 어떤 재료를 사용했는지, 어떠한 영양 성분으로 구성됐는지에 대해 더 주목한다. 정기배송 서비스도 등장했다. 하림펫푸드는 2월 말부터 '가장 맛있는 시간 30일' 구독 서비스를 시작해 2주에 한 번 당일 생산한 사료를 당일 발송한다.

최근엔 펫푸드뿐 아니라 가격대가 높은 반려동물 관련 가전, 용품도 국내 기업에서 많이 출시되고 있다. 먹는 것도, 입는 것도, 주거 환경도 모두 최상의 것을 해주려는 집사가 늘고 있다. 특히 반려동물 털과 냄새 제거에 특화된 상품이 인기다.

정부도 국내 펫푸드 시장을 육성하겠다고 나섰다. 농림축산식품부가 발표한 농업 · 식품 · 농촌 분야 10대 유망 분야를 보면 국내 반려동물산업 육성을 위한 펫푸드 전용 표시기준 인증제, 프리미엄 펫푸드 연구 개발 확대 등의 정책이 포함되어 있다. 농림축산식품부는 한국사료협회와도 TF팀을 꾸려 산업관리와 진흥책 등을 마련하고 있다.

업계 관계자는 "한국 펫케어 시장은 이미 질적 성장을 이뤘으며 선진 펫케어 국가의 반열에 오르고 있다"며 "국내 기업 제품 수준이 높아지고 국산 제품을 이용하는 소비자도 늘고 있는 만큼 높은 해외브랜드 장벽에도 국내 기업들 기회는 아직 열려 있다"고 말했다.

2 반려동물산업의 성장과정 특징과 사회적 문제

1990년대부터 현재에 이르기까지 사회적으로 반려동물산업에 많은 변화가 있었다. 2016년 'SBS 동물농장 TV 프로그램에서 방영한 '강아지 공장' 영상은 많은 사람들을 충격 속에 빠트렸다. 사실 강아지 공장 논란 이전까지는 국민 대부분이 '반려동물'이라는 표현에 공감하지 못했다. 가축으로 물건처럼 사고팔고 하는 수준에서 반려동물의 생명을 무시한 결과로 강아지 공장이라는 결과물을 낳게 되었다.

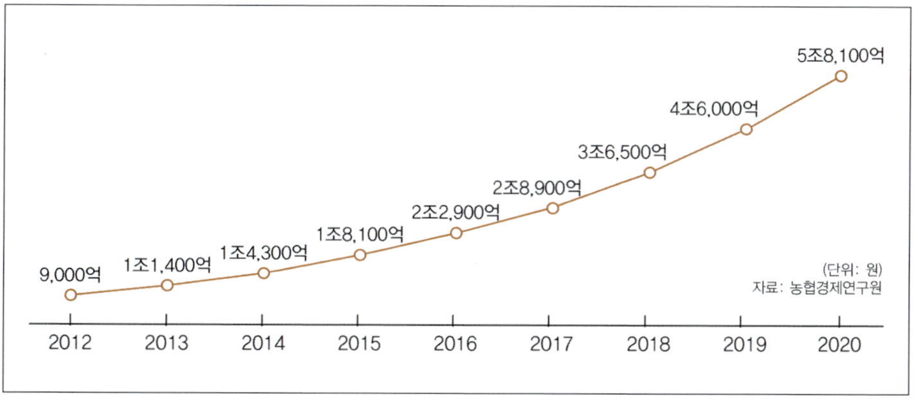

〈반려동물 관련 시장 규모 추이 및 전망〉

농협경제연구원 통계자료에 의하면 반려동물시장규모가 2012년 9천억 원, 2015년 1조8천억 원 2020년에는 5조8천1백억 원이다. 그야말로 급성장한 것이다. 하지만 반려인 보호자에 대한 교육이 뒷받침되지 않아 발생하는 문제에 대응에는 막대한 국민의 세금으로 감당해야 하는 사회적 문제가 발생하게 됐다.

코로나19 팬데믹 위기상황의 장기화와 한국사회에 저출산 및 고령화 현상이 지속되어 이제는 핵가족을 넘어 1인 가구가 증가하면서 라이프스타일의 변화로 반려동물을 양육하는 사람들이 늘어나고 있다.

반려동물이라는 표현은 2016년을 기점으로 애완동물에서 가족이라는 개념으로 널리 자리를 잡게 되었다. 점차 사람들이 가정에서 양육하고 반려동물과 삶을 같이 하면서 반려동물에게 가족감정을 느끼고 이들과 교감을 하게 되었다. 또한, 반려동물을 매개로 심리 치유와 관계개선 등 정서적인 호감을 사기도 했다.

하지만 문제는 많은 사람들이 제대로 된 인식과 준비 없이 물건을 매매하듯 반려동물을 입양한다는 것이다. 때문에 사회적 문제가 많이 발생하고 있다. 올바른 반려동물문화가 없는 반려동물산업의 현실이다.

〈공원 내 배변처리〉

〈배변처리 논란〉

〈배변처리 부탁해〉

이러한 반려동물산업의 급성장이 체계적인 교육 부재가 낳은 폐해였다면, 이제 반려동물시장은 블루오션이 되었다. 반려동물산업에 종사하는 사람들 사이에 반려동물을 양육하는 사람들에게 입양에 대한 올바른 지식을 전달하려는 움직임이 늘어나고 있다. 또한 상업적인 장삿속을 내세운 거래보다는 올바른 반려동물문화를 꿈꾸는 사람들이 나날이 늘어나고 있는 추세다.

3 우리나라 반려동물 하이테크 산업

반려동물시장이 커지면서 정보통신기술(ICT)과 동물을 연계한 '펫테크' 산업도 빠르게 성장하고 있다. 스타트업들이 반려동물 감정 통역기, 신원 인식 서비스 등 혁신적인 기술을 내놓으며 판을 키우자 네이버 · 카카오 등 정보기술(IT) 대기업들도 펫테크 시장에 눈독을 들이며 시장의 파이를 키우는 추세이다.

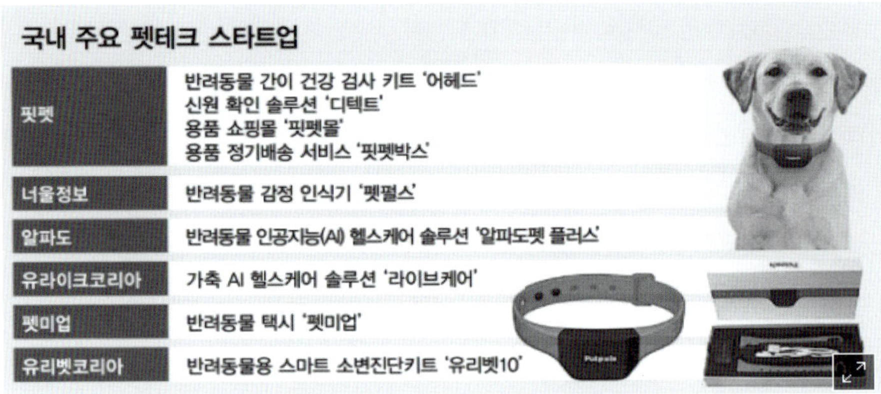

국내 주요 펫테크 스타트업

핏펫	반려동물 간이 건강 검사 키트 '어헤드' 신원 확인 솔루션 '디텍트' 용품 쇼핑몰 '핏펫몰' 용품 정기배송 서비스 '핏펫박스'
너울정보	반려동물 감정 인식기 '펫펄스'
알파도	반려동물 인공지능(AI) 헬스케어 솔루션 '알파도펫 플러스'
유라이크코리아	가축 AI 헬스케어 솔루션 '라이브케어'
펫미업	반려동물 택시 '펫미업'
유리벳코리아	반려동물용 스마트 소변진단키트 '유리벳10'

〈스타트업이 키운 '펫테크' IT대기업도 눈독, 서울경제. 2021.04.27.〉

다양한 스타트업들이 펫테크에 뛰어들며 판을 키우고 있다. 지난 2017년 설립 이후 현재까지 총 213억 원 규모의 시리즈 A · B 투자를 유치한 '핏펫'이 대표적이다. 핏펫은 지난 2018년 국내 최초로 반려동물을 위한 간이 건강 점검 키트 '어헤드', 반려동물 신원 확인 서비스인 '디텍트'를 내놓으며 기술력으로 먼저 눈도장을 찍었다. 이어 지난 2019년에는 자체 쇼핑몰 '핏펫몰', 2021년에 반려동물 용품 정기배송 서비스 '핏펫박스'를 내놓으며 플랫폼 사업에도 진출했다. 이외에도 '너울 정보'는 동물 음성을 인공지능(AI)로 분석해 감정을 해석하는 '펫펄스'를 개발해 올해 CES에서 혁신상을 수상했고, '알파도'는 이달 국내 최초로 반려동물의 사진만으로 눈, 치아, 귀, 피부 질병 여부를 손쉽게 알 수 있는 '알파도펫 플러스'를 개발 출시했다.

스타트업들의 혁신을 눈여겨본 IT 업계 큰손들도 펫테크 투자를 늘리고 있다. 2021년 3월 카카오모빌리티는 반려동물 택시 국내 1위 사업자 '펫미업'을 인수했고, 2021년 4월에는 네이버가 자체 스타트업 양성조직 D2SF를 통해 반려동물

헬스케어 스타트업 '유리벳코리아'에 투자했다. 전자업계 큰손들도 잇따라 위치 관리 액세서리 '태그'를 내놓으며 펫테크 시장을 공략하고 있다. 삼성전자가 2021년 1월 '갤럭시 스마트 태그'에 이어 최근 기능을 높인 '스마트 태그 플러스'를 내놓았다.

국내외로 반려동물시장이 급성장 중인 만큼 IT기술과 접목한 반려동물 하이테크 제품 시장, 즉 펫테크 시장의 전망도 밝게 본다.

PART

3

반려동물문화와 산업 발전에도 소비자 중심 소비자 주도이다

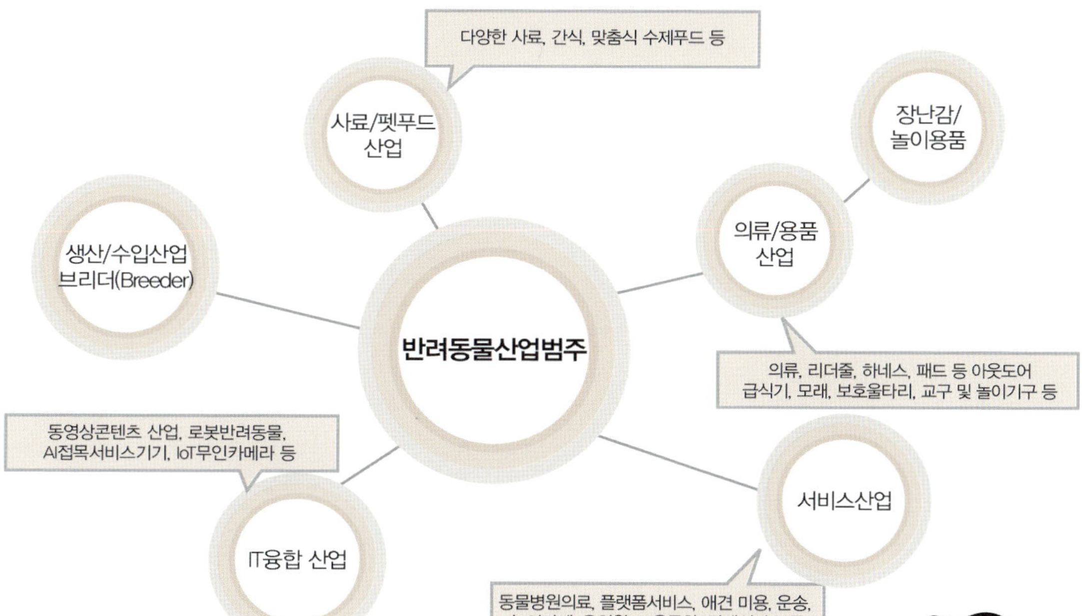

반려동물문화와 산업에 대한 소비자 트렌드

Chapter 10

요즘 반려동물에 대한 관심과 사랑은 지속적으로 증가하고 있으며, 이는 반려동물 문화와 산업에도 큰 영향을 미치고 있다. 현재 반려동물 산업에서 나타나는 소비자 니즈 몇 가지 요약하면 다음과 같다.

첫째, 소비자들은 반려동물 제품과 서비스의 품질과 안전성을 더욱 중요시하고 있다. 건강에 좋은 식품, 안전한 용품 및 장난감, 그리고 동물병원과 견적 등에서 전문적인 관리를 받을 수 있는 서비스에 대한 수요가 높아지고 있다. 둘째, 소비자들은 반려동물의 건강과 복지를 고려하여 유기농 및 천연 제품에 대한 수요가 증가하고 있다. 식품, 간식, 목욕용품, 그리고 애완용품 등에서 화학물질과 인공 첨가물을 최소화한 제품들이 더욱 인기를 얻고 있다. 셋째, 반려동물 소유자들은 자신의 반려동물에게 맞춤형 제품과 서비스를 원하는 경향이 있다. 예를 들어, 개별적인 영양 요구에 맞춰 제작된 개인식이나 개별적인 피부 상태에 맞춰진 애완용품 등이 인기를 끌고 있다. 넷째, 반려동물 소유자들은 디지털 기술을 활용한 제품과 서비스에도 큰 관심을 보이고 있다. 온라인으로 반려동물 용품을 주문하거나 반려동물 건강을 관리하는 앱, 거리 두기와 함께 제공되는 원격 훈련 프로그램 등이 인기를 얻고 있다. 다섯째, 동물복지와 환경보호에 대한 관심이 증가하면서, 소비자들은 환경친화적이고 동물복지에 관심이 높다.

또한, 반려동물 관련하여 현재 나타나고 있는 소비자 트렌드를 6가지로 요약해 보면 다음과 같다.

① 프리미엄 제품 수요의 증가: 소비자들은 자신의 반려동물에게 더 나은 품질과 경험을 제공하기 위해 프리미엄 제품에 대한 수요가 증가하고 있다. 예를 들어, 고급스러운 재료로 만든 고급 반려동물 사료, 디자이너의 디자인이 돋보이는 반려동물 의류 및 액세서리 그리고 고급스러운 반려동물 숙박 시설 등이 인기를 얻고 있다.

② 천연 및 유기농 제품 수요의 증가: 소비자들은 자신의 반려동물의 건강과 웰빙을 고려하여 천연 및 유기농 제품에 대한 수요가 높아지고 있다. 예를 들어, 천연 재료로 만든 간식, 유기농 소재로 만든 침구 및 용품, 그리고 화학 무첨가의 목욕용품 등이 인기를 얻고 있다.

③ 온라인 쇼핑의 증가: 인터넷과 스마트폰의 보급으로 소비자들은 반려동물 제품을 온라인에서 손쉽게 구매하는 경향이 있다. 온라인 쇼핑은 다양한 제품 선택과 편리한 비교 쇼핑을 제공하며, 반려동물 사료, 용품, 약품, 그리고 장난감 등의 온라인 판매가 크게 증가하고 있다.

④ 건강과 웰빙에 대한 관심의 증가: 소비자들은 자신의 반려동물의 건강과 웰빙에 더욱 관심을 기울이고 있다. 예방적인 동물 의료 서비스, 건강식품

및 영양 보충제, 신체 활동을 위한 운동용품 등이 인기를 얻고 있으며, 동물병원 및 트레이너와 같은 전문 서비스에 대한 수요도 증가하고 있다.

⑤ 지속 가능성과 환경에 대한 관심의 증가: 환경 보호와 관련하여 반려동물을 관리하는 방식에 대한 관심이 증가하고 있다. 소비자들이 반려동물을 키우는 데 있어 에너지 절약, 물 절약, 친환경적인 청소 방법 등을 고려하고 있다.

⑥ 지역 커뮤니티와 협력: 지역 커뮤니티와 협력하여 환경 보호를 실천하는 활동에 참여하는 것도 반려동물 문화에서 중요한 요소가 되고 있다. 소비자들은 지역 환경단체나 동물보호 단체와 함께 일하는 사회적 기업이나 브랜드를 선호하는 경향이 있다.

이 장에서는 건강한 반려동물산업 발전과 건전한 반려동물문화 정착 그리고 반려인(반려동물을 양육하며 함께 생활하는 사람) 그리고 비반려인(일반 시민)의 행복한 공존을 위해 반려동물 관련 정책과 통계자료와 소비자의 생각을 파악하기 위해 부산시민 대상 설문조사 분석을 하였다.

부산시민 한정 조사 대상에 대하여 타당성과 신뢰성 문제를 제기할 수도 있겠지만 반려동물에 대한 의식이 서울사람 다르고 대구사람 다르다고 생각하지 않는다. 또한 집필자가 부산지역 대학에 있어 조사연구에 집중할 수 있어 신뢰성은 더 높을 수 있다.

반려동물산업의 변화에 따라 반려동물문화와 가치 또한 변화하고 있다. 이러한 시점에 반려동물 관련 정부정책과 통계자료 분석 그리고 소비자의 생각을 파악하기 위해 부산지역 반려인 밴드, 카페 및 놀이터 이용자 그리고 지방자치단체 반려견 등록 민원인 등의 협조를 얻어 반려인들의 의식조사 설문을 실시하였고, 지인 · 가족 및 직장동료 그리고 지방자치단체 일반 민원인과 공무원 등의 협조를 얻어 비반려들 대상의 의식조사 설문조사를 하였다.

구 분	내 용
조사목적	– 반려동물 양육 현황파악과 관리방안 과제 도출 – 반려동물 · 반려인 및 비반려인 행복한 공존 – 반려동물보호 및 관리 정책 및 규정 제안
조사기간	– 2020년 8월 1일 – 9월 30일(61일간)
표본대상자 선정	– 부산시 16개 구 · 군 반려인 및 비반려인 대상
표본 수(총1,064명)	– 부산시 반려인 503명 – 부산시 비반려인 561명
설문조사방법	– 온 · 오프라인 – 현장대면 설문조사원 10명(반려동물보건과 재학생) – 반려동물 놀이터(유치원, 카페) 등 – 반려인 표본조사 – 공무원, 일반 지역시민 – 비반려인 표본조사

조사방법으로는 네이버폼을 통한 설문 URL을 배포하여 온라인으로 1차 총 749건에 대하여 설문지를 회수하였고, 조사의 신뢰성과 타당성을 고려 지역 간의 편차를 줄이기 위하여 2차로 16개 구 · 군 지방자치단체별 공무원 협조와 조사요원들이 각 지역으로 직접 방문 설문지를 배포하여 대면으로 회수하여 최종 반려인 503건, 비반려인 561건 총 1,064건으로 반려동물 관련 소비자의 니즈와 시민의식을 조사하였다.

아무리 좋은 정책과 관리규정을 만들어도 국민이 따르고 지키지 않으면 무의미하고, 올바른 반려동물문화를 이야기하고자 한다면 반려인들과 비반려인들 공감하는 생각이 중심에 있어야 한다. 또한, 수많은 시간을 고민하고 노력하여 만들어 낸 상품도 소비자 선택을 받지 못하면 아무 소용이 없다. 그래서 어떠한 제품을 개발하든지 간에 소비자가에게 선택될 수 있도록 소비자의 눈높이에 맞추는 소통에 노력을 해야 한다.

세상은 변하고 있다. 문화도 변해야 한다. 변화를 원한다면 소비자의 입장에서 반려인과 비반려인으로 구분하여 어떻게 생각하고 있는지 트렌드와 니즈를 주의 깊게 분석하여야 한다.

1 반려인 소비성향과 니즈 분석

반려인들의 생각과 니즈를 분석하기 위하여 카테고리를 반려인 응답자의 개인특성, 반려동물 양육현황과 특성 그리고 양육실태와 애로사항으로 구분하여 분석하였다.

1) 응답자 개인특성

〈반려인 특성별 반려동물 양육 비율〉

구분	내 용						
성별	구분	남			여		
	표본 수	147명			356명		
	양육비율	29.2%			70.8%		
나이	구분	10대	20대	30대	40대	50대	60대 이상
	표본 수	11명	251명	86명	74명	59명	22명
	양육비율	2.2%	49.9%	17.1%	14.7%	11.7%	4.4%
가족 구성원 수	구분	1인	2인	3인	4인	5인	6인 이상
	표본 수	69명	116명	101명	152명	52명	13명
	양육비율	13.7%	23.1%	20.1%	30.2%	10.3%	2.6%
월 평균 소득	구분	100만 원대	200만 원대	300만 원대	400만 원대	500만 원대	600만 원 이상
	표본 수	42명	66명	124명	76명	84명	111명
	양육비율	8.3%	13.1%	24.7%	15.1%	16.7%	22.1%
주거 형태	구분	단독주택	원룸/투룸	아파트/빌라	기타		
	표본 수	57명	60명	379명	7명		
	양육비율	11.3%	11.9%	75.3%	1.4%		

지역별 반려동물 양육현황에서 반려견 양육이 65.6%(330명)로 가장 높았고, 그다음으로 반려견과 반려묘를 같이 키우는 가정이 16.5%(83명), 반려묘만 키우는 가정이 12.7%(64명) 순으로 나타났다.

반려인 특성별 반려동물 양육비율에서 성별로는 '남자'가 29.2%(147명), '여자'가 70.8%(356명)로 여자가 더 적극적으로 설문조사에 관심을 보여주었고, 나이는 '20대'가 49.9%(251명)로 가장 높았고, 다음으로 '30대'가 17.1%(86명) 순으로 관심을 보여주었다.

가족구성원 수로는 '4인 가족'이 30.2(152명)로 가장 높았고, 다음으로 '2인 가족'이 23.1%(116명)로 많은 것으로 조사됐다. 월평균 소득으로는 '300만 원대'가 24.7%(124명), '600만 원 이상'이 22.1%(111명) 순으로, 주거형태는 아파트 · 빌라가 75.3%(379명)로 가장 높았고, 그다음으로 원룸 · 투룸이 11.9%(60명)로 조사됐다.

지역별 반려인 응답비율

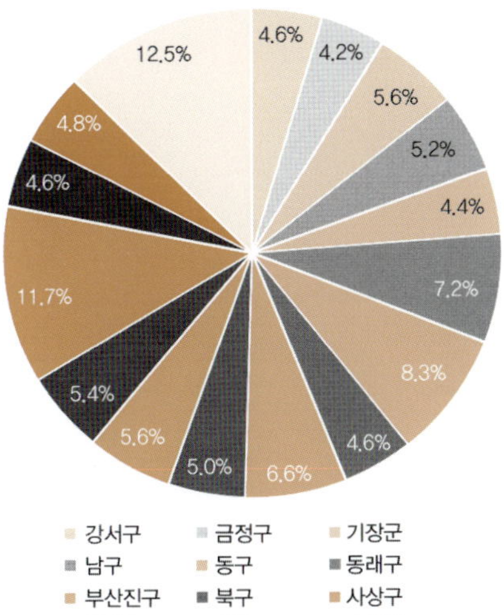

지역별(구 · 군)	빈도(명)	비율(%)
강서구	23	4.6
금정구	21	4.2
기장군	28	5.6
남구	26	5.2
동구	22	4.4
동래구	36	7.2
부산진구	42	8.3
북구	23	4.6
사상구	33	6.6
사하구	25	5.0
서구	28	5.6
수영구	27	5.4
연제구	59	11.7
영도구	23	4.6
중구	24	4.8
해운대구	63	12.5
합계	503	100.0

응답자의 거주지에 대한 질문에서는 '해운대구' 거주 응답자가 12.5%(63명)로 가장 높은 응답률을 나타내었고, 다음으로 '연제구'가 11.7%(59명), 부산진구 8.3%(42명)로 조사됐다.

2) 반려동물 양육 현황과 특성

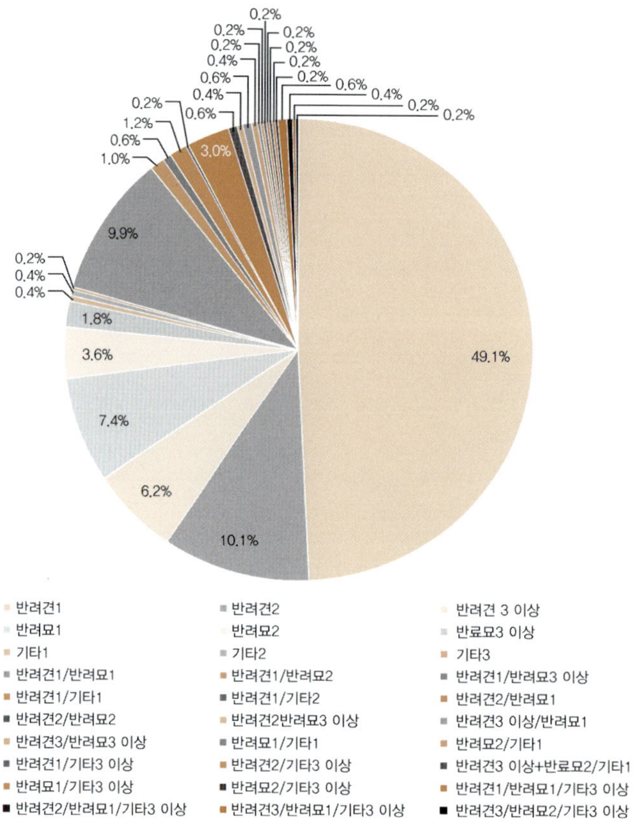

반려동물 양육 종류 별 개체수

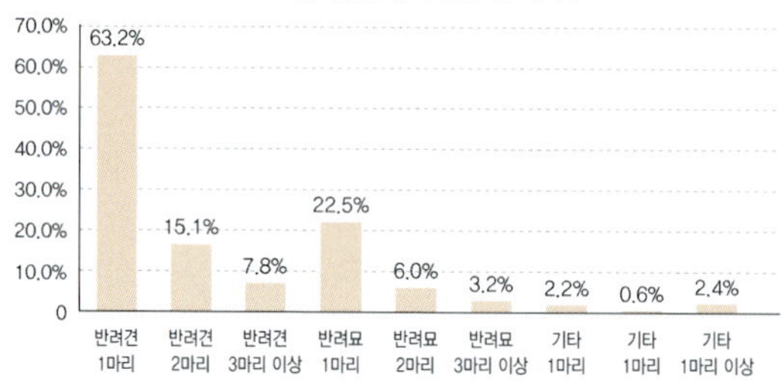

종류 · 개체수 (마리)	빈도 (명)	비율 (%)	종류 · 개체수 (마리)	빈도 (명)	비율 (%)
반려견 1	247	49.1	반려견2/반려묘2	3	0.6
반려견 2	51	10.1	반려견2/반려묘3 이상	2	0.4
반려견 3 이상	31	6.2	반려견3 이상/반려묘1	3	0.6
반려묘 1	37	7.4	반려견3/반려묘3 이상	2	0.4
반려묘 2	18	3.6	반려묘1/기타1	1	0.2
반려묘 3 이상	9	1.8	반려묘2/기타1	1	0.2
기타 1	2	0.4	반려견1/기타3 이상	1	0.2
기타 2	2	0.4	반려견2/기타3 이상	1	0.2
기타 3	1	0.2	반려견3 이상+반려묘2/기타1	1	0.2
반려견1/반려묘1	50	9.9	반려묘1/기타3 이상	1	0.2
반려견1/반려묘2	5	1.0	반려묘2/기타3 이상	1	0.2
반려견1/반려묘3 이상	3	0.6	반려견1/반려묘1/기타3 이상	3	0.6
반려견1/기타1	6	1.2	반려견2/반려묘1/기타3 이상	2	0.4
반려견1/기타2	1	0.2	반려견3/반려묘1/기타3 이상	1	0.2
반려견2/반려묘1	15	3.0	반려견3/반려묘2/기타3 이상	1	0.2

현재 함께 생활하고 있는 반려동물의 종류와 개체 수에 대한 질문에서 '반려견 1마리'를 양육하고 있다는 응답이 49.1%(247명)로 가장 높게 나타났고, 다음으로 '반려견 2마리' 10.1%(51명), '반려묘 1마리' 7.4%(37명) 순으로 높게 조사됐다.

〈반려동물 입양경로〉

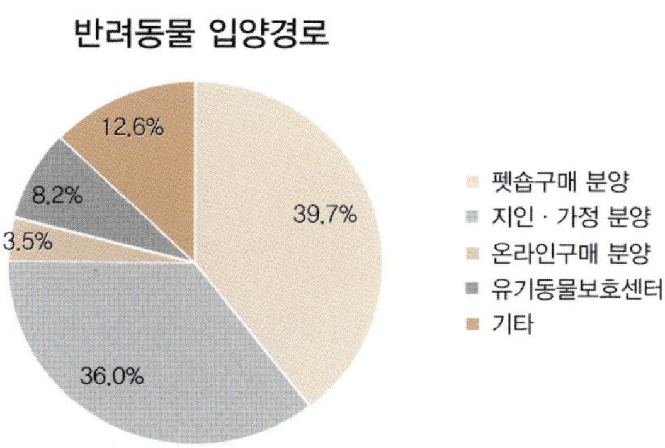

입양경로	빈도(명)	비율(%)
펫숍구매 분양	198	39.4
지인 · 가정 분양	181	36.0
온라인구매 분양	18	3.6
유기동물보호센터	42	8.3
기타	64	12.7
합계	503	100

반려동물의 입양경로에 대한 질문 중 '펫숍 구매 분양'이 39.4%(193명)로 가장 높게 나타났고, 그다음으로 '지인가정 분양'이 36.0%(181명)로 조사됐다.

〈반려동물과 함께 생활한 평균기간〉

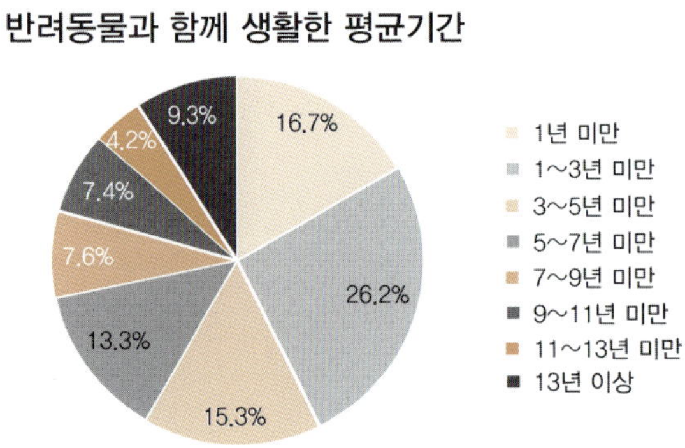

생활 기간	빈도(명)	비율(%)
1년 미만	84	16.7
1~3년 미만	132	26.2
3~5년 미만	77	15.3
5~7년 미만	67	13.3
7~9년 미만	38	7.6
9~11년 미만	37	7.4
11~13년 미만	21	4.2
13년 이상	47	9.3
합계	503	100.0

반려동물과 함께 생활한 평균기간에 대한 질문 중 '1~3년 미만'이 26.2%(132명)로 가장 높게 나타났고, 다음으로 '1년 미만'이 16.7%(84명)로 높게 조사됐다.

〈반려동물 평균나이〉

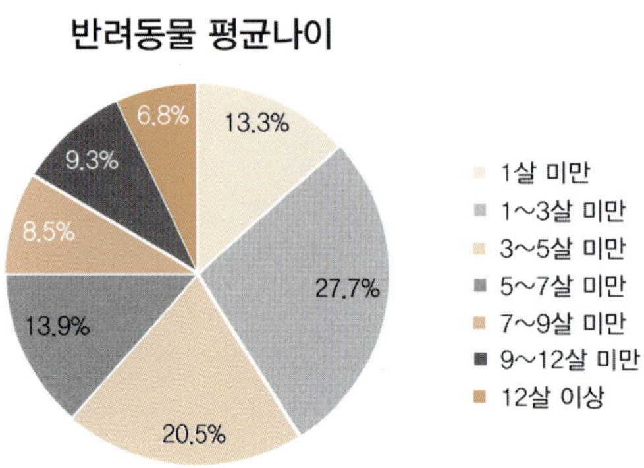

생활 기간	빈도(명)	비율(%)
1살 미만	67	13.3
1~3살 미만	139	27.6
3~5살 미만	103	20.5
5~7살 미만	70	13.9
7~9살 미만	43	8.5
9~12살 미만	47	9.3
13살 이상	34	6.8
합계	503	100.0

반려동물의 평균나이에 대한 질문 중 '1~3살 미만'이 27.62%(139명)로 가장 높게 나타났고, 다음으로 '3~5살 미만'이 20.5%(103명)로 나타났다.

〈반려동물 등록 여부〉

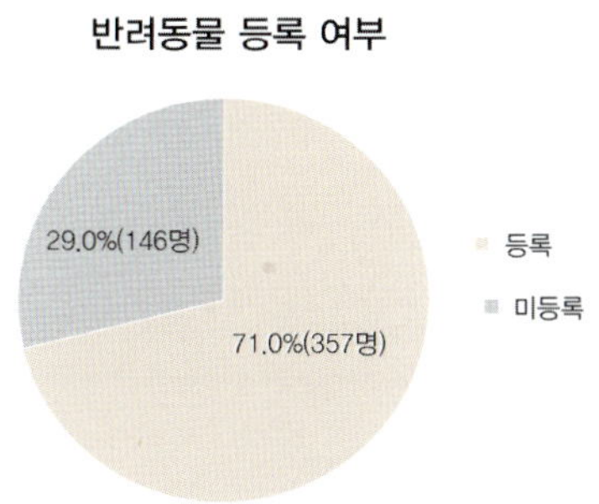

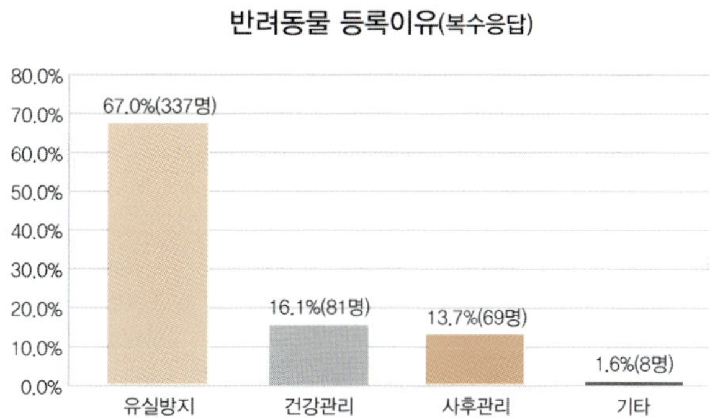

주: 문)11. 반려동물(반려견) 등록은 하셨습니까?
문)11-1. 11번의 "등록" 답변으로 동물등록을 한 이유는 무엇입니까?(n=357 중 중복응답)

반려동물의 등록여부에 대한 질문 중 '등록'이 71.0%(357명), '미등록'이 29.0%(146명)로 반려동물 등록이 더 높게 나타났고, '등록'으로 응답한 응답자 357명 중 '유실방지'가 67.0%(337명)로 가장 높게 나타났고, 다음으로 '건강관리' 16.1%(81명), '사후관리' 13.7%(69명) 순으로 조사됐다.

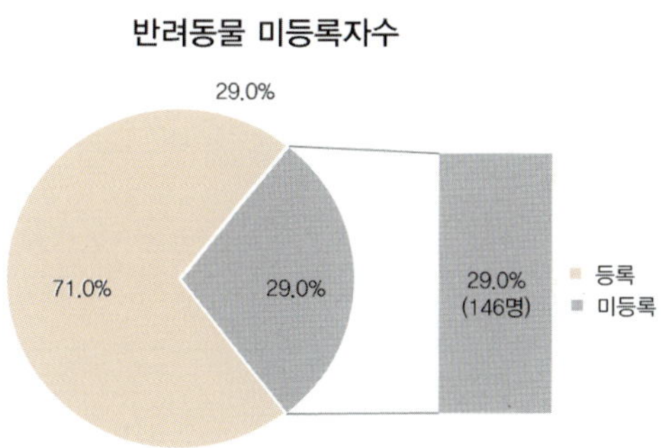

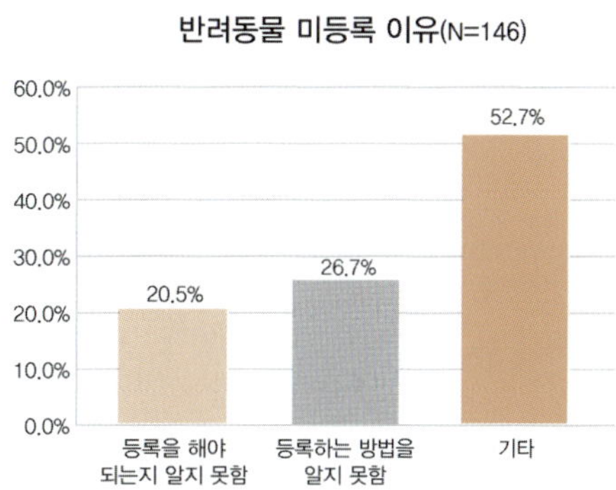

주: 문)11-2. 11번의 "미등록" 답변으로 동물등록을 하지 않으신 이유는 무엇입니까?(n=146)

반려동물 미등록 응답자 146명 중 '기타 미등록' 이유가 52.7%(77명)로 가장 높게 나타났으며, 다음으로 '등록하는 방법을 알지 못함' 26.7%(39명), '등록해야 하는지 알지 못함' 20.5%(33명) 순으로 나타났고, '기타 미등록'이 가장 많은 이유로는 '반려묘는 등록제를 시행하지 않기 때문'이라는 응답이 가장 많은 것으로 조사됐다.

입양 전후 양육 교육의 필요성

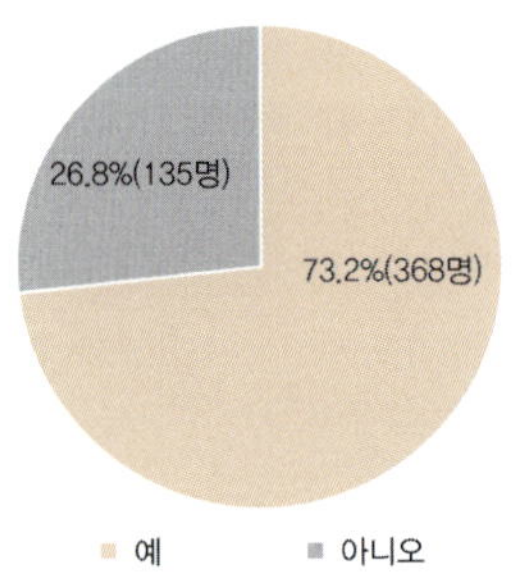

반려동물 미등록에 따른 과태료규정 인식 경로(N=368)

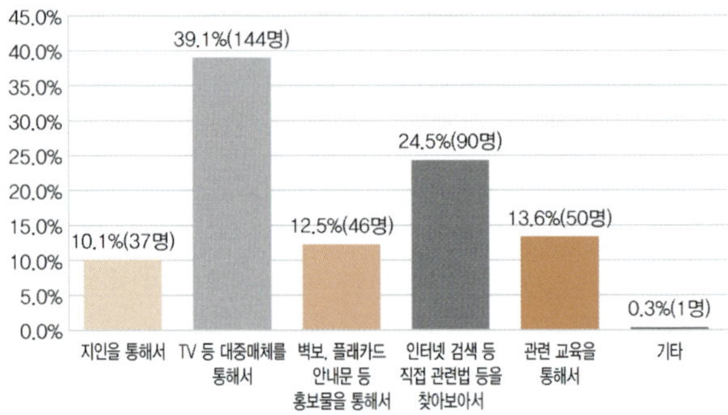

주: 문)12. 반려동물(반려견) 미등록 시 과태료에 대한 법 규정 내용은 알고 계십니까?
문)12-1. 12번의 "예" 답변으로 미등록 시 과태료 법 규정 내용을 알고 계신다면 어떤 경로로 알게 되셨습니까?(n=368)

반려동물 미등록에 따른 과태료 규정 인식여부에 대하여 알고 있다가 73.2%(368명), 모른다가 26.8%(135명)로 나타났고, 과태료 규정을 알고 있는 368명 중에서 tv 등 대중매체를 통해서 알았다가 39.1%(144명)로 가장 높게 나타났으며, 다음으로 '인터넷 검색 등 직접 관련법 등을 찾아보아서' 24.5%(90명), '관련 교육을 통해서' 13.6%(50명) 순으로 나타났다.

3) 반려동물 양육실태 및 애로사항

반려동물과 생활시 월 평균 지출

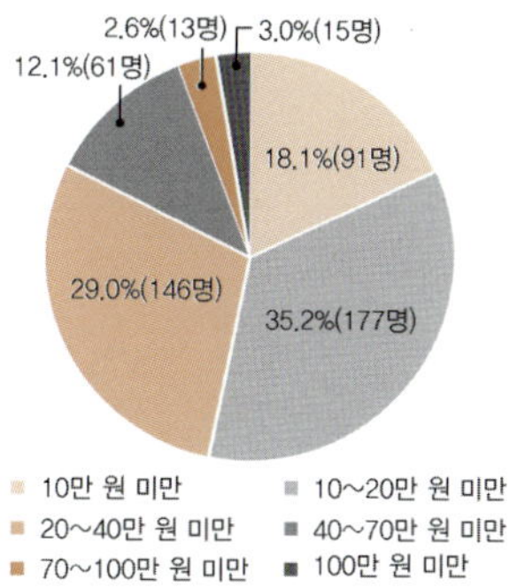

월 평균 다지출 항목(복수응답)

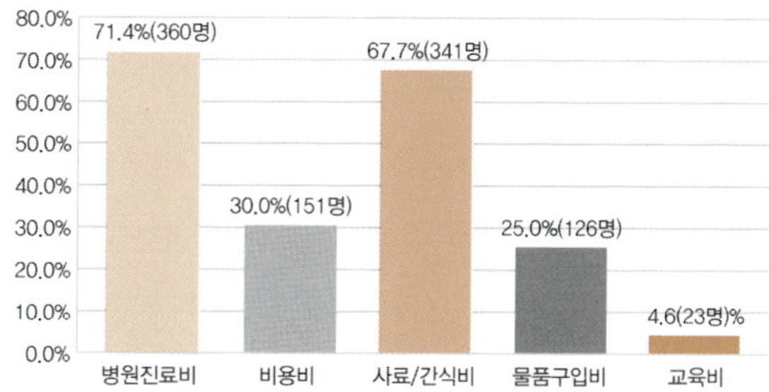

주: 문)13. 반려동물과 함께 생활하면서 월평균 지출되는 비용은 얼마입니까?
　문)14. 반려동물로 인하여 많이 발생하는 지출비용은 무엇입니까?(복수 응답)

반려동물과 함께 생활하면서 월평균 지출비용은 '10~20만 원 미만' 35.2%(177명)가 가장 높았고, '20~40만 원' 29.0%(146명), '10만 원 미만' 18.1%(91명) 순으로 조사됐다.

반려동물과 함께 생활하면서 월평균 지출비용 중 가장 많이 발생하는 지출비용은 '병원 진료비'가 71.4%(360명)로 가장 높았고, 다음으로 '사료/간식비'가 67.7%(341명), '미용비' 30.0%(151명) 순으로 조사됐다.

다지출 병원비 항목 중 최고 부담비용(N=360)

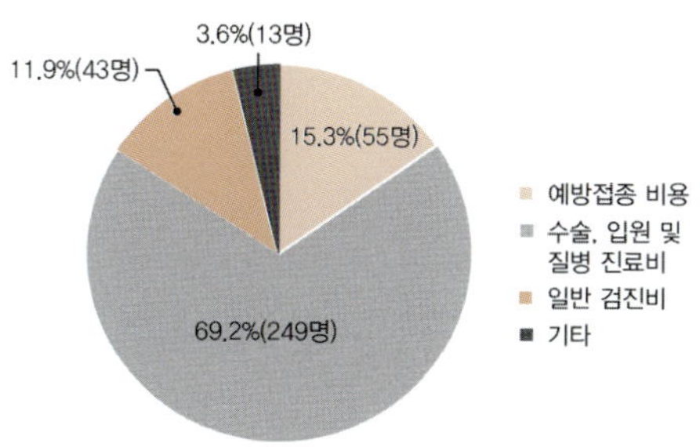

병원 진료비 절감 최우선과제(N=360)

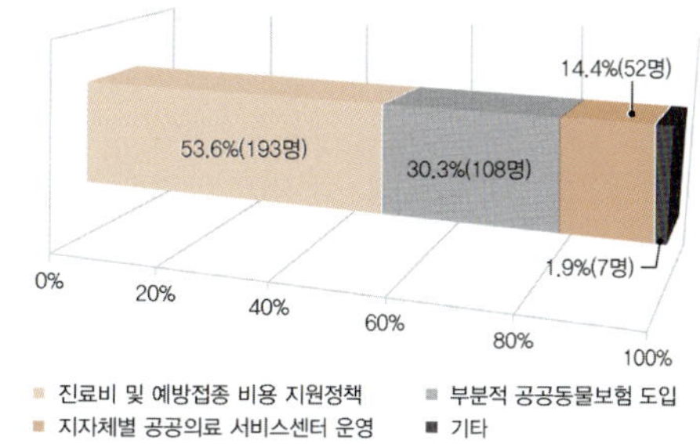

주: 문)14-1. 만약 병원 진료비가 가장 부담이 된다면 어떤 비용입니까?(n=360)
　문)14-2. 병원 진료비 절감에 대한 최우선 과제는 무엇이라고 생각하십니까?

반려동물과 함께 생활하면서 월평균 지출비용 중 가장 많이 발생하는 비용으로 병원 진료비로 응답한 360명 중 '수술, 입원 및 질병 진료비'가 69.2%(249명)로 가장 높았고, 다음으로 '일반검진비' 11.9%(43명), '예방 접종비' 15.3%(55명) 순으로 나타났다.

반려동물과 생활하면서 병원 진료비가 가장 많은 지출비용이라고 응답하신 360명 중 병원 진료비를 절감하는 최우선 과제로는 '진료비 및 예방접종비용 지원정책' 53.6%(193명)로 가장 높았고, '부분적 공공동물보험도입' 30.0%(108명), '지자체별 공공의료서비스센터 설립운영' 14.4%(52명) 순으로 나타났다.

반려동물을 위해 지출 증가 원하는 비용(복수응답)

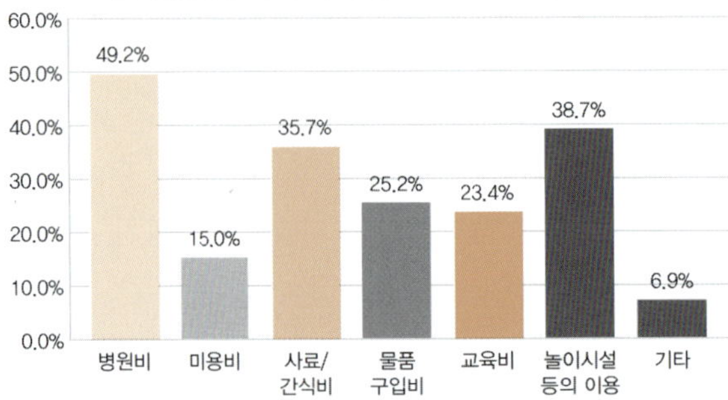

늘리고 싶은 지출 항목	빈도(명)	비율(%)
병원 진료비	164	49.2
미용비	50	15.0
사료/간식비	119	35.7
물품구입비	84	25.2
교통비	78	23.4
놀이시설이용비	129	38.7
기타	23	6.9

주: 문)15. 경제적 여유가 주어진다면 반려동물을 위해 늘리고 싶은 지출 항목은 무엇입니까?(복수응답)

반려동물을 위해 늘리고 싶은 지출 항목으로 '병원비'가 49.2%(164명)로 가장 높았고, 다음으로 '놀이시설 이용비' 38.7%(129명), '사료/간식비' 35.7%(119명) 순으로 나타났다.

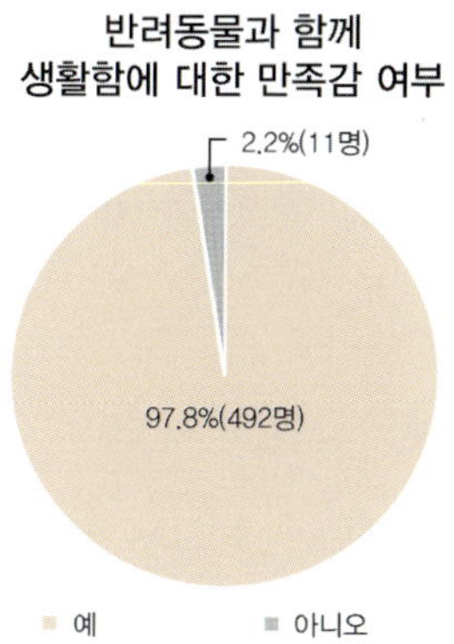

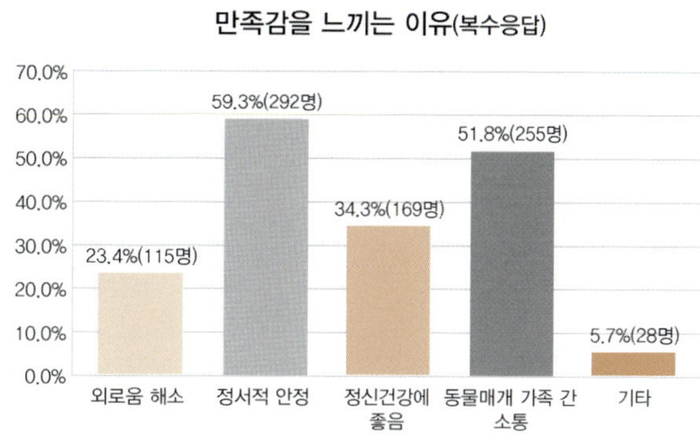

주: 문)16. 반려동물과 함께 생활함에 있어서 만족감을 느끼고 있습니까?
문)16-1. 만족감을 느끼는 이유는 무엇이라고 생각하십니까?(복수 응답)

반려동물과 함께 생활함에 있어서 만족감을 느끼는지에 대한 여부 중 '예' 97.8%(492명), '아니오' 2.2%(11명)로 나타났고, '예'라고 응답한 492명 중 만족감을 느끼는 이유는 '정서적 안정'이 59.3%(592명)로 가장 높았고, 다음으로 '동물매개 가족 간 소통' 51.8%(255명), '정신건강에 좋음' 34.3%(169명), 외로움 해소 23.4%(115명) 순으로 조사됐다.

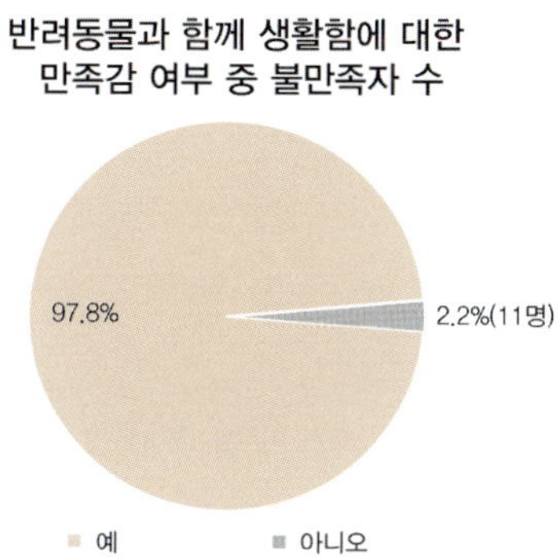

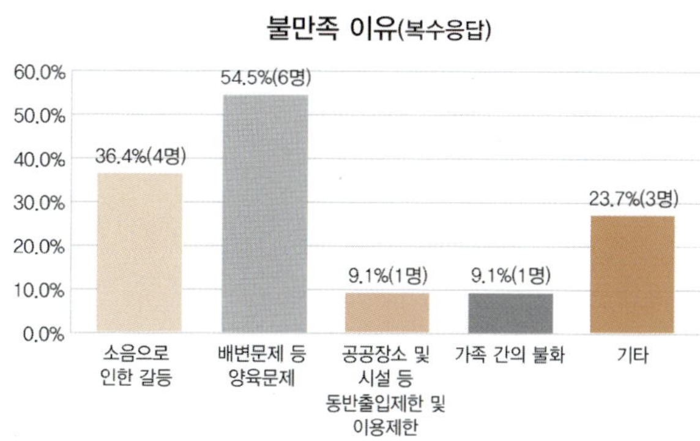

주: 문)16-2 만족감을 느끼지 못하는 이유는 무엇이라고 생각하십니까?(복수 응답)

반려동물과 함께 생활함에 있어서 불만족이라고 응답한 11명 중 불만족감을 느끼는 이유는 '배변문제 등 양육 문제'가 54.5%(6명)로 가장 높았고, 다음으로 '소음으로 인한 갈등' 36.4%(4명), '기타' 27.3%(3명) 순으로 나타났다.

반려동물 동반 생활 시 애로사항(복수응답)

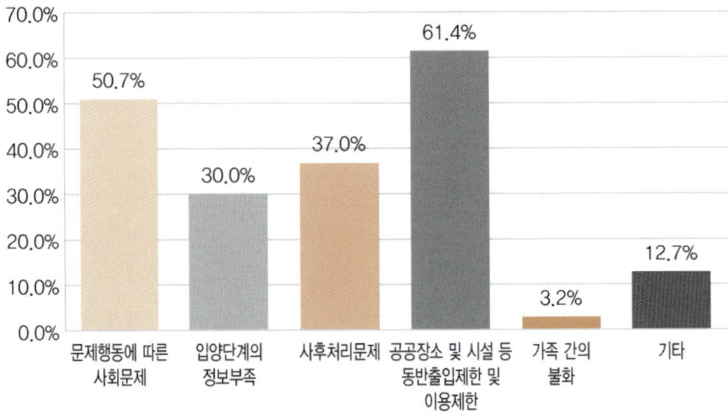

반려동물 동반 생활 시 애로사항	빈도(명)	비율(%)
문제행동 사회적 문제	255	50.7
입양단계 정보부족	151	30.0
사후처리문제	186	37.0
동반출입 및 이용제한	309	61.4
가족 간 불화	16	3.2
기타	64	12.7

주: 문)17. 반려동물과 함께 생활하면서 애로사항은 무엇이라고 생각하십니까?(복수 응답)

반려동물과 함께 생활하면서 애로사항은 '공공장소 및 시설 동반출입제한 및 이용제한'이 61.4%(309명)로 가장 높았고, 다음으로 '문제행동 사회적 문제' 50.7%(255명), '사후처리문제' 37.0%(186명), 입양단계 정보부족 30.0%(151명) 순으로 나타났고, '가족 간의 불화'가 3.2%(16명)로 가장 낮게 나타났다.

문제행동 중 최고 사회문제(N=255)

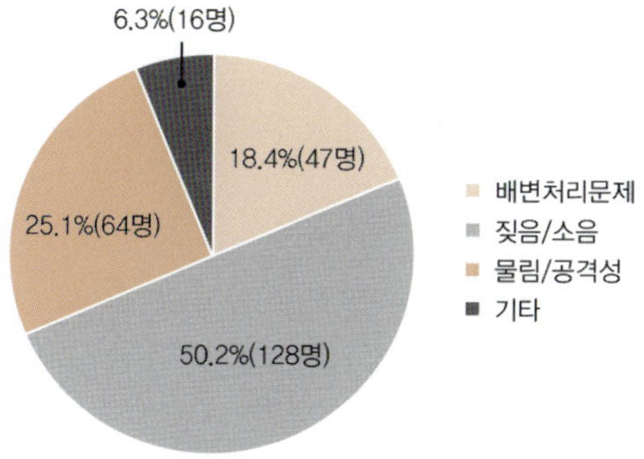

문제행동 해결을 위한 최우선과제(N=255)

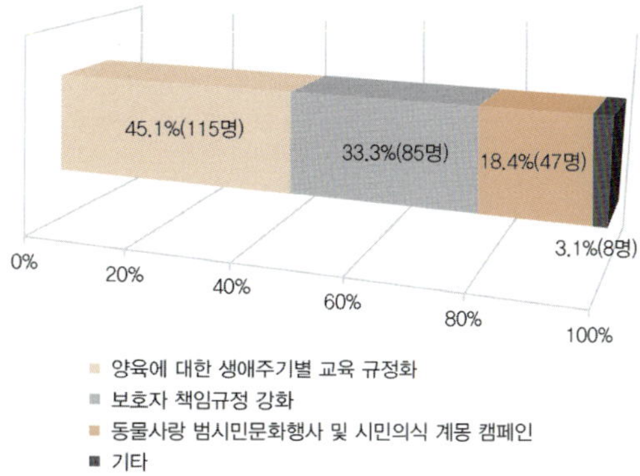

주: 문)17-1. 17번 항목의 답이 '문제행동에 따른 사회문제'인 경우 최고 문제행동은 무엇입니까? (n=255)
문)17-1-1. 문제행동 사회문제를 해소하기 위한 최우선과제는 무엇이라고 생각하십니까?

반려동물과 함께 생활하면서 애로사항 중 문제행동에 따른 사회적 문제라고 응답한 255명 대상으로 '문제행동 중 최고 사회문제'에 대한 설문을 진행하여 '짖음/소음'이 50.2%(128명)로 가장 높았고, '물림/공격성' 21.1%(64명), '배변처리문제' 18.4%(47명) 순으로 조사됐다.

문제행동에 따른 사회적 문제라고 응답한 255명 중 문제행동을 위한 최우선 과제로 '양육에 대한 생애주기별교육 규정화'가 45.1%(115명)로 가장 높았고, '보호자 책임규정 강화' 33.3%(85명), '동물사랑 범시민문화행사 및 시민의식 계몽 운동' 18.4%(47명) 순으로 나타났다.

입양단계정보부족 문제점(N=151)

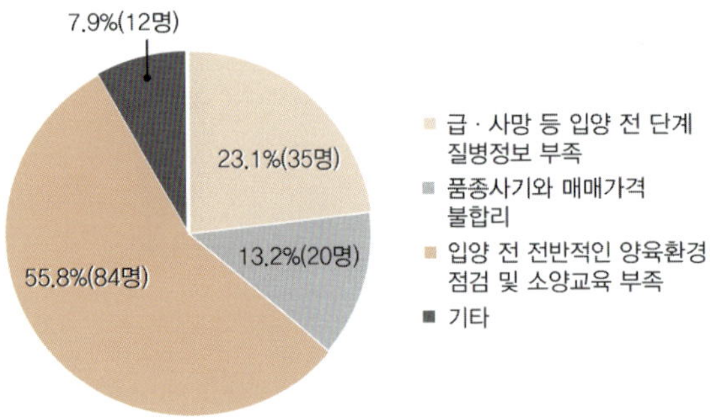

입양단계 문제 최소화를 위한 최우선 과제(N=151)

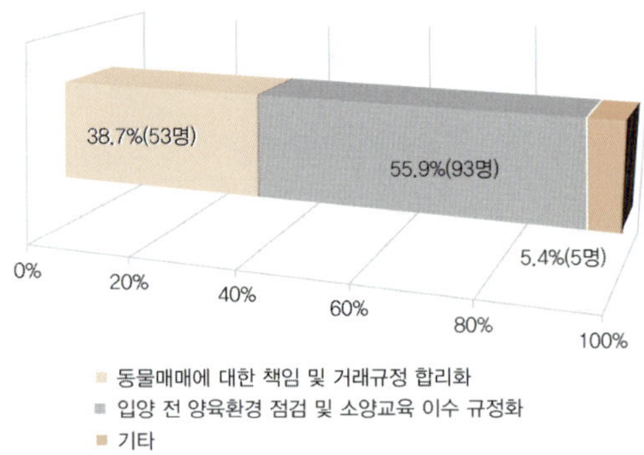

주: 문)17-2. 17번 항목의 답이 '입양단계의 정보부족'인 경우 구체적인 문제점은 무엇입니까? (n=151)
문)17-2-1. 입양단계의 문제를 최소화하기 위한 최우선 과제는 무엇이라고 생각하십니까?

반려동물과 함께 생활하면서 애로사항 중 입양단계 정보 부족으로 응답한 151명을 대상으로 추가 설문을 진행한 결과 '입양단계 정보부족의 문제점'으로 '입양 전 전반적인 양육환경 점검 및 소양교육 부족' 55.8%(84명)로 가장 높았고, '급 · 사망 등 입양 전 단계 질병정보 부족' 23.2%(35명), '품종 사기와 매매 가격 불합리' 13.2%(20명)로 조사됐다.

입양단계 정보 부족으로 응답한 151명 중 '입양단계 문제 최소화를 위한 최우선 과제'로 '입양전 양육환경 점검 및 소양교육 이수 규정화'가 55.9%(93명)로 가장 높았고, '동물매매에 대한 책임 및 거래규정 합리화' 38.7%(53명), 기타 5.4%(5명)로 조사됐다.

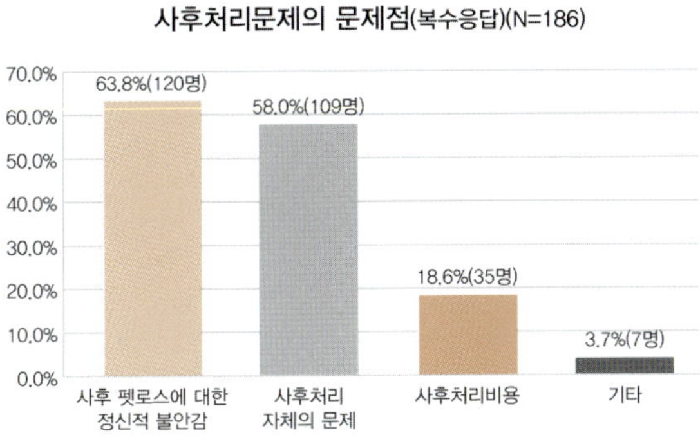

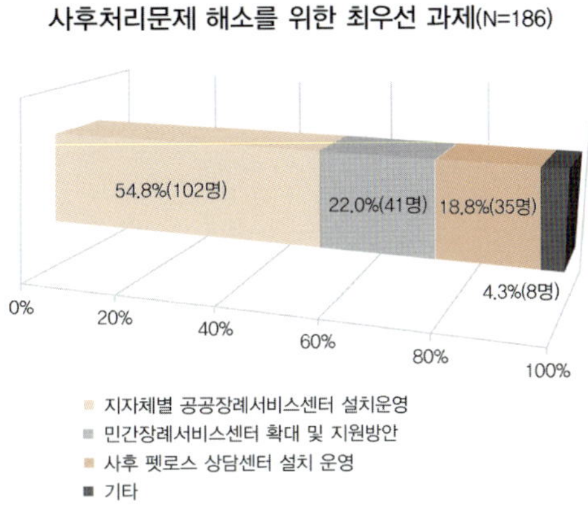

주: 문)17-3. 17번 항목의 답이 '사후처리문제'인 경우 문제점은 무엇입니까?(복수응답)(n=186)
문)17-3-1. 사후처리에 대한 문제점을 해소하기 위한 최우선 과제는 무엇이라고 생각하십니까?

반려동물과 함께 생활하면서 애로사항 중 사후처리문제라고 응답한 186명을 대상으로 추가 설문을 진행하여 '사후처리의 문제점'으로 '사후 펫로스에 대한 정신적 불안감'이 63.8%(120명)로 가장 높았고, '사후처리 자체의 문제' 58.0%(19명), '사후처리비용' 18.6%(35명)로 나타났다.

사후처리가 문제라고 응답한 186명 중 '사후처리문제 해수를 위한 최우선 과제'로 '지자체별 공공장례 서비스센터 설치운영'이 54.8%(102명)로 가장 높았고, '민간장례서비스센터 확대 및 지원방안' 22.0%(41명), 사후 펫로스 상담센터 설치 운영 18.8%(35명)로 나타났다.

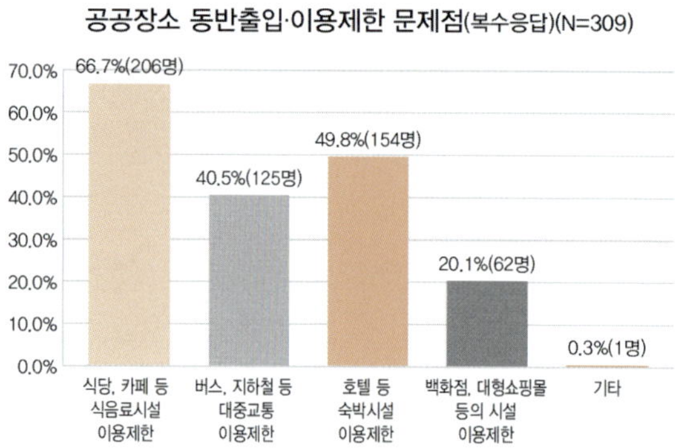

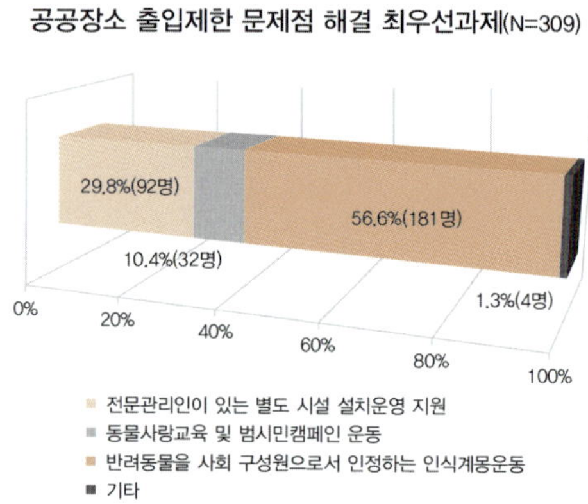

주: 문)17-4. 17번 항목의 답이 '공공장소 및 시설 등 동반출입제한 및 이용제한'인 경우 문제점은 무엇입니까?(복수 응답)(n=309)

문)17-4-1. 공공장소 및 시설 등 동반출입제한 및 이용제한에 대한 문제점을 해소하기 위한 최우선 과제는 무엇이라고 생각하십니까?

반려동물과 함께 생활하면서 애로사항 중 공공장소 동반출입 · 이용 제한의 문제라고 응답한 309명을 대상으로 추가 설문을 진행하여 '공공장소 동반출입 · 이용의 제한 문제점'으로 '식당, 카페 등 식음료시설 이용제한'이 66.7%(206명)로 가장 높았고, '호텔 등 숙박시설 이용제한' 49.8%(154명), '버스, 지하철 등 대중교통 이용제한' 40.5%(125명), '백화점, 대형쇼핑몰 등의 시설 이용제한' 20.1%(62명)로 나타났다.

공공장소 동반출입 · 이용 제한의 문제라고 응답한 309명 중 '공공장소 출입제한 문제점 해결을 위한 최우선 과제'로 '반려동물을 사회 구성원으로 인정하는 인식계몽운동'이 58.6%(181명)로 가장 높았고, '전문 관리인이 있는 별도 시설 설치운영 지원' 29.8%(92명), 동물사랑교육 및 범시민캠페인 운동 10.4%(32명)로 나타났다.

반려인과 비반려인 공존을 위한 우선과제(복수응답)

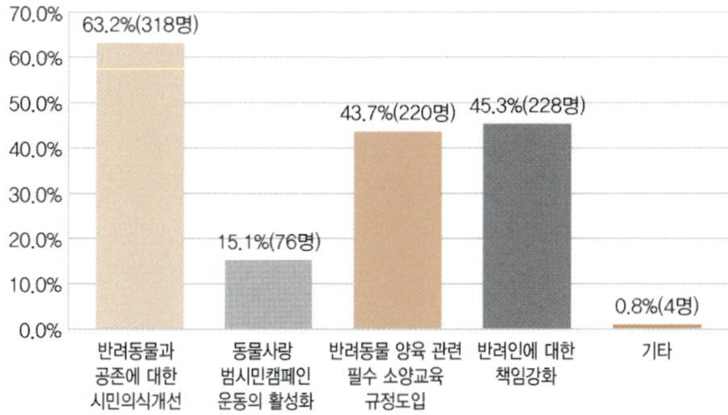

행복한 공존 위한 과제	빈도(명)	비율(%)
시민의식개선	308	63.2
동물사랑범시민캠페인	76	15.1
양육관련필수교육규정	220	43.7
책임강화	228	45.3
기타	4	0.8

주: 문)18. 반려인들 및 비반려인들의 행복한 공존을 위하여 우선과제는 무엇이라고 생각하십니까?(복수 응답)

반려인과 비반려인의 공존을 위한 우선 과제로 '반려동물과 공존에 대한 시민 의식 개선' 63.2%(318명)로 가장 높았고, '반려인에 대한 책임 강화' 45.3%(228명), '반려동물 양육 관련 필수 소양교육 규정 도입' 43.7%(220명), '동물사랑 범시민캠페인 운동의 활성화' 15.1%(76명)로 나타났다.

행복한 공존을 위한 필요시설(복수응답)

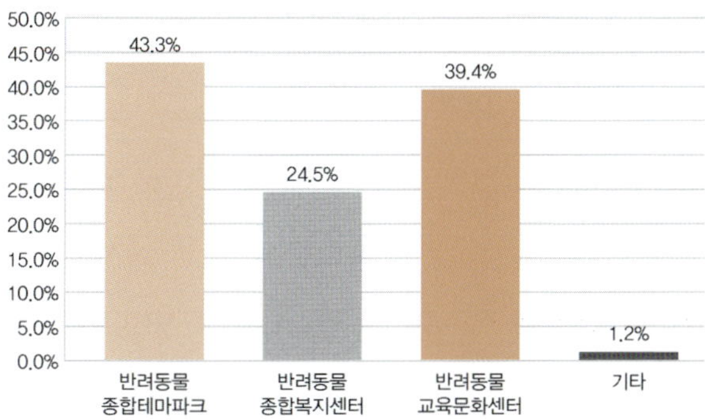

행복한 공존 위한 시설	빈도(명)	비율(%)
동물종합테마파크	218	43.3
동물종합복지센터	123	24.5
동물교육문화센터	198	39.4
기타	6	1.2

주: 문)19. 반려동물과 반려인 및 비반려인들의 행복한 공존을 위한 우선적인 필요시설은 무엇이라고 생각하십니까?(복수 응답)

반려인과 비반려인의 행복한 공존을 위한 시설로 '반려동물 종합테마파크' 43.3%(218명)가 가장 높았고, '반려동물 교육문화센터' 37.4%(198명), '반려동물 종합복지센터' 24.5%(123명)로 조사됐다.

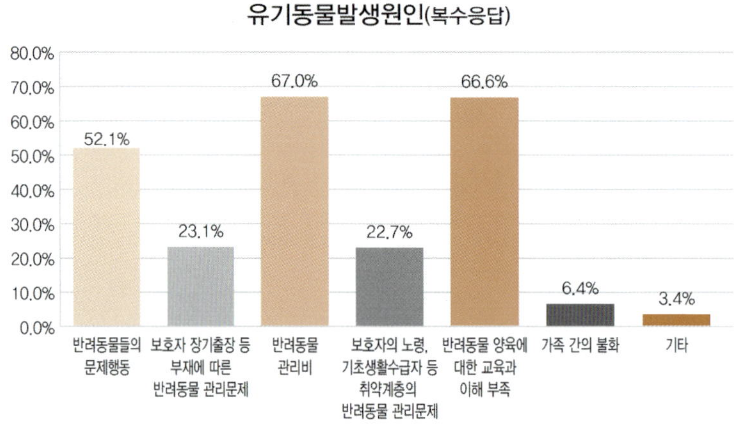

유기동물 발생원인	빈도(명)	비율(%)
동물문제행동	262	52.1
보호자 장기출장부재	116	23.1
관리(양육)비용문제	337	67.0
취약계층 관리문제	114	22.7
양육교육 부재	335	66.6
가족 간 불화	32	6.4
기타	17	3.4

주: 문)20. 본인이 생각하는 유기동물의 발생원인은 무엇이라고 생각하십니까?(복수응답)

유기동물 발생원인으로 반려동물 관리비가 67.0%(335명)로 가장 높았고, 반려동물 양육에 대한 교육과 이해부족이 66.6%(335명), 반려동물들의 문제행동 52.1%(262명), 보호자 장기 출장 등 부재에 따른 반려동물 관리문제 23.1%(116명)로 나타났다.

유기동물 감소를 위한 방안(복수응답)

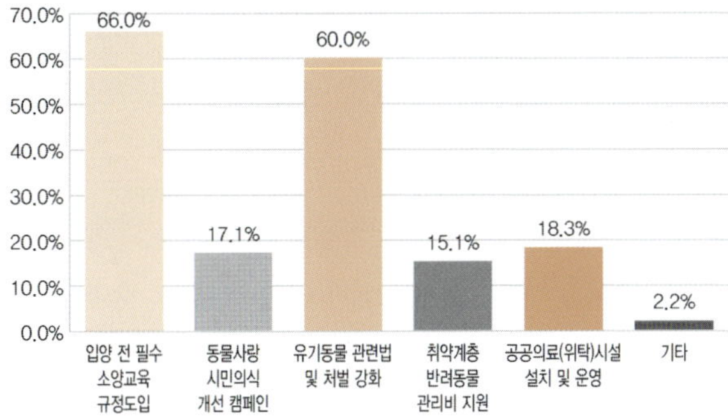

유기동물 감소 방안	빈도(명)	비율(%)
입양 전 필수 소양교육 규정 도입	332	66.0
동물사랑시민의식 개선 캠페인	86	17.1
유기동물관련법 및 처벌강화	302	60.0
취약계층 반려동물 관리비 지원	76	15.1
공공의료(위탁)시설 설치및운영	92	18.3
기타	11	2.2

주: 문)21. 유기동물의 개체수를 줄이기 위한 방안은 무엇이라고 생각하십니까?(복수응답)

유기동물 개체수를 줄이기 위한 방안은 입양 전 필수 소양 교육 규정 도입 66.0%(332명), 유기동물 관련법 및 처벌강화 60.0%(302명), 공공의료(위탁)시설 설치 및 운영 18.3%(92명), 동물사랑 시민의식 개선 및 캠페인 17.1%(86명), 취약계층 반려동물 관리비 지원 15.1%(76명)로 조사됐다.

유기동물 개체수를 줄이기 위한 최우선 과제

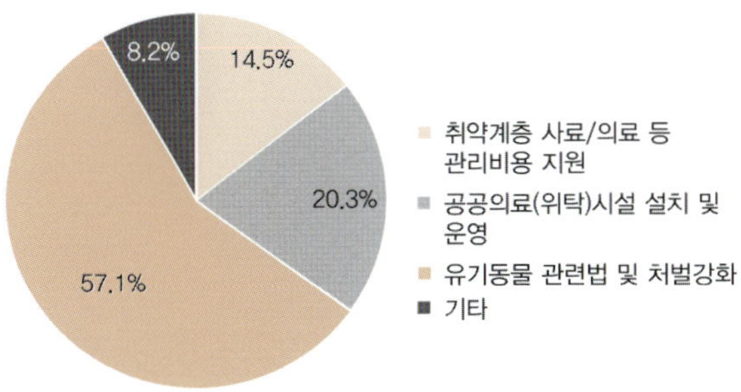

유기동물 감소를 위한 최우선 과제	빈도(명)	비율(%)
취약계층관리비용지원	73	14.5
공공의료(위탁)시설설치운영	102	20.3
유기동물처벌법강화	287	57.1
기타	41	8.2
합계	503	100

주: 문)22. 유기동물의 개체수를 줄이기 위한 최우선 과제는 무엇이라고 생각하십니까?

유기동물 개체수를 줄이기 위한 최우선 과제는 유기동물 관련법 및 처벌강화가 57.1%(287명)로 가장 높게 나타났고, 공공의료(위탁)시설 설치 및 운영 20.3%(102명), 취약계층 사료/의료 등 관리비 지원 14.5%(73명)로 조사됐다.

반려인들이 부산시의회와 부산시에 반려동물 관련하여 바라는 점을 다양한 의견으로 제시해 주었고, 앞으로 반려동물에 관한 부산시의 제도 · 정책에 기대를 하고 있는 것으로 나타났다.

2 비반려인 니즈 분석

건전한 반려동물문화 정착 그리고 반려인 그리고 비반려인(일반시민)의 행복한 공존을 위해 비 반려인들의 생각과 의식을 분석하기 위하여 비반려인 응답자의 개인특성과 시민의식으로 구분하여 분석하였다.

1) 응답자 개인특성

부산지역 비반려인들의 인구통계학적 특성으로 여자가 62.2%(249명)로 남자 37.8%(212명)보다 많았고, 나이는 20대가 46.0%(268명), 50대가 17.6%(99명)로 높게 나타났으며, 가족구성원 수로는 4인 가족이 42.1%(236명), 3인 가족 22.3%(125명)로 높게 나타났고, 주거형태는 아파트/빌라가 75.6%(424명)로 가장 높게 나타났으며, 월평균 총 소득액은 600만 원대가 22.8%(128명)로 가장 높게 조사됐다.

〈부산지역 비반려인 인구통계학적 특성(N=561)〉

구분	종류	빈도(명)	비율(%)
성별	남	212	37.8
	여	249	62.2
나이	10대	18	3.2
	20대	258	46.0
	30대	80	14.3
	40대	83	14.8
	50대	99	17.6
	60대	22	3.9
	70대 이상	1	0.2
가족구성원 수	1인	56	10.0
	2인	70	12.5
	3인	125	22.3
	4인	236	42.1
	5인	58	10.3
	6인 이상	16	2.9
주거형태	단독주택	85	15.2
	원룸/투룸	45	8.0
	아파트/빌라	424	75.6
	기타	7	1.2
월 평균 총 소득액	100만 원대	54	9.6
	200만 원대	106	18.9
	300만 원대	91	16.2
	400만 원대	80	14.3
	500만 원대	102	18.2
	600만 원대	128	22.8
합계		561	

응답자의 거주지에 대한 질문에서는 '연제구' 거주 응답자가 13.0%(73명)로 가장 높은 응답률을 나타내었고, 다음으로 '해운대구' 12.3%(69명), '동래구' 7.7(43명) 순으로 나타났다.

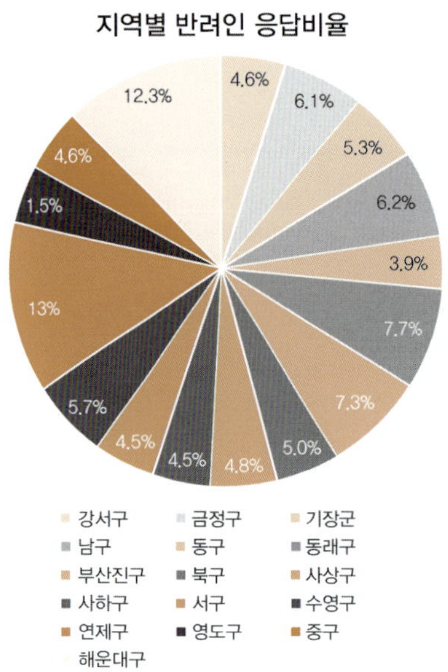

지역별(구 · 군)	빈도(명)	비율(%)
강서구	26	4.6
금정구	34	6.1
기장군	30	5.3
남구	35	6.2
동구	22	3.9
동래구	43	7.7
부산진구	41	7.3
북구	28	5.0
사상구	27	4.8
사하구	25	4.5
서구	25	4.5
수영구	32	5.7
연제구	73	13.0
영도구	25	4.5
중구	26	4.6
해운대구	69	12.3
합계	561	100

주: 문)6. 응답자는 현재 부산의 어느 지역에 거주하십니까?

2) 비반려인의 시민의식

비반려인 561명을 대상으로 반려동물 입양 양육의향에 대하여 조사한 결과 '아니오' 61.9%(347명), '예' 38.1%(214명)로 입양 의향이 없다가 높게 나타났다. 입양 의향 이유로는 정서적 안정이 50.9%(109명)로 가장 높게 나타났고, 동물매개 가족 간 소통 26.2%(56명), 외로움을 달램 11.2%(24명)로 나타났다.

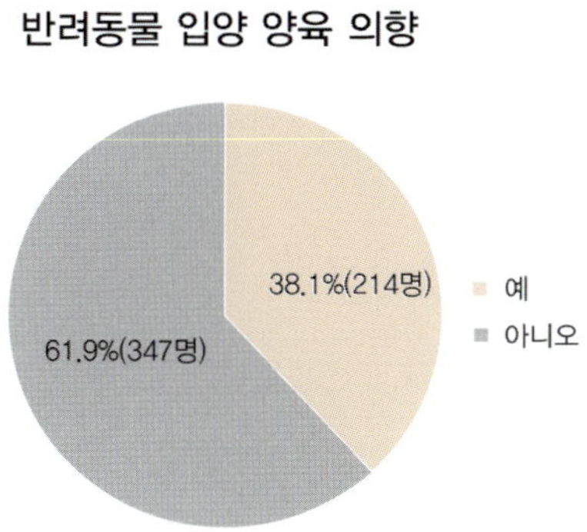

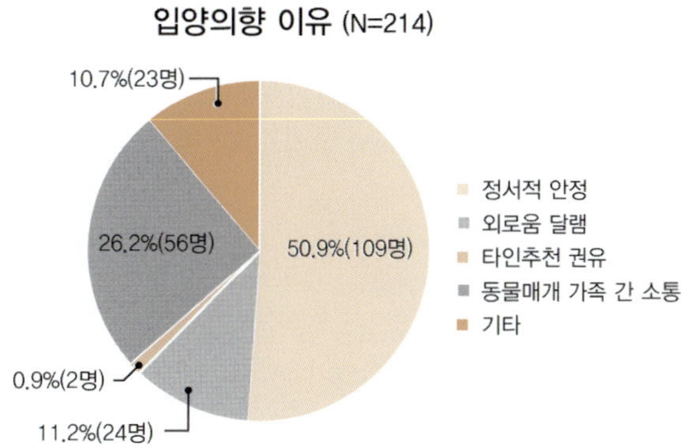

주: 문)7. 향후 반려동물을 입양하여 양육(키움)하고 싶다는 의향이 있으십니까?
문)7-1. 7번 문항에 "예"라고 대답한 이유는 무엇이라고 생각하십니까?(n=214)

반려동물 입양 의향이 있는 응답자 214명을 대상으로 선호하는 반려동물의 종류를 조사한 결과 반려견 74.3%(159명), 반려묘 43.0%(92명)로 반려견을 더 선호하는 것으로 나타났다.

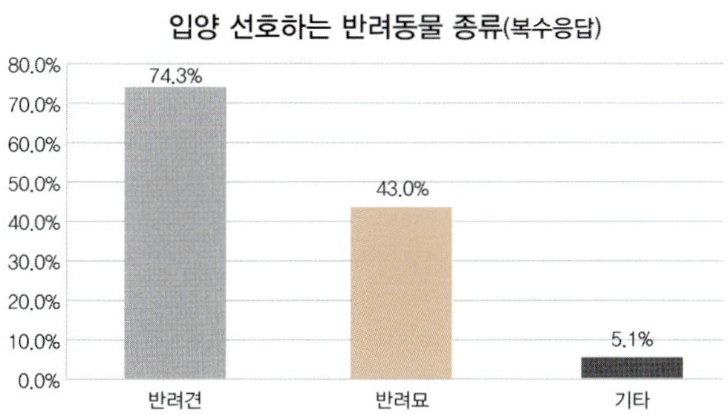

반려동물 종류	빈도(명)	비율(%)
반려견	159	74.3
반려묘	92	43.0
기타	11	5.1

주: 문)7-1-1. 만약 반려동물을 입양한다면 선호하는 종류는 무엇입니까?

반려동물 미입양 응답자 347명 중 미입양 이유에 대해 조사한 결과 양육의 어려움이 57.9%(201명)로 가장 높게 나타났고, 경제적 부담 14.4%(50명), 동물이 싫다 12.4%(43명), 사후처리문제 9.8%(34명)로 나타났다.

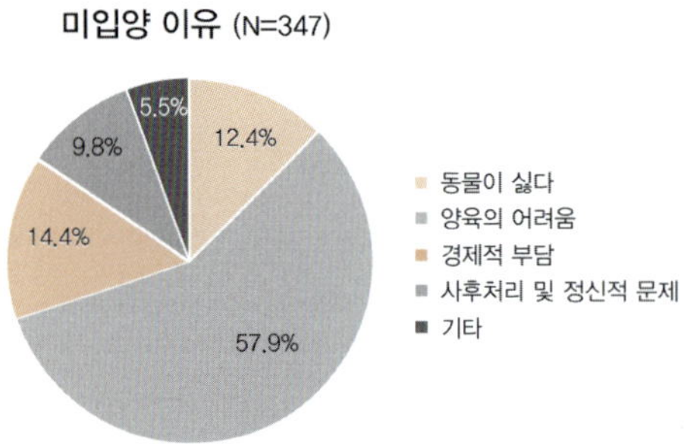

입양의향 없음의 이유	빈도(명)	비율(%)
동물이 싫다	43	12.4
양육의 어려움	201	57.9
경제적 부담	50	14.4
사후처리/정신적 문제	34	9.8
기타	19	5.5
합계	347	100

주: 문)7-2. 7번 문항에 "아니오"라고 대답한 이유는 무엇이라고 생각하십니까?

반려인과 비반려인 사이의 갈등문제를 중복응답을 통하여 조사한 결과 '짖음/소음'이 61.5%(345명)로 가장 높게 나타났고, '배변처리문제' 49.6%(278명),' 물림/공격성' 44.6%(250명), '산책예절 부족 및 타인 · 타 동물에 대한 과민반응' 35.3%(198), '반려동물에 대한 안 좋은 인식' 16.2%(18명) 순으로 조사됐다.

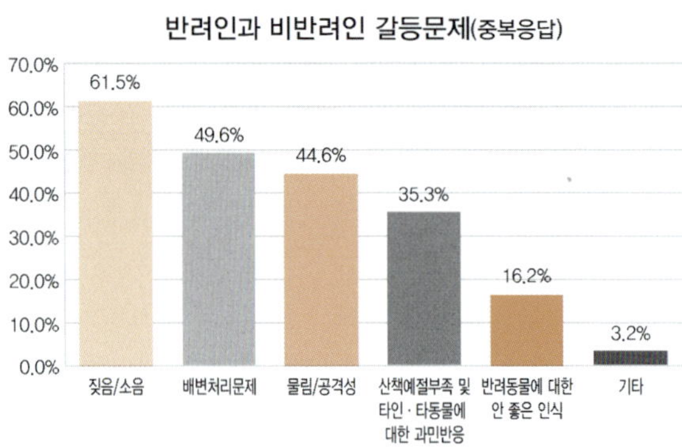

반려인과 비반려인의 갈등문제	빈도(명)	비율(%)
짖음/소음	345	61.5
배변처리문제	278	49.6
물림/공격성	250	44.6
산책예절 부족/과민반응	198	35.3
반려동물 부정적 인식	91	16.2
기타	18	3.2

주: 문)8. 반려인과 비반려인 사이의 갈등문제는 무엇이라고 생각하십니까?(중복 응답)

반려동물 입양 전·후 반려동물에 대한 양육교육의 필요성은 '필요하다'가 97.7%(548명), '필요없다' 2.3%(13명)로 필요하다의 응답 비율이 높게 나타났고, 반려동물에 대한 양육교육의 종류로는 '짖음/물림 등 문제행동교육'이 59.7%(335명)로 가장 높게 나타났고, '펫티켓(예절)교육' 54.7%(307명), '반려동물 입양·양육·사후 등 생애주기별 양육교육' 49.2%(276명)로 나타났다.

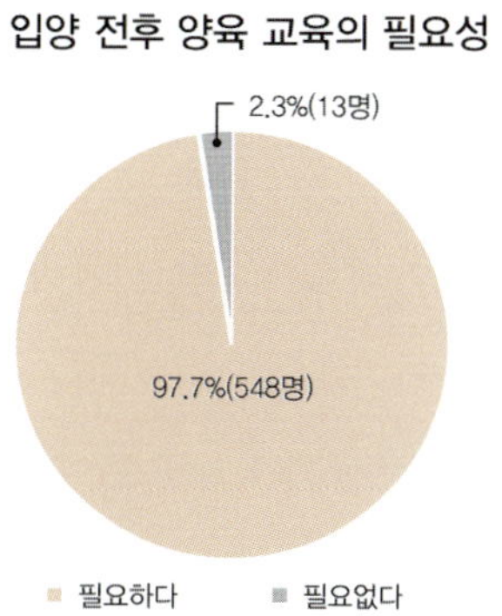

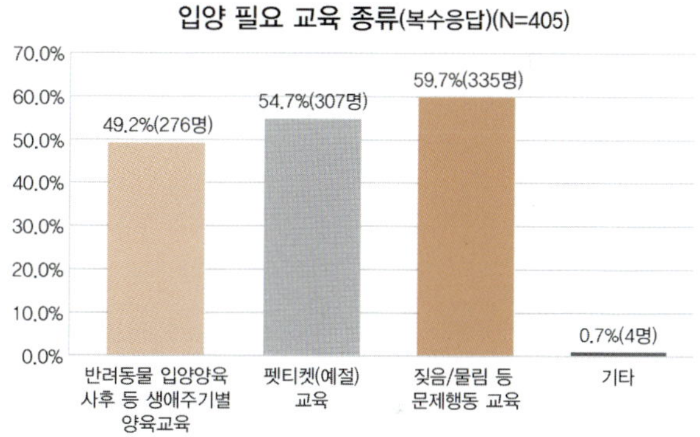

주: 문)9. 반려동물 입양 전/후 반려동물에 대한 양육교육이 필요하다고 생각하십니까?
문)9-1. 반려동물에 대한 교육이 필요하다면 어떤 교육이 필요하다고 생각하십니까?

반려동물과 반려인 및 비반려인들이 행복한 공존을 위한 우선 과제 중복응답으로 '반려동물과 공존에 대한 시민의식 개선'이 61.5%(345명)로 가장 높았고, '동물사랑 범시민캠페인운동의 활성화' 49.6%(278명), '반려동물 양육 관련 필수 소양교육 도입' 44.6%(250명), '반려인에 대한 책임 강화' 35.3%(298명), 기타 16.2%(91명)로 나타났다.

반려동물/반려인/비반려인 공존과제(복수응답)

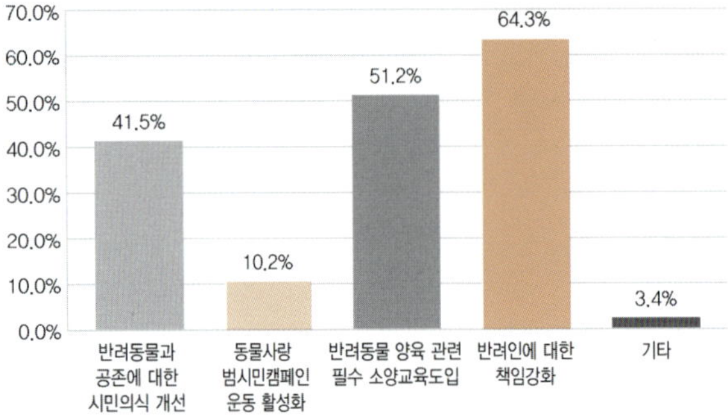

반려동물/ 반려인/ 비반려인 공존과제	빈도(명)	비율(%)
시민의식 개선	345	61.5
동물사랑 범시민캠페인	278	49.6
필수 소양 교육제 도입	250	44.6
반려인 책임강화	198	35.3
기타	91	16.2

주: 문)10. 반려동물과 반려인 및 비반려인들이 행복한 공존을 위한 우선과제는 일반시민입장에서 무엇이라고 생각하십니까?(복수응답)

반려동물과 반려인 및 비반려인들의 행복한 공존을 위한 우선적인 필요시설은 '반려동물 교육문화센터'가 70.8%(397명)로 가장 높이 나타났고, '반려동물종합복지센터' 46.0%(258명), '반려동물종합테마파크' 44.9%(252명) 순으로 비반려인들은 반려동물교육문화센터가 가장 필요한 시설이라고 생각하며, 그 외 반려동물과 관련하여 바라는 점을 부산시의회와 부산시에 자유의견으로 제시하였다.

공존 필요시설 이용 의향

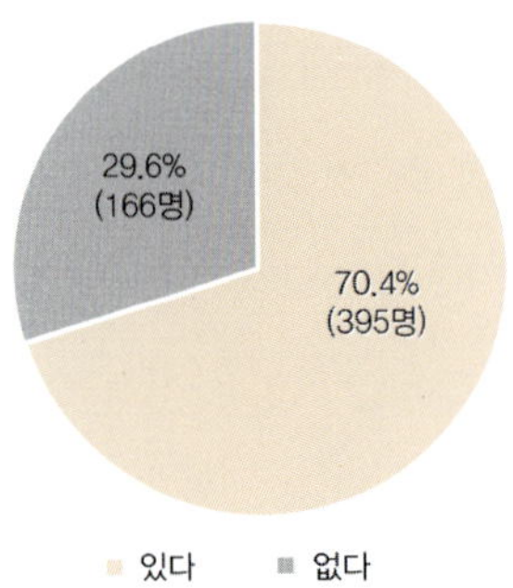

공존을 위한 필요시설(복수응답)

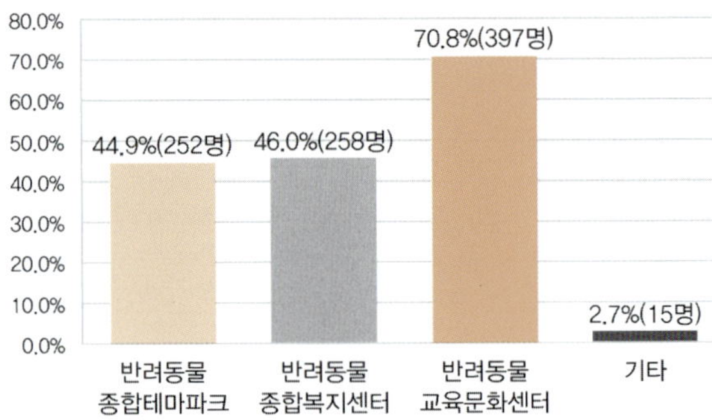

주: 문)11. 반려동물과 반려인 및 비반려인들의 행복한 공존을 위한 우선적인 필요시설이 있다면 무엇이라고 생각하십니까?
문)11-1. 위의 필요시설이 있다면 가족(친구)과 같이 이용할 의사가 있습니까?

반려동물문화와 산업 관련 소비자 니즈 분석과 시사점

Chapter **11**

앞장에서 반려인과 비반려인 대상 부산시민 의식조사 내용과 제4장 우리나라 반려동물 양육현황 및 관리체계 조사 등으로 올바른 반려동물문화 정착과 건강한 반려동물 산업발전 그리고 반려동물과 반려인, 비반려인의 행복한 공존문화 조성을 위한 문제점과 시사점을 도출하였다.

1 반려동물양육현황 및 관리체계 분석과 시사점

1) 양육현황 및 관리체계 조사결과의 시사점

(1) 반려동물 관련 기초통계 구축미흡

반려동물 현황파악과 보호 · 관리를 제대로 하기 위해서는 대상이 되는 반려동물의 실태 파악이 보다 정확하게 선행되어야 한다. 지금까지 정부기관에서 부정기적으로 수행하고 있는 조사방법은 잦은 표본대상과 조사방법 변경 등으로 "동물보호 국민의식조사" 결과와 일부 기관이 자체적으로 동물보호 관련 인식조사를 근거로 실태파악은 하고 있지만 조사기관, 조사연도별 추정된 숫자의 편차가 큰 차이를 나타났다.

이러한 미흡한 기초통계 구축방법으로 파악된 현황은 동물보호 · 관리 업무를 수행하고 집행하는 데 한계와 문제가 있다.

통계청에서 5년마다 국내에 거주하는 모든 내 · 외국인을 대상으로 인구와 가구부문으로 "인구주택 총 조사"를 실시하고 있다. 2020년에 실시한 "인구주택 총 조사"에 반려동물 양육 항목을 추가하여 조사하였다.

통계청에서 국가통계로 반려동물현황 통계를 관리 동물보호 · 관리 업무를 집행하도록 구축되어야 한다. 부산광역시 자치단체도 반려동물 관련 기초통계를 국가통계로 일원화하여 효율적인 동물보호 · 관리 업무집행 시스템 구축이 필요하다.

(2) 유기동물 발생 · 보호관리 · 유기동물 보호센터 현황 파악에 대한 시사점

유실 · 유기동물을 줄이기 위해서 2014년부터 가정에서 기르는 반려견을 대상으로 동물등록제를 의무화되었지만, 유기동물 발생 건수와 개체 수는 계속 늘어나고 있다. 최근 5년 동안 평균 10.5% 늘어나 2019년 기준 13만4309마리로 3년 연속 10만 마리 이상 발생하고 있다. 유기동물 보호 · 관리하는 사회적 비용부담 등으로 반려인과 비반려인(일반 시민)과 사회적 갈등 문제도 있다.

최근 5년 동안 부산광역시 지자체별(구 · 군) 유기동물 현황을 보면 5년 전 대비 증가율은 5.5%로 나타났으며, 전국 최근 5년 평균증가율 10.5%의 절반 정도로 나타났다. 상대적으로 사회적 비용부담 절감효과로 시사하는 바가 있다.

최근 5년 동안 부산광역시 전체 유기동물 발생 현황을 보면 유기된 반려견 마릿수는 5년 전 3천592마리에서 2020년 12월 1일 기준 3천431마리로 -4.5% 감소하고 있어 긍정적으로 시사하는 바가 있다.

우리나라 동물보호센터는 총 351개소로 경기도 57개 센터, 서울특별시가 54개 센터로 가장 많고, 다음으로 대구광역시 30개 센터, 전라북도 25개 센터, 전라남도 24개 센터 그리고 울산광역시와 경상남도가 각 22개 센터를 운영하는 것으로 나타났다.

부산광역시 동물보호센터 현황을 보면 자치구 · 군별 1개소 총 16개소가 안배되어 있지만, 실상은 [부산동물보호센터]에서 3개 지자체(중구, 서구, 북구), [(사)유기동물보호관리협회]에서 4개 지자체(사상구, 사하구, 부산진구, 강서구), [누리동물병원]에서 5개 지자체(해운대구, 수영구, 동래구, 남구, 기 장군), [하얀비둘기]에서 2개 지자체(영도구, 동구), [청조동물병원]에서 1개 지자체(연제구)를 운영하고 있다. 실상은 5개 유실 · 유기동물보호센터를 운영하고 있는 실정이다.

부산광역시가 반려동물 양육 마릿수와 유기동물 마릿수는 경기도, 서울특별시에 이어 우리나라 3번째이지만 유기동물보호센터 수는 17개 광역시도 중 11번째로 실제 운영 동물보호센터는 단 5개소에 불과한 것으로 나타났다.

본 조사 결과에서 유기동물 발생 원인으로 반려동물 관리비 67.0%(335명)로 가장 높게 나타나고 있다. 유기동물 개체 수를 줄이기 위한 최우선 과제로 취약계층 사료 및 의료비 등 관리비 지원 14.7%(73명)로 나타났다.

부산광역시가 반려동물 양육 마릿수에 걸맞게 지자체별 1개 동물보호센터를 확대운영과 운영관리 감시제와 사복견사경찰 등 보완이 필요하다. 또한, 유기동물 개체 수를 줄이기 위한 취약계층 사료/의료비 등의 지원제도 보완이 필요하다.

(3) 반려동물보호 및 관리체계 시사점

우리나라 반려동물 관련 업무 중앙정부 관리조직 및 업무분담은 농림 축산식품부, 농림축산검역본부, 농촌진흥청 축산과학원이 있다. 또한 관련 업무에 따라 중앙정부 산하조직에서 직접 또는 위탁 운영과 집행을 한다.

전상곤 외(2017)는 동물보호 · 복지에 대한 정책수요 증가에 대비하여 관련 업무를 전담하는 별도의 부서 또는 팀 조직을 구성할 필요성을 강조하였다. 우리나라 반려동물보호 · 관리 업무를 담당하는 지방자치단체도 관리에 필요한 조직과 인력이 부족하고 확대의 필요성이 있다.

법률규정으로 동물보호법을 기본법으로 시행제도로는 동물등록제에서 포상금제도까지 9개 제도를 시행하고 있다. 반려동물보호 · 관리 주요정책으로는 동물복지 5개년종합계획을 수립하여 집행 중이다.

부산광역시에 반려동물 관련 업무 농축산유통과 반려동물복지원단과 환경 정책과에서 소관업무를 담당하고 있고, 소방감사 담당관에서 재난현장 동물 피해 보상 관련 업무를 담당하고 있다.

부산광역시 지방자치단체별 반려동물 관련 업무는 일자리경제과(11개 지자체), 경제진흥과(1개 지자체), 환경위생과(1개 지자체), 친환경농업과(1개 지자체), 농산과(1개 지자체) 등 지자체별 소관부서가 상이하다.

부산광역시 관련 규정에는 "동물보호 및 복지에 관한 조례"와 "사회적 약자 반려동물진료비 지원에 관한 조례" 규정과 "유해 야생동물 피해예방 및 보상에 관한 조례"와 "재난현장 활동 물적 손실 보상에 관한 조례" 등 4개 조례규정과 "재난현장 물적 손실 보상 운영규정" 훈령 1개가 있다.

부산광역시 지방자치단체별 동물보호 및 관리에 관한 조례규정으로 "동물보호 및 관리에 관한 조례" 규정이 금정구 외 4개, "동물보호 및 학대 방지 조례" 남구 외 3개, "동물보호 조례"는 북구 외 1개 자치단체 규정되어 있다.

기타 구 · 군별 규정으로 "동물보호센터 지정위원회 구성 운영지침"을 강서구 외 12개 자치단체에서 예규지침으로 운영 중이며 4개 지자체에는 "동물보호센터 지정위원회 구성 운영지침" 규정 자체가 없다. 부산광역시 16개 지자체 중 1개 지자체는 동물보호 및 관리에 관한 조례나 예규지침 등 규정 자체가 없다.

부산광역시에서도 반려동물보호 · 관리 주요정책 및 계획으로는 2018년 처음으로 '반려동물과 함께 행복한 부산'이란 비전으로 (1) 동물복지정책 확대와 4개 시책, (2) 동물보호-유기예방 및 보호수준 향상과 5개 시책 (3) 동물산업-산업 육성 인프라 구축과 3개 시책, (4) 안전관리-책임감 있는 반려문화 정착과 3개 시책, (5) 인식개선-생명존중 시민 공감 참여 확대와 5개 시책 등 5대 전략과 20개 주요 시책으로 "동물복지 5개년종합계획 2022"를 수립하여 집행 중이다.

부산광역시가 "취약계층 반려동물 진료비 지원"조례와 반려동물보호 · 관리 주요정책 및 계획과 실천은 다른 광역시도보다 선도적이고 적극적이다. 반려동물보호 및 복지와 보호자 관리책임을 위한 관리제도적인 분야별 보완과 지원 규정 제정과 보완 등도 필요하다.

2 반려동물문화와 산업 관련 소비자 니즈 분석과 시사점

1) 반려동물 생애주기 단계별 양육의 문제점과 시사점

(1) 입양단계

현행 [반려동물보호법]에 개와 고양이는 2개월령 이상이면 판매될 수 있지만, 일부 생산업체나 판매업체에서는 2개월령 이하인 미숙한 새끼까지도 판매되는 경우도 있다. 어미견의 보호하에 면역력 증강이나 사회성 습득 등의 건강한 발육이 어려워져 유통 단계에서뿐만 아니라 전체 생애주기에서도 문제가 발생할 수 있다.

또한, 미숙반려동물이 거래되면서 다양한 감염병에도 노출될 수도 있고 쉽게 폐사할 수도 있다. 이로 인하여 반려동물구매자와 판매자 사이의 갈등도 야기되기도 한다.

무허가, 미등록 영업자에 의해 생산되는 동물은 적절한 보호 및 관리가 어려울뿐더러 반려동물 판매 시 구매자와 거래분쟁 가능성도 높다.

본 조사에서도 부산광역시 반려동물 양육자의 36%가 지인을 통해 분양받은 것으로 조사됐다. 동물판매업(펫숍)이나 동물보호센터로부터 입양하는 경우에는 기본적인 양육관리나 양육자준수사항(펫티켓) 등이 [동물보호법]에 따라 양육자에게 제공되지만 지인을 통해 분양받은 양육자는 이러한 기본절차도 없어 동물학대, 유기 등의 다양한 사회문제로 이어진다.

반려동물 입양단계의 문제점과 시사점으론 상업적 생산과 판매, 구매자 정보 부족으로 거래책임 갈등 그리고 지인분양에 따른 유기와 학대 문제이다. 그 외 온라인 매매 제한, 2개월령 미만 반려동물의 유통, 유통업체 관리 단속 및 규제 미흡, 온라인거래 갈등 등도 입양단계 문제점으로 제기한다.

(2) 양육단계

반려인들에게 반려동물과 생활하면서 병원 진료비가 가장 많은 지출 비용이라고 응답한 360명 중 병원 진료비를 절감하는 최우선 과제로는 '진료비 및 예방접종비용 지원정책' 53.6%(193명)로 가장 높았다.

반려동물을 양육하는 가구가 증가함에 따라 아파트, 원룸 등의 공동 주택뿐만 아니라 반려견 카페 및 반려견 숍 주변에서의 소음으로 인한 이웃주민들의 소음 관련 민원이 계속되어 이웃 간의 갈등요인이 되고 있다.

부산광역시 반려인들에게 반려동물과 함께 생활하면서 애로사항 중 문제행동에 따른 사회적 문제라고 응답한 255명 대상으로 '문제행동 중 최고 사회문제'에 대한 설문을 진행하여 '짖음/소음'이 50.2%(128명)로 가장 높았다.

부산광역시 반려인들에게 반려동물과 함께 생활하면서 애로사항 중 문제행동에 따른 사회적 문제라고 응답한 255명 대상으로 '문제행동 중 사회문제'에 대한 설문을 진행하여 '짖음/소음'이 50.2%(128명)로 가장 높았고, 다음으로 물림/공격성' 21.1%(64명), '배변처리문제' 18.4%(47명) 순으로 나타났다.

본 설문조사 결과 양육단계의 어려움으로 병원비 과다 지출에 대한 부담을 가장 많이 느끼고 있고, 애로사항으로는 양육 어려움과 이웃 간 소음 갈등으로 나타났다.

본 조사결과로 부산시민 중 반려인의 관심은 병원 진료비로 나타났다. 공공의료보험제도, 공공동물의료센터 운영 등과 유기동물 예방을 위한 부분적 진료비 지원도 필요하다.

병원 진료비 다음으로 짖음/소음에 따른 이웃 간 갈등, 물림과 공격성 그리고 배변처리문제가 시사성 있는 문제로 나타남. 동물양육에 대한 정기적인 교육이 필요하다.

그 외 반려동물보호·복지와 유기동물 발생예방을 위하여 기초생활수급자, 독거노인, 장애인, 다문화가정 등 취약계층의 반려동물에 대한 관리비 지원 문제점을 제기한다.

(3) 사후단계

반려동물이 사망하면 [폐기물관리법]과 [동물보호법]에 따라 매장, 화장 등의 방법으로 처리해야 한다. 생활폐기물로 분류된 동물의 사체는 임의로 땅에 매립하거나 소각할 수 없다. 대부분의 장례시설은 기피시설로 거주지 인근에 설치되는 것을 반대하는 님비현상이 심화되고 있으며, 장례시설 설치 시 갈등이 심화되는 사례도 있다.

부산광역시 반려인들에게 반려동물과 함께 생활하면서 애로사항은 '공공장소 및 시설 동반출입제한 및 이용제한'이 61.4%(309명)로 가장 높았고, 다음으로 '문제행동 사회적 문제' 50.7%(255명), '사후처리문제' 37.0%(186명)로 나타났다. 사후처리문제라고 응답한 186명을 대상으로 추가 설문을 진행하여 '사후처리의 문제점'으로 '사후 펫로스에 대한 정신적 불안감'이 63.8%(120명)로 가장 높았고, '사후처리 자체의 문제' 58.0%(19명), '사후처리비용' 18.6%(35명) 순으로 나타났다.

사후처리가 문제라고 응답한 186명 중 '사후처리문제 해소를 위한 최우선 과제'로 '지자체별 공공장례 서비스센터 설치운영'이 54.8%(102명)로 가장 높았고, '민간장례서비스센터 확대 및 지원방안' 22.0%(41명), 사후 펫로스 상담센터 설치운영 18.8%(35명) 순으로 나타났다.

반려동물 사후단계의 부산시민의식의 시사점과 문제점으론 사망 후 펫로스에 대한 정신적 불안감, 사후에 어떻게 처리에 대한 불안감, 사후처리비용에 대한 경제적 불안감을 가지고 있다. 불안감 해소 방안으로 공공장례식장 설치, 민간 장례 시설 확대지원 그리고 상담센터 설치 등이 필요하다고 했다. 이러한 사후 단계 문제점도 시사하는 바가 있다.

3 반려동물 관련 규정 체계 분석과 시사점

1) 관리 규정 체계 문제점과 시사점

(1) 동물등록제

반려동물의 유실 · 유기방지를 위해 동물등록제를 2014년부터 전국적으로 시행하면서 반려동물 마릿수는 증가하고 있다. 다양한 경로를 통해 동물등록제를 홍보하고 포상금제도까지 운영하고 있지만, 등록률은 높지 않은 편이다.

농림축산식품부는 동물등록 활성화를 위해 2019년 7~8월 2개월 동안 반려견 등록 자진 신고기간을 운영하여, 이 기간에 2018년 신규 등록 마릿수의 2배가 넘는 33만4921마리가 신규 등록한 것으로 집계되었다.

부산광역시 반려인 대상 등록여부에 대한 질문 중 등록이 71.0%(357명), '미등록'이 29.0%(146명)로 나타났고, 미등록자 146명 중 미등록이유에 대한 기타 미등록응답자 52.7%(77명)로 가장 높게 나타났다. 다음으로 '등록하는 방법을 알지 못함' 26.7%(39명), '등록해야 하는지 알지 못함' 20.5%(33명) 순으로 나타났고, '기타 미등록'이 가장 많은 이유로는 '반려묘는 등록제를 시행하지 않기 때문'이라는 응답이 가장 많은 것으로 나타났다.

유실 · 유기동물 방지와 적극적인 관리를 위하여 반려묘(고양이) 등록제도 시행되어야 한다고 생각한다. 동물등록률이 낮으면 동물 유실이 되었을 때 보호자에게 인도되기가 어렵고, 동물유기로 이어질 수 있다. 지속적으로 동물등록률을 높일 수 있도록 홍보와 제도개선 노력이 필요하다.

(2) 필요 지원제도

반려동물을 위해 지출하는 비용으로 병원 진료비(49.2%)이고, 반려동물과 함께 생활하면서 월평균 지출비용 중 가장 많이 발생하는 비용으로 병원 진료비로 응답한 360명 중 '수술, 입원 및 질병 진료비'가 69.2%(249명)로 가장 높았다.

또한, 유기동물 발생 원인으로 반려동물 관리비가 67.0%(335명)로 가장 높았고, 반려동물과 생활하면서 월평균 다 지출 항목으로 병원 진료비가 71.3%(36명)로 가장 많았고 다음으로 사료비로 나타났다.

반려동물병원 진료비 과다로 불감당이 유기동물로 이어질 개연성이 가장 높다. 병원 진료비를 부담을 줄이고 반려동물의 건강한 생활을 위하여 단계별 동물의료보험제 시행과 유기동물을 줄이기 위한 기초생활 수급자, 독거노인, 장애인, 외국인가정 등 취약계층 동물의료비 지원 반려동물복지 제도도 필요하다.

반려동물과 함께 생활하면서 애로사항은 '공공장소 및 시설 동반출입 제한 및 이용제한'이 61.4%(309명)로 가장 높았다. 동반 출입제한 및 이용제한 공공장소로 식당 · 카페 등 식음료시설 66.7%(206명), 호텔 등 숙박시설 49.8%(154명), 버스 · 지하철 등 대중교통 이용제한 40.5%(125명), 백화점, 대형쇼핑몰 등의 시설

이용제한' 20.1%(62명)로 나타났다.

공공장소 출입제한 문제점 해결을 위한 최우선 과제로 반려동물을 사회구성원으로 인정하는 인식계몽운동'이 58.6%(181명)로 가장 높았고, '전문 관리인이 있는 별도 시설설치, 운영지원' 29.8%(92명), '동물사랑교육 및 범시민캠페인운동' 10.4%(32명)로 나타났다.

공공장소 출입제한 문제해결과 공동이용을 위하여 시민의식 계몽운동, 별도 구역 구분 이용, 별도 놀이시설 전문가 배치 돌봄, 컨넬 사용 대중교통 이용과 동물사랑 범시민캠페인 운동과 비반려인(시민)들과의 갈등의 소지가 많은 부분으로 제도적으로 규정 보완이 필요하다.

반려동물복지 차원과 유기동물 방지를 위해 취약계층 사료/의료비 등의 관리비 지원이 필요하다.

4 반려동물 공존문화 조성 관련 조사결과 시사점

1) 공존문화 조성과 시사점

(1) 공감 비반려인 문화 조성

비반려인 561명을 대상으로 반려동물 입양 양육의향에 대하여 조사한 결과 "예"라고 입양의향이 있다가 38.1%(214명)로 미래 반려인이 약 40%로 나타났다.

반려동물 미입양 응답자 347명 중 미입양 이유에 대해 조사한 결과 '양육 어려움'이 57.9%(201명)로 가장 높게 나타났고, '경제적 부담' 14.4%(50명), '동물 자체가 싫다'가 12.4%(43명)로 나타났으며, 동물 자체가 싫은 사람도 약 13% 있다는 사실도 비 반려인들과 공존공감을 위해서 인지를 해야 한다.

비반려인들도 반려동물 입양 전·후 반려동물에 대한 양육교육의 필요성에 대해서는 97.7%(548명)가 필요하다고 응답하였고, 비반려인들도 반려동물과의 공존공감을 위해 교육의 필요성을 대부분이 인식하고 있다.

반려인과 비반려인의 공존을 위한 우선 과제로 반려동물과 공존에 대한 시민의식 개선, 반려인 책임강화, 반려동물 양육 관련 동물사랑 범시민 캠페인운동 등이 활성화되어야 한다고 본다.

비반려인(일반 시민)과 반려인 그리고 반려동물과 공존공감을 위한 우선 과제로는 동물사랑 시민의식 개선, 동물 자체를 싫어하는 비반려인 배려를 위한 반려인 책임강화, 비반려인을 포함한 시민강좌 개설(펫티켓) 등 반려동물과의 공존생활에 대한 장점과 인식개선 등이 필요하다.

(2) 공감문화 시설인프라 조성

같은 설문 문항으로 반려인 대상으로 반려인과 비반려인의 행복한 공존을 위한 이용 시설로는 반려견 종합놀이 독스포츠타운인 '반려동물 종합테마파크' 43.3%(218명)가 가장 높았고, 다음으론 '반려동물 교육문화센터' 39.4%로 나타났다.

같은 설문 문항으로 비반려인 대상으로 반려인과 비반려인의 행복한 공존을 위한 시설과 이용의향에 대한 응답은 반려동물교육문화센터가 70% 이상으로 나타났으며, 반려동물종합테마파크는 약 50%로 반대의 순위로 나타났으며, 필요시설과 이용의향에 대한 인식 차이를 보이고 있다.

반려인과 비반려인의 행복한 공존을 위한 시설인프라 조성으로 반려인은 반려동물과 함께 즐길 수 있는 반려동물종합테마파크를 선호하고, 비반려인들은 아직 반려동물이 없기 때문에 반려동물교육문화센터를 우선 필요로 나타나는 인식 차이를 보이고 있다.

비반려인도 공존문화 시설인프라가 조성되면 "함께 이용하겠다"라는 공존문화에 호의적인 생각을 하고 있는 것으로 나타났다.

시사점 분석에 대한 정책 제안

Chapter 12

1 반려동물 양육현황 및 관리체계 시사점에 대한 정책제안

1) 반려동물 양육현황 시사점에 대한 정책제안

우리나라 국민의 반려동물 양육에 대한 실태 파악이 제대로 되지 않고 있는 실정이다.

현재는 농림축산검역본부에서 "동물보호에 대한 국민의식조사"와 일부 기관이 자체적으로 실시하고 있는 사회조사 동물양육실태조사와 동물보호 관련 인식조사에 의존하여 반려동물 마릿수와 가구 수 실태를 파악하고 있는 실정이다. 그래서 조사기관마다 추정된 반려동물 양육현황 집계 수의 편차가 크게 발생하고 있다.

통계청에서 5년마다 국내에 거주하는 모든 내·외국인을 대상으로 인구와 가구부문으로 "인구주택 총 조사" 실시하고 있다. 2020년 실시한 "인구주택 총 조사"에 반려동물 양육 항목을 추가하여 조사한다. 국가통계로 반려동물 현황을 파악관리, 동물보호·관리 업무를 집행하도록 하는 시스템 구축이 필요하다. 부산광역시도 반려동물 관련 기초통계를 국가통계로 일원화하여 동물보호·관리 업무를 집행하는 시스템 구축이 필요하다.

반려동물 양육현황 파악 관련 정리한 문제점과 시사점으로 정책과제 제안을 중앙정부와 부산광역시 그리고 단기와 중장기로 구분 제안한다.

구분	문제점과 시사점	정책 과제(제안)	비고
중앙 정부	• 통계조사 시스템 미흡 • 조사방법과 표본의 잦은 변경 • 효율적 업무집행 한계	– 국가통계 일원화 – 2020 [인구주택총조사]로 국가통계 시스템 구축	통계청 [단기]
부산 광역시	• 통계조사시스템 미흡 • 조사방법 마릿수 비공개 • 효율적 업무집행 한계	– 국가통계 일원화 – 2020 [인구주택총조사]로 국가통계 시스템 구축	동남 통계청 [단기]

2) 유기동물 발생·보호관리·동물보호센터 현황 시사점에 대한 정책제안

유기동물 개체 수를 줄이기 위한 취약계층 반려동물 사료/의료비 등의 지원제도 보완이 필요하다. 취약계층 범위로 기초생활수급자(차상위), 독거노인, 장애인, 외국인 노동자 등을 포함한 고려가 필요하다.

부산광역시가 반려동물 양육 마릿수에 걸맞게 지자체별 1개 동물보호센터를 확대 운영과 운영관리 감시제와 자유의견으로 제안한 동물자치경찰제 등의 보완이 필요하다. 유실 · 유기동물 방지와 적극적인 관리를 위하여 고양이 등록제도 필요하다.

유기동물 발생, 유기동물 보호관리, 동물보호센터 현황파악 관련 압축한 문제점과 시사점으로 정책과제 제안을 중앙정부와 부산광역시 그리고 단기와 중장기로 구분 제안한다.

<table>
<tr><th>구분</th><th>문제점과 시사점</th><th>정책과제(제안)</th><th>비고</th></tr>
<tr><td>중앙 정부</td><td>• 유기동물 매년 10% 이상 증가</td><td>– 유기동물처벌법 강화
– 동물사랑 계몽운동
– 보호자 교육 이수제</td><td>동물보호법
[단기]
[중장기]</td></tr>
<tr><td rowspan="5">부산 광역시</td><td>• 매년 약 5% 증가</td><td>– 보호자 최소교육 이수제</td><td>[단기]</td></tr>
<tr><td>• 동물보호센터 확대</td><td>– 지자체별 1개 센터 운영</td><td>지자체 의회
[단기] [중장기]</td></tr>
<tr><td>• 고양이 수 급증</td><td>– 고양이등록제 시범시행</td><td>[단기]</td></tr>
<tr><td>• 상시 감시시스템</td><td>– 동물자치경찰제</td><td>[중장기]</td></tr>
<tr><td>• 취약계층 관리비 지원</td><td>– 규정 제정 · 보완</td><td>부산시의회
[단기] [중장기]</td></tr>
</table>

*취약계층: 기초생활수급자(차상위), 독거노인, 장애인, 외국인노동자

3) 반려동물보호 및 관리체계 현황 시사점에 대한 정책제안

부산광역시가 "취약계층 반려동물 진료비 지원"조례와 반려동물보호관 리 주요정책 및 계획과 실천은 다른 광역시도보다 선도적이고 적극적이다. 반려동물 보호복지와 보호자 관리책임을 위한 관리 제도적인 분야별 보완과 지원 규정 제정과 개정 등도 필요하다. 또한, 지자체별 동물보호 및 복지에 관한 기본적인

규정 제정과 조직 보완도 필요하다.

반려동물보호 및 관리제도 체계 현황 파악 관련 정리한 문제점과 시사점으로 정책과제 제안을 중앙정부와 부산광역시 그리고 단기와 중장기로 구분 제안한다.

구분	문제점과 시사점	정책과제(제안)	비고
중앙 정부	• 동물보호법 및 제도 책임강화	– 개정보완	농림축산식품부와 직속기관 [중장기]
	• 반려동물산업 육성	– 반려동물산업진흥원	
부산 광역시	• 보호자 교육 규정	– 필수교육/선택교육	부산시의회 지자체 의회 자치단체별 [단기] [중장기]
	• 복지지원단2팀 확대(부산시청)	– 반려동물산업(일자리)	
	• 지자체별 규정보완 (동물보호 · 복지와 보호자교육)	– 조례 · 지침제정보완	
	• 지자체별 조직보완 (동물보호 · 복지와 보호자교육)	– 조직보완 전담업무	

2 반려동물 생애주기 단계별 조사결과 시사점에 대한 정책제안

1) 입양단계시사점에 대한 정책제안

반려동물 입양단계의 문제점과 시사점으론 상업적 생산과 판매, 구매자 정보 부족으로 거래책임 갈등 그리고 지인분양에 따른 유기와 학대 문제를 입양단계의 문제점으로 나타났다. 그 외 온라인 매매 제한, 어린 반려동물의 유통, 유통업체 단속 및 규제 미흡, 온라인 거래 갈등 등도 입양단계 문제점으로 나타났다.

또한, 자유의견을 통하여 부산광역시와 부산광역시의회에 입양 전 입양자소양교육과 입양심사제 등을 요청하였다.

반려동물 생애주기 입양단계 관련 정리한 문제점과 시사점으로 정책과제 제안을 중앙정부와 부산광역시 그리고 단기와 중장기로 구분 제안한다.

<table>
<tr><th>구분</th><th>문제점과 시사점</th><th>정책과제(제안)</th><th>비고</th></tr>
<tr><td>중앙
정부</td><td>• 온라인거래 처벌강화</td><td>– 개정</td><td>동물보호법
[단기]</td></tr>
<tr><td rowspan="5">부산
광역시</td><td>• 상업적 생산과 유통</td><td>– 입양 전 등록 규정보완</td><td rowspan="5">지자체
지정기관
지자체 의회
[단기]
[중장기]</td></tr>
<tr><td>• 온라인거래 금지
단속 강화</td><td>– 상위법 보완</td></tr>
<tr><td>• 이력정보관리 system</td><td>– 입양 전 규정보완</td></tr>
<tr><td>• 입양 전 소양교육</td><td>– 입양 전 소양교육
2~4시간 이수 규정화</td></tr>
<tr><td>• 입양 전 등록제</td><td>– 입양 전 등록제 규정 보완</td></tr>
</table>

2) 양육단계 시사점에 대한 정책제안

반려인의 관심은 경제적 부담으로 병원 진료비와 사료비 포함 관리비였다. 공공의료보험제도, 공공동물의료센터 운영 등과 유기동물 예방을 위한 부분적 진료비 지원도 필요하다. 병원 진료비 다음으로 짖음/소음에 따른 이웃 간 갈등, 물림과 공격성 그리고 배변처리문제가 시사성 있는 문제로 나타났다. 동물양육에 대한 정기적인 교육이 필요하다.

그 외 반려동물보호·복지와 유기동물 발생 예방을 위하여 기초생활수급자(차상위), 독거노인, 장애인, 다문화가정 등 취약계층의 반려동물에 대한 사료비 포함 관리비 지원 등이 문제점으로 제기되었다.

반려동물 생애주기 양육단계 관련 정리한 문제점과 시사점으로 정책 제안을 중앙정부와 부산광역시 그리고 단기와 중장기 정책과제로 구분 제안한다.

<table>
<tr><th>구분</th><th>문제점과 시사점</th><th>정책과제(제안)</th><th>비고</th></tr>
<tr><td>중앙
정부</td><td>• 동물의료보험제</td><td>– 동물의료보험법 제정</td><td>농림축산식품부
[중장기]</td></tr>
<tr><td rowspan="5">부산
광역시</td><td>• 동물보건소 운영</td><td>– 동물의료센터 운영 규정</td><td rowspan="5">부산시의회
지자체
지정기관
[단기]
[중장기]</td></tr>
<tr><td>• 병원 진료비 표준화</td><td>– 입양 전 등록 규정 보완</td></tr>
<tr><td>• 보호자 정기교육</td><td>– 상위법 보완</td></tr>
<tr><td>• 취약계층 반려동물
관리비 지원</td><td>– 규정제정</td></tr>
<tr><td>• 입양 전 소양교육</td><td>– 입양 전 소양교육 규정화</td></tr>
</table>

* 취약계층: 기초생활(차상위)수급자, 독거노인, 장애인, 외국인

3) 사후단계 시사점에 대한 정책제안

반려인의 반려동물 사후단계의 고민과 문제점으론 사망 후 펫로스에 대한 정신적 불안감으로 나타났다. 다음으로 사후단계의 고민과 애로사항은 사후에 어떻게 처리해야 하는지에 대한 불안감, 사후처리비용에 대한 불안감 순으로 나타났다. 불안감 해소 방안으로 공공장례식장 설치, 민간장례 시설 확대지원 그리고 상담센터 설치 운영을 원하는 것으로 나타났다.

반려동물 생애주기 사후단계 관련 정리한 문제점과 시사점으로 정책제안을 중앙정부와 부산광역시 그리고 단기와 중장기로 구분 정책과제로 제안한다.

구분	문제점과 시사점	정책과제(제안)	비고
중앙정부	• 매립금지	– 폐기물관리법 보완	환경위생부[중장기]
부산 광역시	• 공공장례식장 설치	– 공영시내 1곳 통합 운영	부산시 지정[단기]
	• 민간장례식장 지원	– 설립보조금 규정	부산시의회[중장기]
	• 사체처리 메뉴얼 규정	– 지침규정	지자체 의회[단기]
	• 펫로스 상담센터(재입양)	– 지정지관	지자체 지정 [단기][중장기]

3 관리 규정 체계 문제점과 시사점에 대한 정책제안

1) 동물등록제 시사점에 대한 정책제안

유실 · 유기동물 방지와 효율적인 관리를 위하여 반려묘(고양이) 등록제도 시행되어야 한다고 본다. 동물등록률이 낮으면 동물 유실이 되었을 때 보호자에게 인도되기가 어렵고, 동물유기 관리 사회적 비용으로 이어질 수 있으므로 지속적으로 동물등록을 높일 수 있도록 홍보와 제도개선 노력이 필요하다.

동물등록제 관련 압축한 문제점과 시사점으로 정책제안을 중앙정부와 부산광역시 그리고 단기와 중장기로 구분 정책과제로 제안한다.

구분	문제점과 시사점	정책과제(제안)	비고
중앙 정부	• 등록제 장점 홍보	– TV등 매체 홍보	농림축산식품부 [단기] [중장기]
부산 광역시	• 등록 후 입양제	– 자치조례	부산시의회 [단기]
	• 등록혜택	– 자치조례 보완	부산시의회 [단기]
	• 등록제 장점 홍보	– TV 등 매체 홍보	부산시
	• 고양이 동물등록제	– 유기동물보호관리 규정보완	부산시의회 [단기]

*등록혜택: 단계별 동물 의료보험 시 우선권, 지자체교육기관 무료, 지자체복지센터 무료 이용 등

2) 양육관리지원제도 시사점에 대한 정책제안

반려동물병원 진료비 과다로 인한 불감당이 유기동물로 이어질 개연성이 가장 높다. 병원 진료비를 부담을 줄이고 반려동물의 건강한 생활을 위하여 단계별 동물의료보험제 시행과 유기동물을 줄이기 위한 기초생활수급자, 독거노인, 장애인, 외국인가정 등 취약계층 동물의료비 지원 반려동물복지제도가 필요하다.

문제해결과 공동이용을 위하여 시민의식 계몽운동과 별도구역 구분 이용, 별도 놀이시설 전문가 배치, 돌봄, 컨넬 사용 대중교통 이용과 동물사랑 범시민캠페인운동으로 비반려인(시민)들과의 갈등의 소지가 많은 부분에 대한 제도적 규정 보완이 필요하다.

취약계층 반려동물 지원제도 관련 정리한 문제점과 시사점으로 정책제안을 중앙정부와 부산광역시 그리고 단기와 중장기로 구분 정책과제로 제안한다.

구분	문제점과 시사점	정책과제(제안)	비고
중앙 정부	• 취약계층반려동물 복지지원	– 농림축산식품부	[단기] [중장기]
부산 광역시	• 사료비 쿠폰제 지원	– 자치조례	부산시의회 [단기]
	• 공공시설 및 대중교통 이용	– 자치조례	부산시의회 [단기]
	• 단계별 병원 진료비 지원	– 자치조례 보완 – 자기분담금기준규정	부산시의회 [단기]
	• 외국인 노동자 반려동물관리	– 지자체규정지침	지자체 의회 [단기]
	• 바우처 보호자교육	– 자치조례 보완 – 교육비 바우처지원규정	부산시의회 [단기]

4 공감문화 조성 조사결과 시사점에 대한 정책제안

1) 비반려인 공감문화 조성 시사점에 대한 정책제안

비반려인(일반 시민)과 반려인 그리고 반려동물과 공감하면서 공존을 위한 우선 과제로는 "동물사랑" 시민의식 개선으로 나타났다. 동물 자체를 싫어하는 비반려인 배려를 위한 반려인 책임강화, 비반려인을 포함한 시민강좌개설(펫티켓) 등 반려동물과의 생활에 대한 책임사항 인지와 인식개선 확대가 필요하다.

비반려인과 공감문화조성 관련 정리한 문제점과 시사점으로 정책제안을 중앙정부와 부산광역시 그리고 단기와 중장기로 구분 정책과제로 제안함

구분	문제점과 시사점	정책과제(제안)	비고
부산광역시	• 동물사랑 시민의식	– 부산시 홍보	부산시의회 부산시 [단기] [중장기]
	• 비반려인 배려	– 정기교육 이수제 – 보호자 펫티켓 교육	
	• 펫티켓 시민강좌	– 사람과 동물 공존 장점 – 범시민 강좌개설(무료)	
	• 동물사랑 봉사활동	– 동물사랑체험	

2) 공감문화 시설인프라 조성 시사점에 대한 정책제안

반려인과 비반려인의 행복한 공존을 위한 시설인프라로 반려인은 반려동물과 함께 즐길 수 있는 반려동물 종합테마파크를 비반려인은 반려동물 교육문화센터를 더 선호함으로서 반려인은 반려동물과 같이 놀 수 있는 공간을 더 원하는 것으로 나타났다. 반려인과 비반려인의 인식은 비반려인은 아직 반려동물을 양육하지 않기 때문에 나타나는 차이로 본다.

비반려인과 공감문화 시설인프라 조성 관련 정리한 문제점과 시사점으로 정책제안을 중앙정부와 부산광역시 그리고 단기와 중장기로 구분 정책과제로

제안한다.

구분	문제점과 시사점	정책과제(제안)	비고
부산 광역시	• 반려동물종합테마파크	– 자치조례 (동물원 효과)	부산시의회 [중장기]
	• 반려동물교육문화센터	– 자치조례 보완 (범시민동물교육문화센터)	부산시의회 [중장기]

Chapter 13 자율 창의적 소비자 생각과 사고 그리고 반려동물문화와 산업

건강한 반려동물산업과 올바른 반려동물문화정착을 위해 정형화된 설문 문항으로 생각과 의식 등을 조사할 수도 있지만, 병행하여 주어진 형식 없이 생각을 자유롭게 표현하도록 하여 정책으로 반영하는 것이 창의적이고 한 단계 성숙된 반려동물문화와 산업의 발전에 소중한 아이디어로 연결될 것이다.

자율 기타 건의 사항으로 설문지 마지막 문항으로 "반려동물과 관련하여 바라는 점을 부산시의회와 부산시에 자유롭게 말씀해 주시기 바랍니다."에 대한 자율표현 서술 내용을 반려인 4개 카테고리와 비반려인 3개 카테고리로 구분하여 최대한 원문표현에 가깝도록 정리하였다.

건강한 반려동물 산업 발전과 올바른 반려동물문화 조성에 소중한 자료로 활용되길 바란다. 그리고 반려동물 관련 학생 포함 이해관계자들에게도 고정된 사고의 프레임에서 벗어난 자율적이고 창의적인 반려동물문화로 생각과 사고의 틀을 확장시키는 소중한 아이템이 되길 바란다.

1 반려인 자율 창의적 반려동물문화

1) 법규정 및 행정 제도적 보완

[동물유기 및 학대 처벌강화] 동물학대 · 유기 · 펫숍의 무분별한 분양을 철저하게 단속해 주십시오. 반려동물법의 강화를 원합니다.

[유기동물 처벌강화] 유기동물 관련 사항도 문제지만 동물학대에 있어서 법적 처벌을 좀 더 강화해주세요. 동물도 고통을 느끼는 생명입니다.

[강아지공장 감독강화] 부산 펫숍 그리고 강아지미용실 안에서도 작은 개공장, 고양이 공장이 있습니다. 부산 그리고 외곽에도 많은 개공장이 있어요. 뜬장에서 평생 새끼만 뽑아지다 죽는 애들이 너무 많습니다. 그런 애들이 새끼를 억지로 계속 생산하고 펫숍에서 분양을 하다 보니 건강하지 않은 애들이 가정으로 가고 가정으로 가서 금방 죽어버린다든지 병으로 평생을 고생하고, 아니면 병에 걸리면 버려지고 이런 패턴으로 계속 이어져가고 있습니다. 반려동물에 있어 정말 관심이 있다면 공장부터 망해야 됩니다. 펫숍 망해야 돼요, 반려동물 스포츠센터 뭐 이런 거 진짜 반려인들은 그렇게 원하지 않습니다. 기본적인 것들이 시작되려면 뭐가 첫 번째인지 아실 거라고 믿습니다. 눈으로 봤을 때만 좋아 보이는 것들 그런 거 말고요, 동물도 우리와 함께 살아가는 생명이잖아요. 살려주세요. 비

참한 생을 살다 죽게 내버려 두지 말아 주세요.

[반려동물 관련법 개정] 이 빨리 개정이 되었으면 좋겠습니다.

[의료비 규정] 반려동물을 키울 때 의료비 부담이 많은 게 현실이라서 그에 대한 정책 마련이 필요할 것 같습니다.

[위탁보호시설 확대] 시 운영 위탁시설 확대 부탁드립니다.

[유기동물 방지 강화]쉽게 살 수 있으니 쉽게 버릴 수 있다고 생각합니다. 사고파는 것을 막지 못하면 살 수 있는 자격을 엄격히 제한하고… 팔 수 있는 자격을 엄격히 제한하여야 할 것입니다.

또한 나도 한번 키워볼까? 라는 안일한 생각으로 접근하지 않아야 하며… 누구나 쉽게 키울 수 있는 것이 아니라 필수적인 교육을 거친 후 반려동물을 키울 수 있는 자격요건을 확인해야 할 것입니다.

[동물학대 처벌강화] 동물학대나 유기에 대한 처벌을 강화해주세요.

[동물보호소 운영감독 강화] 동물보호소가 점차 이익 단체가 되어가고, 구조 후 10일 전후로 분양이 안 되면 안락사를 시킵니다. 아픈 아이들은 어쩔 수 없지만… 건강한 아이들까지… 환경도 열악한 곳이 많고..

[동물보호소 운영감독 강화] 그건 동물보호센터가 아니라 동물처리센터겠죠… 보호기간을 좀 더 늘려야 한다고 봅니다.

동물보호소에 지원은 늘리되… 늘 보호소를 관리 · 감독하고, 운영의 전반을 공개적으로 해야 한다는 생각이 듭니다.

[유기동물 재입양 권장] 그리고, 유기견, 유기묘를 구조해서 키우는 가정에는 적게라도 지원이 필요합니다.

어쩌다 보니 11마리까지 구조를 하게 됐을 때부터 지금은 5마리인데도… 사료비, 병원비, 중성화수술비, 각종 비용이 적잖게 부담이 됩니다.

생명은 귀하다고 생각합니다.

더 많은 분들이 그렇게 생각해 주셨으면 좋겠네요.

[건전문화정착] 펫프랜들리 문화 정착이 필요함

[펫티켓 · 위생관리 규정강화] 일단 보호자 분들 제발 길에 똥 좀 치워주시고 봉투 담은 것도 버리지 마세요. 반려견 키우는 집이 늘어나서 비용을 걷더라도 키우는 사람과 아닌 사람들과의 충돌이 일어나지 않게 펫파크 같은 잠시 산책하고 올 수 있는 전용 공간이 있음 좋겠어요. 길거리 전봇대나 어디든 영역 표시할 때 눈치가 많이 보이거든요. 앞으로는 입양절차를 좀 까다롭게 할 필요가 있다고 보고… 전문적으로 관리하는 분도 여기저기 계심 좋겠습니다. 줄 안 하고 다니시는 분들도 많거든요… 지나가버림 그만이고 과태료가 있대도 겁내지 않는 것 같아요!

[유기동물처벌 강화] 그리고 반려견과 끝까지 함께 할 수 있도록 법을 만들어주셨으면 합니다. 유기 시 법으로 처벌을 강화시켜서 책임 없이 키울 때는 큰 책임이 따르게 꼭! 그렇게 해주시길 바랍니다.

[동물의료보험제] 병원비 보험혜택

반려견에 대한 건강검진 및 의료비와 교육에 대한 지원이 있으면 좋겠습니다.

[동물의료보험제] 등록제를 시행했으면 그걸로 사람들처럼 의료보험료 납부하고 병원비 지원하는 방향으로 했으면 합니다. 그러면 자연스럽게 등록을 할 거고 매달 소정 금액을 납부할 거고 병원 진료비도 투명하고 저렴하게 낼 수 있을 거 같네요.

우선 아픈 아이가 버려져선 안 되잖아요

[동물보호법 강화] 당장 바뀌진 않을 것이라고 긴 시간 계속적으로 보이지

않는 곳에서 애쓰시는 분들의 노고가 빛을 발할 수 있도록 동물 관련 법률이 강화되었으면 하고…

[입양자격심사제 제안] 입양 전 외국사례처럼 입양인의 자격심사도 필요한 거 같습니다. 단순히 벌금수준이 아닌 생명을 소중히 하는 법률이 하루빨리 시행되었으면 합니다.

그리고 더 이상 유기동물이란 단어가 대한민국에서 없어졌음 합니다.

[유기동물처벌 강화] 또 유기하거나 반려동물을 죽음으로 몰게 하는 사람들은 강한 처벌이 있었으면 좋겠습니다.

[과다진료비 관리] 강아지가 아프면 반려인들도 맘이 쿵 한데 의료비가 너무 비싸서 검사를 하기도 겁나고 수술하고 입원하기도 겁납니다. 강아지를 치료해서 같이 잘 지내야 하는데 의료비가 너무 비쌉니다.

병원비가 많이 들어요. 하루빨리 반려동물에게도 의료비 도입이 필요합니다^^

[동물보호법 강화] 반려인의 입장으로서 유기되는 아이들이 안타깝지만 지금의 관련 법안들로는 계속 주먹구구식으로 유기되는 아이들이 늘어날 것 같으며 관련 법안들에 대해 개선이 절실하다 생각합니다.

[입양심사제 제안] 동물원도 반대합니다. 유기, 학대에 대한 부분에 처벌을 강화하였으면 하며 동물 입양 시 자격요건을 꼼꼼히 따진 후 입양 가능한 제도도 적극 찬성합니다.

[유기동물처벌 강화] 유기동물 신고 시 적극적인 조사와 형벌 강화!!!!

동물학대 및 유기 등에 대한 처벌강화 및 반려견을 입양할 수 있는 기준 강화 절대 필요!

부산반려동물협회라는 곳은 쓰레기 같은 생각을 하고 있고 제대로 된 구성을 하면 좋겠습니다.

[동물보호소 운영 관리감독 강화] 유기동물 사설 보호소 봉사도 하고 있지만 부산에서 지원하는 송정 보호소는 폐기하고 좀 더 의식 있는 사람이 했으면 좋겠네요. 010.0000.3071

[동물보호소 운영 관리감독 강화] 또한 불쌍한 동물들이 하루아침에 유기되지 않도록 처벌할 수 있는 법안과 동물보호법 안이 많이 생겼으면 하는 바람입니다.

이런 설문조사를 할 수 있게 돼서 기쁘고 동물에 관한 시민의식이 높아졌으면 합니다!

제발 끝까지 책임질 자신 없으면 입양도 하지 말고 경제능력이 없는 사람에게 팔지도 않았으면 합니다.

[동물의료보험제] 병원비라도 아님 제대로 된 보험이라도 좀 개설이 되었으면 좋겠어요 ㅠㅠ

[입양심사제 제안] 반려동물을 쉽게 입양하고 쉽게 버리는 사람을 줄이기 위한 신중하고 어려운 입양절차와 유기하는 사람에 관련하여 엄중한 처벌을 원합니다.

그리고 반려동물의 학대에 관련하여 더욱더 강화된 처벌이 꼭 있었으면 좋겠습니다.

[동물의료보험제] 동물의 의료비에 대한 행복한 정책이 생겼으면 좋겠습니다. 병원비 지원 병원비 지원…

[동물의료비지원] 반려견의 사육비 지원을 해주시면 하고요! 반려견 의료비 지원이 있으면 유기되는 사례를 줄일 수 있을 것이라 사료됩니다.

[행정서비스강화] 반려동물에 대한 인식이 변하는 속도에 맞춰 행정 서비스

의 방향과 주제도 변화해야 한다고 생각함. 예산도 늘리고 인력도 늘려서 효과가 나오는 정책들을 시행해 주세요.

[동물학대조례제안] 유기동물 학대예방 및 보호를 위해 조례 등을 만들어주세요.

[유기동물재입양지원제도] 유기견을 입양하는 견주에게 반려견 병원비 지원하기…

[동물의료보험제] 반려동물의 유기를 줄이고, 방지하기 위한 저렴하고 질적으로 믿음이 가는 공공의료의 강화가 절실함.

[동물양육비지원] 사료비, 병원비, 장난감 등 지원해 줬으면 좋겠습니다.

[동물학대처벌 강화] 펫숍 강제적으로라도 줄여주세요. 동물강화법을 만들어주세요. 학대, 유기하는 인간들에 대한 형량 더욱 늘려주세요.

[동물처벌법강화] 동물관련법에 대한 처벌을 강화해주세요.

[취약계층양육제한] 취약계층이라면 반려동물을 키우면 안 된다고 생각함

[동물양육책임] 책임감을 가지고 가족으로 생각해야 된다.

유기하는 사람이나 동물을 학대하는 사람에게 법적으로 처벌을 강하게 하면 좋겠습니다. 강아지공장 폐쇄 및 불법 안락사 처벌!

[동물유기처벌 강화] 유기견이 안 생기게 처벌강화와 반려동물 지원 더욱더 개선되어야 된다고 생각합니다.

[동물의료보험제] 의료정책이 투명하게 운영될 수 있도록 건강보험처럼 국가적으로 제재하고 지원하여 운영하는 게 좋을 듯합니다.

[동물보호법 개정] 동물보호법이 강화가 되었으면 좋겠어요. 생각 없이 자기만을 위해서 반려동물을 데려왔다가 사소한 이유로 길에 버려지는 친구들이 너무 많아요. 유기뿐만 아니라 산책 도중 견주들이 대처를 못 해

서 다른 반려동물에게 피해를 주거나 유기동물학대 또는 자신의 반려동물 학대에 대한 처벌을 강화시키고…

[유기동물처벌 강화] 유기동물 관련법 및 처벌강화 무조건 필요합니다!! 또 유기견 입양을 추구해야 하며 펫숍을 최소화시켜야 한다고 생각합니다.

[동물보호법 강화] 동물 관련 법을 강화시켜주세요

[제3의 공간 펫공원 조성] 반려견 전용 펫 공원이 생겼음 합니다! 산책할 때 반려견을 싫어하는 사람들도 배려할 수 있고, 반려견들이 자유롭게 뛰어놀 수 있는 공공 펫공원이 생기면 좋을 것 같아요:)

[동물의료보험제] 의료비와 미용비의 지출비용이 가장 많다 보니… 매해, 매달 맞아야 하는 예방접종비와 기본미용비가 무료이거나 가격이 저렴하면 좋겠습니다. 반려견을 키우면서 의료비가 가장 지출이 많아요~ 수술비가 몇백만 원씩 하니깐 유기가 되는 게 많은 듯합니다. 반려견들도 사람들처럼 의료비를 더 내더라도 의료지원을 받았음 좋겠습니다.

[입양심사제제안] 및 [동물학대처벌 강화] 반려동물 학대에 관한 법률 개정이 시급하고 반려동물의 입양하는 사람들에게 자격을 검증할 수 있는 기초적 시스템 도입이 급선무입니다.

[동물학대처벌 강화] 동물학대 처벌이 강화됐으면 좋겠습니다.

[동물의료보험제] 광견병 외 다른 기본접종도 일부 지원되면 좋겠어요.

[동물유기처벌 강화] 유기하는 사람 처벌강화 유기의 기준이 애매합니다. 키우다 아는 집에 보내버리는 것도 유기라고 생각됩니다. 강아지를 가정에서 교배시켜 보내는 것도 유기견 증가의 원인인 듯…

[동물학대처벌 강화] 제발 동물보호법강화해서 유기, 학대 사례가 발생하지 않도록 노력해 주시고 학대사건 발생 시 강력처벌 요망, 길고양이와 함께

살아가는 시민인식 개선도 필요합니다.

[동물의료보험제] 동물의료보험 지원 필요함

[동물학대처벌 강화] 반려동물은 물건이 아닙니다. 펫숍의 실태와 동물과의 공존을 위한 시민인식개선이 시급합니다. 동물학대에 대한 강한 처벌 지자체에서도 적극 검토 부탁드립니다.

[유기동물안락사금지] 유기동물 보호시설 환경개선 건강한 동물의 안락사 제한 및 입양지원…

[취약계층양육제한] 취약계층관리비용지원은 필요 없다고 생각함.

반려동물은 선택 가능한 분양이기 때문에 개인의 소양문제이지…

취약계층이라 하여 금액을 지원하는 건 세금 낭비인 것 같고 다른 방향으로 고민하는 것이 필요!!

[동물유기처벌법 강화] 유기동물을 3마리 부양하고 있습니다.

보호자의 책임의식강화와 처벌규정을 강화하여 유기동물발생을 막을 교육 법적제도 강화를 기대합니다.

[동물의료보험제] 아울러 과도한 병원 치료비를 규제하여 치료비 부담으로 인한 유기동물 발생을 막도록 지원이 필요하다고 생각합니다. 그리고 동물은 구성원으로 받아들일 수 있는 주택 등 공동체 인식이 높아지기를 기대합니다.

[개 식용 제한법] 개 식용 종식이 무엇보다 시급합니다.

[유기동물보호소 직영운영] 유기동물시보호소 직영으로 전환

[길고양이급식소설치] 길고양이 급식소 설치확대 해주시고…

[동물학대처벌 강화] 동물학대처벌법을 강화해주십시오.

[동물의료보험제] 반려동물병원비경감 모색 바랍니다.

[동물처벌법강화] 강력한 처벌 필요.

[개 · 고양이 식용 제한법] 개, 고양이는 음식이 아닙니다. 도살, 식용판매가 법으로 금지되어야만 합니다. 학대에 대한 처벌이 강화되어야만 합니다, 길고양이 급식소가 확대되어야 합니다.

[동물의료보험제] 반려동물 의료비혜택 지원

[개 · 고양이 식용 제한법] 개 식용 금지.

[동물유기처벌 강화] 유기동물처벌 강화.

[동물사망신고제] 사람처럼 주민등록 필수, 사망 시 신고.

[길고양이급식소] 고양이급식소 확대

[동물학대처벌 강화] 동물학대처벌법 강화와 개 식용 금지를 위해 힘써 주세요.

[동물학대처벌 강화] 동물학대에 대한 엄중한 처벌을 강화해야 합니다

[동물의료보험제] 동물의료보험 지원 필요함.

[동물사랑 선도문화 확대] 구포시장을 시민들이 소통할 수 있는 공간을 만들어주세요.

[유기동물처벌 강화] 유기동물 관련법 강화

[유기동물처벌 강화] 유기동물은 키울 자격이 없는 사람들이 키우는 것이 문제

[동물입양심사제] 인간이 문제인 것 같아요, 쉽게 입양이 안 되는 제도가 들어왔으면 합니다. 1. 귀엽다고 아무렇게나 돈 주고 입양해서 조금 크고 문제 있다고 유기하는 사람 처벌은 외국처럼 최대한으로 강화하길 빕니다. 2. 펫숍이나 동물농장 사라졌으면 좋겠어요.

[동물입양심사제] 강아지 분양이 쉽게 안 되는 제도면 충분히 유기견도 사

라질 거라 생각해요, 인간이 문제라 봅니다. 교육을 받는다든가, 충분한 입양이 가능한 집이라던가, 어는 정도 조건이 되었을 때 키웠으면 좋겠어요. 가정 분양 같은 경우 따지고서 애기를 보낼 텐데… 이 또한 가정인 척 사기 치고, 농장마냥 애기만 배출하는 곳도 많다고 합니다. 하루빨리 사라지길 기원합니다!

[유기동물재입양지원] 반려동물과 함께할 수 있는 여러 가지 체험, 문화교실(기본상식, 교육) 유기견센터에서 입양하는 견주에게 혜택(병원비 지원, 학원, 훈련, 교육, 마이크로칩 지원 또는 할인)

[동물진료비표준건의] 진료비 기준설립.

[유기동물처벌 강화] 유기동물은 키울 자격이 없는 사람들이 키우는 것이 문제

[유기동물처벌 강화] 유기동물 관련법 강화

[동물입양심사제] 키우기 전 자격증 같은 자격검증, 목줄 미착용, 공격성 반려견 입마개 등 지켜지지 않는 펫티켓에 대한 처벌강화,

[유기동물 및 학대 처벌 강화] 동물학대, 유기, 지자체 처벌강화

[동물의료보험제] 공공의료기관 및 시설을 확대해주세요

[입양심사제 및 동물전문자격자 운영] 그리고 유기된 아이들이 치료를 받을 수 있고 분양갈 수 있도록 시설이 늘고 일반 분양시설은 조건을 자격증처럼 취득했으면 좋겠습니다. 전문가가 분양을 보내야 한다고 생각합니다.

[유기동물 재입양 지원] 외롭다고 키우지는 않았으면 좋겠다고 생각함 숍에서 사는 게 아니라 유기견을 분양하는 게 더 활성화가 되어야 한다고 생각함. 다시 말하지만 반려견들은 물건이 아니라는 걸 많은 사람들에게

알려야 하고 반려견 훈련도 중요하지만, 보호자도 교육받아야 된다고 생각합니다.

[유기동물 재입양 지원] 유기동물이 없을 수가 없다면. 유기동물을 잘 관리하여 입양이 좋은 집에 될 수 있게 시스템 마련(입양 전. 충분한 교육과 지원)

[펫티켓 처벌규정 강화] 길거리에 반려견 배설물에 관한 처벌이나 규범을 강화시켜주셨음 좋겠습니다.

2) 공감문화 및 시설 인프라 조성

[동물사랑계몽] 반려동물과 공존에 대한 시민의식 개선이 정말 필요하다고 생각합니다.

[반려동물테마공원놀이터] 좀 더 반려견이 자유롭게 활동할 수 있는 공간이 부족한 것 같아요.

[반려동물테마공원놀이터] 및 [반려동물의료센터] 반려동물과 함께 자유롭게 이용할 수 있는 공원이나 공공시설 등의 설치와 기본 의료지원 서비스센터를 설치해 주면 좋겠습니다.

[반려동물장례서비스센터] 반려동물 장례식장이 너무 외진 곳에 있어 이용에 불편함.

[반려동물교육문화센터] 반려동물의 사회성을 위한 공공시설이 필요 반려동물을 사랑하는 마음으로 키우고 버리지 않고 반려동물을 죽이지 않게 반려동물을 사랑하는 마음으로 반려동물을 키우고 사랑스러운 마음으로 반려동물을 키웠으면 좋겠습니다.

[반려동물놀이터] 반려견 놀이터를 만들어주세요~

[반려동물테마공원] 반려동물들을 사랑하는 만큼 안전하게 동반할 수 있는 시설이 많았음 좋겠습니다. 외출 시에 혼자 두고 나가야 하니 참 맘에 걸리고 신경이 쓰입니다.

[반려동물테마공원놀이터] 반려동물이 자유롭게 보호자와 살아가기 위해선 보호자도 의무를 다해야겠지만 내가 사는 시에서도 시민에게 보다 나은 삶을 살 수 있는 환경 조성이 필요하다고 생각한다.

[반려동물테마공원놀이터] 강아지들이 자유롭게 뛰어놀 수 있는 공원이 있음 좋겠다고 생각합니다.

[반려동물테마공원놀이터] 반려견과 같이 놀 수 있는 공간.

[반려동물테마공원놀이터] 함께할 수 있는 공간이 많아지면 좋겠습니다. 어디든 함께하고 싶은데 마음처럼 안 되네요. 눈치 보고 싶지 않아요.

[반려동물테마공원놀이터] 공원 시설에 반려견들이 마음껏 뛰어놀 수 있게 해주시면 굳이 애견 카페 등에 가지 않아도 반려인들이 부담 없이 반려견과 뛰어놀 수 있는 공간을 만들어주면 좋겠다.

[반려동물테마공원놀이터] 애견놀이터 많이 만들어주세요. (몸무게 제한 없이)

[반려동물테마공원놀이터] 및 [반려동물교육문화센터] 문화센터(보호자와 반려견 같이 할 수 있는 것)가 생기면 좋겠다. 애견운동장이 여러 곳이 생겼으면 함.

[반려동물테마공원놀이터] 시에서 운영하는 반려동물 운동장 개설

[반려동물테마공원놀이터] 반려동물산책로, 공원이 많아졌으면 좋겠습니다.

[반려동물테마공원놀이터] 아이들이 뛰어놀 수 있는 공간이 많았으면 좋겠어요.
소중대형견 별로… 부산시에는 유독 시에서 주최하는 애견운동장이 없는 것 같아요. 소형견, 중형견, 대형견 칸을 나눠 애견운동장이 많아졌으면 좋겠습니다.

[반려동물테마공원놀이터] 반려견들이 마음 놓고 놀 수 있는 애견놀이터를 많이 만들어주시오.

[반려동물테마공원놀이터] 함께 할 수 있는 공간을 만들어주세요!
제한적인 곳이 너무 많아요! 같이 편하게 갈 수 있는 장소가 더 있으면 좋겠어요.

[반려동물테마공원놀이터] 강아지들을 위한 공간을 많이 만들었으면 좋겠어요!

아이들과 여가를 즐길 수 있는 시설 많이 생기면 좋겠습니다.

[반려동물테마공원놀이터] 스포츠, 교육, 놀이종합테마파크 조성해 주십시오. 우리나라 제2의 도시다운 동물사랑교육문화센터설치운영

[반려동물테마공원놀이터] 문화센터(보호자와 반려견 같이). 할 수 있는 것이 생기면 좋겠다. 애견운동장이 여러 곳이 생겼으면 함

[반려동물테마공원놀이터] 시민공원에 강아지들 놀이터 생기면 좋겠어요!
강아지들 위한 공원을 크게는 아니더라도 조그맣게 만들어주세요ㅠㅠ

3) 생애주기 단계별 양육 및 교육

[병원 진료비] 세세한 지원정책의 실천. 병원비가 비싸요. 반려동물과 살아

온 10여 년 동안 의료용품 등의 발달은 정말 빨랐습니다. 하지만 비 반려인과 반려인 사이의 의견 차이는 키워봄, 키워보지 않음 이란 경계로 좁혀지지 않는 것을 많이 느꼈습니다. 동물병원은 보험처리도 안 돼서 부담이 많습니다.

[병원 진료비 표준] 동물병원 터무니없는 진료비 인하와 기준마련

[사업운영자 교육] 무분별한 입양과 펫숍 운영에 대한 교육과 인식개선 및 처벌강화를 요청합니다.

[병원 진료비] 반려동물 진료비 규제

[보호자 및 반려견 교육] 입양문화를 장려하고 소양교육 및 법적 책임과 처벌에 관한 법규를 강화시켜주세요

[보호자 및 반려견 교육] 선진문화의 교육을 도입하여 교육이 선택이 아닌 필수사항이 될 수 있게 도와주세요. 대형견들의 인식을 바꿔주세요. 대형견이 다 사나운 것은 아닙니다. 덩치가 크다고 사람들이 뒤에서 얘기하고 왜 저런 걸 키우나 라고 하시는데 그게 좀 불편합니다.
일단 의료비 개선이 필요합니다. 병원에 가면 기본 10만 원입니다. 시민들이 제일 두려워하는 게 '병원비가 무서워 자신이 없다'입니다. 이로써 개를 키우지도 않고 반려동물문화가 인식이 안 좋아지고 개선도 안 되는 것입니다.

[보호자 및 반려견 교육] 그리고 훈련은 필수라고 생각합니다. 여러 사건이 이를 보여줍니다. 저는 로트바일러를 키웁니다. 이번 사건으로 인해 밖에 데리고 다니면 소형견을 키우는 견주는 개를 끌어안습니다. 저는 당황스럽습니다. 어떤 견주들의 잘못된 행동으로 인해 올바른 견주들도 눈치를 봐야 합니다.

[동물의료보험] 반려견이 아파도 쉽게 병원을 가지 못하는 현실입니다. 동물보험도 생겼으면 합니다.

[보호자 및 반려견 교육] 반려인이 반려견 교육을 조금이나마 알게 된다면 사건사고도 줄고, 비반려인과의 갈등도 해소될 것입니다.

[병원 진료비] 또한 병원(수술 및 입원)비용도 어느 정도 저렴했으면 좋겠어요.

[보호자 및 반려견 교육] 반려인이 반려견 교육을 조금이나마 알게 된다면, 사건사고도 줄고 비반려인과의 갈등도 해소될 것입니다.

동물이 행복하지 않은 나라는 인간도 행복할 수 없다 하였습니다.

[동물의료보험] 강아지가 아프면 반려인들도 맘이 쿵 한데 의료비가 너무 비싸서 검사를 하기도 겁나고 수술하고 입원하기도 겁납니다. 강아지를 치료해서 같이 잘 지내야 하는데 의료비가 너무 비쌉니다.

병원비가 많이 들어요. 하루빨리 반려동물에게도 의료비 도입이 필요합니다^^

[보호자 및 반려견 교육] 기본적인 동물매매나 이런 부분을 단속하는 것도 좋지만 보호자의 기본적인 소양 및 자질 인성교육 기본 보호자 교육이 확대되어 의무적으로 하고 등록도 미등록과의 차별적인 방안이 있어야 한다고 생각됩니다.

[보호자 및 반려견 교육] 위 사항 전부 좋은 쪽으로서뿐만 아니라 나라가 책임질 수 있는 방안이 나오고 사람과 동물들이 공존할 수 있는 세상이 되었으면 합니다.

[보호자 및 반려견 교육] 반려동물을 기르게 된다면 기를 수 있는 환경이 되는 보호자인지, 책임감이 있는 보호자인지 확실히 체크하고 기르게 되

면 좋겠습니다.

[보호자 및 반려견 교육] 또한 반려인들에게는 반려인으로서의 교육이 필수라고 생각합니다. 무지해서 별것 아닌 것으로 아이를 안고 병원에 뛰어간 적이 한두 번이 아닐뿐더러 보통 반려동물의 잘못된 양육방식으로 문제행동들이 발생되고 문제행동을 일으켜 비반려인들의 인식이 더 좋지 않다고 생각하기 때문에 비반려인과 반려인의 마찰을 줄이는 방법으로 생각됩니다. 마지막으로 보통 반려견 때문에 피해를 보는 사고 중 절반은 비반려인의 무지로 인하여 발생되는 경우도 있기 때문에 비반려인들을 위한 비반려인으로서의 교육도 필요하다 생각합니다.

자유롭게 산책할 수 있는 깨끗한 공간이 많아지고 함께 교육받을 수 있는 곳이 많아졌으면 좋겠습니다.

요즘은 어딜 가나 반려동물이 함께하는 분위기입니다.

그러다 보니 책임 의식 없이 단순히 작고 귀엽다는 이유 하나만으로 아무런 지식 없이 키우는 경우가 참 많습니다. 그만큼 유기되는 경우 또한 많구요. 이제는 동물을 입양 시에 주인이 아이를 케어할 수 있는 환경의 여부와 어느 정도의 지식을 갖출 수 있도록 교육이 이루어졌으면 좋겠습니다.

[병원 진료비] 사람 정기검진처럼 반려동물 정기검진 및 병원비에 대한 부담을 줄였으면 좋겠고.

[병원 진료비] 동물 의료비가 너무 비쌉니다.

티비 속의 환상으로 만으로 입양하는 케이스를 많이 보고, 그래서 유기되는 경우가 많은 것 같습니다. 만약 반려동물이 가족이 된다면 어떤 것들을 해야 하고 얼마만큼의 지출이 필요한지 등등 이런 인포를 미리 알게 된다면, 입양 전 혹은 분양 전 한 번 더 신중하게 생각할 수 있지 않을까 싶습니다.

[보호자 및 반려견 교육] 반려동물의 기본적인 예절교육이나 사회성 기르기 등 비싼 돈 드는 유치원 말고 무료나 소액으로 다닐 수 있는 곳을 만들어주세요.(구별로 있었으면 좋겠음) 더불어 보호자도 함께 교육에 참여하여 이수해야만 반려동물을 키울 수 있도록 했으면 좋겠습니다. 준비되지 않은 보호자들로 인해 유기견들이 늘어납니다.

[병원 진료비] 반려동물들이 병원에 다닐 때 너무 비싼 비용을 지불하는데 이 부분도 어느 정도 조정이 되면 좋겠습니다.
수고하세요.

[병원 진료비] 반려동물이 우리 삭막한 삶 속에 정신적 안정감은 물론 삶의 질을 높여 주는 긍정적인 역할을 함은 물론 의료비 절가에 기여함을 헤아려 주셨으면 합니다. 해운대구 반송에 거주하는 김○○입니다.

[병원 진료비] 우리나라 현실이 다른 나라보다 혜택이 없고, 병원비 지원 교육비 지원 등등 꼭 해주면 좋겠어요. 우리나라 병원비가 넘 비싸요 ㅜ

[입양전 보호자소양 교육] 외국의 반려동물에 대한 인식의 차이를 느꼈어요. 반려동물 입양 전 교육, 유기 시 반드시 주인을 찾아 벌금형, 그걸 가능하게 만드는 필수화 된 칩 심기…

[보호자 및 반려견 교육] 반려동물 배변처리 교육 및 공지
그리고 각 지자체별로 반려동물 운동장이 생겼으면 좋겠다.

[입양전 보호자소양 교육] 현재 우리나라는 너무나 쉽게 생명을 키울 수 있습니다. 그로 인해 자격이 없는 사람들도 반려동물을 들이게 되죠. 법적 강화도 중요하지만 사후처리가 아닌 예방에 힘을 써 입양절차를 더욱

까다롭게 하고 반려인들을 대상으로 하는 필수교육이 많아져야 한다고 생각합니다.

[입양전 보호자소양 교육] 분양 · 입양 전 반려인으로서의 기본 소양 교육과 더불어 유기견 시설 봉사 등을 반의무적 사항으로 만들어 책임감 있는, 비반려인에 대한 배려 등 안정적인 상태로 데려올 수 있는 공공분양소… 교육센터를 열었으면 좋겠습니다… 얼마 전 유기견 보호소에 사료 기부하러 갔다가 눈물 콧물 쏟고 왔어요ㅠㅠ 사람 덜된 것들은 제발 아가들 데려가지 말았으면 좋겠네요…

[입양전 보호자소양 교육] 입양 받기 전 그 동물에 대해 충분한 공부를 통해 정보를 알고 난 후 입양 받기는 절차를 원합니다.

[병원 진료비] 반려동물을 키우다 보니 먹는 거보단 병원에 갈 일이 있으면 의료비가 제일 걱정되구요~ 수술이라도 하게 되면 큰 부담으로 다가옵니다. 의료비를 낮추고 정액비로 맞춰주시면 제일 좋을 것 같아요.

[병원 진료비] 반려동물병원비가 너무 비싸요

[보호자 및 반려견 전문기관 교육] 말로만 동물을 사랑하고 인식을 바꾼다는 슬로건을 건 단체들의 이기적이고 상업적인 행태가 문제가 있다고 봅니다. 교육도 전문적인 사람들이 해야 한다고 봅니다.

[입양전 보호자소양 교육] 무엇보다 입양 전 반려인의 소양교육이 필수라고 생각합니다. 생명에 대한 책임감부터 있어야 유기하는 일도 없어질 거라 생각됩니다.

[입양전 보호자소양 교육] 입양 전 동물에 대한 사전교육이 필요하다고 생각합니다.

[입양전 보호자소양 교육] 반려견을 키우기 전에 교육도 필요하지만 자기

관리도 못 하면서 반려견 키울 생각을 없애야 한다고 생각합니다.

[병원 진료비] 애들 사료나 간식, 용품, 병원비 모두 세금이 붙어 있으니 세금만 꿀꺽 말고…

[입양전 보호자소양 교육] 반려동물 양육을 위한 소양 과정을 개설하여 교육기회 제공으로 사육자의 책임감. 키우는 즐거움을 가지면 좋겠다. 입양 전 교육(입양자격). 입양 후 교육(1년 이내), 반려인 교육(3년 이내) 교육으로 행복한 반려 관계뿐 아니라 인간의 사회화 수준도 좋아질 것으로 생각한다.

[입양전 보호자소양 교육] 반려동물들도 눈치 보지 않고 자유롭게 반려인들과 다닐 수 있으면 좋겠고, 반려인들 또한 일부 몇 명의 사람들 때문에 함께 욕먹는 것이 아니라 서로 합심하여 욕먹지 않게 펫티켓을 잘 지켜줬으면 좋겠습니다.

[병원 진료비] 강아지 의료시설 비용이 너무 비싸요. 다치거나 치료해 주고 싶어도 한번 진료하면 기본 5만 원이고 수술이라도 할 경우 보통 100만 원임. 경제적으로 능력 안 되면 유기를 하게 됩니다. 의료시설 개선 시급합니다.

[입양전 보호자소양 교육] 입양 전 교양교육이수 및 시험 쳐서 합격해야 되고, 월수입과 경제적 안정성이 확인된 사람에게 입양, 보여주기식 정책, 시설 확충이 아닌 실질적인(시민의식 향상 등) 방안을 장기적이더라도 시행하는 게 좋을 것 같음

[입양전 보호자소양 교육] 소양교육필요,

1. 부산시 반려동물종합놀이파크(센터) 조성
2. 모든 문제는 교육 부재에서 생긴다고 생각합니다. 입양단계 소양 교육,

양육(등록)단계 소양교육필수제도 필요함

[입양전 보호자소양 교육] 조금 더 반려동물의 삶의 질은 향상되고 있다 하지만 반려인이 갖추고 있는 기본 양육에 대한 상식이 적으므로 계속하여 유기동물들이 생겨나고 있는 것도 있기에 지자체에서 반려인에 대한 보다 기본적인 교육을 받을 수 있는 프로그램이나 시설 구축이 필요하다고 생각됩니다.

[보호자 및 반려견 교육] 키우기 전 자격증 같은 자격검증, 목줄 미착용 공격성 반려견 입마개 등 지켜지지 않는 펫티켓에 대한 처벌강화, 시에서 운영하는 반려동물운동장 개설

[보호자 및 반려견 교육] 반려인들이 정신을 차려야 사회적으로 반려동물에 대한 인식이 좋아진다. 동물은 잘못이 없음, 인간이 문제, 인간을 교육시켜 주세요.

[보호자 및 반려견 교육] 자신의 반려동물을 아끼고 가족을 아끼는 만큼 다른 사람의 반려동물 또한 소중하게 봐줬으면 합니다. 반려동물은 가족입니다. 책임감을 가집시다.

[병원 진료비] 과도한 병원비는 없어져야 함

[보호자 및 반려견 교육] 조금 더 반려동물의 삶의 질은 향상되고 있다 하지만 반려인이 갖추고 있는 기본 양육에 대한 상식이 적으므로 계속하여 유기동물들이 생겨나고 있는 것도 있기에 지자체에서 반려인에 대한 보다 기본적인 교육을 받을 수 있는 프로그램이나 시설 구축이 필요하다고 생각됩니다.

4) 기타 반려동물문화 및 공공장소 동반출입

[동반출입 공공장소 확대] 반려동물과 함께할 수 있는 식당이 많아졌으면 좋겠어요!

[동반출입 공공장소 확대] 반려동물 관련 놀이시설 확장 공공장소 출입 가능 (공원) 시설 등을 늘려주세요.

[동반출입 공공장소 확대] 사람과 더불어 동물들 또한 행복한 부산시가 되었으면 합니다.

[동반출입 공공장소 확대] 반려동물을 데리고 다닐 수 있게 반려동물 출입 시설이 늘었으면 좋겠습니다.

[동반출입 공공장소 확대] 이용제한에 따른 의견충돌이 많습니다.
각 자치구별로 공공시설에 펫 안전존을 설치하고(이용비 부담하더라도) 관리인을 둬서, 반려견을 방치하지 않아도 되었으면 좋겠습니다.

[동반출입 공공장소 확대] 부산을 반려동물과 함께 즐기고 같이 다닐 수 있도록 만들어 주시길… 사람만이 사는 부산이 아니라 동물과 함께 행복하게 공존할 수 있는 도시로…

[동반출입 공공장소 확대] 부산이 반려동물과 함께 여행하기 좋은 곳으로 소문나도록 관련 시설 증설하고 여행코스 소개 등을 하면 좋을 것 같습니다.

[동반출입 공공장소 확대] 외국처럼 반려동물과 함께 갈 수 있는 식당, 카페, 숙박시설 등이 활성화되어야 된다고 생각합니다.

[동반출입 공공장소 확대] 식당, 카페 등 애견동반 가능한 공간이 확보되어야 된다고 생각합니다. 강아지와 함께 외출 시 실내식당(애견동반) 가능한 곳은 없습니다. 케이지나 슬링백에 동반할 수 있었으면 좋겠습니다.

[동반 대중교통 이용확대] 대중교통 이용제한은 케이지에 넣어 이동할 경우 가능하다고 생각했는데 정말 가사 님마다 그분의 취향에 의해 된다, 안 된다가 결정되더라구요.. 가능하다면 버스, 지하철에 작은 스티커로나마 표시해 주시어 맘 놓고 걱정 없이 당당하게 이동하고 생활하고 싶습니다.(특히 고속버스 필수) 고객센터 안내에서도 전달받을 수 있는 교육도 해주셨으면 더더욱이요!

[동반출입 공공장소 확대] 반려동물과 함께 이용할 수 있는 시설(음료, 숙박)에 보조금을 지원해서 좀 더 편하게 이용할 수 있게 해 주세요!

[동반출입 공공장소 확대] 강아지 카페가 식당이 많이 생겨나면 좋을 것 같습니다~

[동반출입 공공장소 확대] 외국처럼 반려동물과 함께 갈수 있는 식당, 카페, 숙박시설 등이 활성화되어야 된다고 생각합니다.

[동반출입 공공장소 확대] 식당, 카페 등 애견동반 가능한 공간이 확보되어야 된다고 생각합니다. 강아지와 함께 외출 시 실내 식당(애견동반) 가능한 곳은 없습니다. 케이지나 슬링백에 동반할 수 있었으면 좋겠습니다.

[동반출입 공공장소 확대] 반려견이 가정 내에서 생활하고 공동장소 사용하는 것이 자연스럽게 인식되도록 홍보해주시기 바랍니다.

뭐든 간에 좀 해주세요.

[동반출입 공공장소 확대] 카페들도 반려견 끈을 묶어놓고 함께 식사할 수 있는 메뉴가 있는 등… 저런 데서 살면 더 행복할 텐데 생각을 많이 했습니다. 부디 더욱 함께 살기 좋은 곳이 되길 바랍니다.

[동물사랑선도문화] 반려동물의 행복 등에 대해 생각해볼 기회가 있으면 좋겠다.

[동물사랑선도문화] 원룸이나 이사 할 때 반려동물을 키워도 되는 집 찾기가 힘듭니다.

2 비반려인 자율 창의적 반려동물문화

1) 법규정 및 행정 제도적 보완

[동물유기학대처벌 강화] 구매보다는 입양을 장려하고, 반려동물에 대해 반려인의 책임을 강화하였으면 좋겠습니다. 반려동물 학대, 유기에 대한 처벌을 강화해주세요.

[단속감독 강화] 펫숍 단속해주세요.

[펫티켓 및 보호자 교육강화] 저희 동네만 해도 목줄을 안 하고 산책시키는 사람들이 있습니다. 그럴 때마다 다닐 때 불안감을 느껴요. 반려인의 교육 시스템과 반려견을 위한 산책로와 동물센터가 더욱 발전됐으면 좋겠습니다.

[지역환경 건의] 산책하기 힘든 동네도 있어서 차를 타고 이동을 하여 산책을 하는데 주변 환경도 너무 중요해요. 울퉁불퉁하고 쓰레기가 길을 덮어요.

[반려동물보호자 책임 강화] 자신들이 반려동물을 키우기로 결정하셨으면 버리지 말고 자신이 끝까지 책임지게 해주셨으면 좋겠습니다.

[반려동물보호자 책임 강화] 반려동물에 대한 반려인들의 책임 있는 행동

이 자연스럽게 비반려인들의 긍정적인 의식변화까지 유도할 수 있다는 것을 유념해 주었으면 좋겠습니다.

[사람우선정책] '사람이 먼저다'를 잊지 마시길…

[양육자 배려정책] 반려동물을 기르는 사람을 편견 없이 편하게 기를 수 있도록 대책마련을 해주시면 좋겠습니다.

[유기 관련 처벌법 강화] 유기되는 동물들을 보호하고, 길고양이를 폭행하고 독살시키는 범죄에 대한 처벌강화

[보호자 책임의식] 반려인의 기본개념이 가장 중요한 것 같다.

[유기 관련 처벌법 강화] 반려동물에 대한 시민들 인식이 안 좋다는 건 분명 반려인과 반려동물의 문제가 있기에 안 좋은 인식이 생긴 것입니다. 이 부분을 우선적으로 개선해야 시민들의 인식도 차츰 바뀌어 나갈 것 같습니다.

[지자체별 동물보호소 단속 강화] 동물, 유기견 단속시설

[반려동물복지정책 강화] 반려동물관련법의 개선, 복지정책, 지원 등등 이 강화됨이 필요, 양육에 대한 지속적 관심의 수요가 증가 되어야만 합니다.

[반려동물법 강화] 반려동물에 대한 법들이 강화되었으면 좋겠습니다. 제발!!

[길고양이 대책] 길고양이 중성화수술 예산 확대하였으면 좋겠어요. 구청에 물어보니 예산이 없다는 답변을 받았고 추가예산을 만들면 안 되냐는 질문에 시청의 예산과 균형을 맞추어야 한다는 이야기만 들었다.

매칭사업이라는 말을 듣고 틀에 갇힌 행정의 한계를 느꼈다. 구청의 추가 별도 특별히 한두 해 만 별도 편성하는 것을 감사지적을 한다는 것 자체

가 얼마나 어리석은 생각인지…

부산시청이 각 구별로 길고양이 중성화수술 별도 예산편성을 감사대상으로 본다는 것이 참 안타깝다.

[보호자 책임 관련법 강화] 행복한 공존을 위해 책임강화에 따른 벌금 등 강력한 법제화

[길고양이 중성화] 길고양이 TNR사업을 활성화시켜주시기 바랍니다.

[유기처벌법/등록제 강화] 외부 산책 시 예절을 어길 때 벌칙 및 무단유기 시 책임을 물을 수 있도록 반려동물 등록제를 실시해주세요

[동물보험 및 양육수제한] 반려동물의 보험시행, 한집 당 동물의 수를 제한 했으면 함. 반려견 보험 시행했으면 좋겠다.

반려동물이 타인에게 끼치는 피해에 대한 구제책 필요

[반려동물 입양제도 강화] 반려동물을 키우기 위해 이웃 주민의 동의를 얻어야 하는 호주처럼 했으면 좋겠다.

[펫티켓 보호자 책임강화 및 등록제] 외부 산책 시 예절을 어길 때 벌칙 및 무단유기 시 책임을 물을 수 있도록 반려동물 등록제를 실시해주세요.

[동물의료보험제] 병원비가 부담스럽게 과합니다.

동물보험이 많이 보급되어 부담 없이 반려견을 키웠으면 바램입니다~~

[반려동물관련법 강화] 목줄 길이 1미터 이내, 입마개 필수, 배변 미수거 시 벌금 100만 원, 짖는 등 소란 발생 시 벌금 100만 원 등

[보호자 책임 관련법 강화] 제발 개주인 에게 구속 등 무거운 법적 책임을 지우고,

[보호자 책임 관련법 강화] 입마개 벌금, 배변처리 안 하면 벌금, 강아지 고양이 등… 동물학대 시 처벌강화, 펫 존 설립

[공공병원 진료비 지원] 많은 사람이 부담 없이 건강하게 키울 수 있도록 동물병원의 예방접종비 및 치료비 절감이 절대 시급함.

유기되지 않도록 반려인에게 책임강화.

[동물 의료보험] 반려동물도 나의 가족입니다.

의료문제가 해결되어서 보험이 된다면 버려지는 일이 줄어들 것입니다.

[병원 진료비지원제도] 반려동물을 인생의 필요 부분도 있으나 관리비나 의료비가. . ㅜ

[유기견 보호소 단속 강화] 동물유기견 단속시설

[동물보호센터 시스템 개선] 길고양이들 같은 경우는 너무나도 많은 위험에 노출이 되어 있어서 이에 대해 동물구호단체나 시스템이 더 좋게 개선되었음 좋겠습니다.

[개 · 고양이 식용제한] 강아지를 버리지 않고 강아지를 사랑하는 마음으로 키우는 나라가 되었으면 좋겠습니다. 강아지를 버리지 않고 강아지 보신탕 먹는 행위 등이 없었으면 좋겠습니다. 강아지나 고양이나…

[반려견 인식표 관리강화] 모든 반려펫에 등록증을 발급해서 반려펫을 함부로 버린 사람에겐 강력한 처벌을 해야 할 것이다.

[유기동물처벌법 강화] 예쁘다고 키우다 밉다고 버리는 사람과 식용으로 불법 도축하는 사람, 유기견 위생 철저히 조사해 엄벌에 처해주셔요.

[유기견예방. 병원 진료비 지원] 유기견을 입양한 견주에게 물질적 부담을 줄여주기 위해 병원비를 지원해주면 좋겠다.

[병원비 및 양육비] 금전적 지원

[길고양이 양육문제] 길고양이에게 먹이 주는 것은 고양이의 특성을 망가트리는 건 아닌지? 고양이가 쥐를 잡지 않음

[병원비 지원] 반려동물 동반가능 구역부족 및 금액분제 병원비 등이 갈등의 원인이 된다.

[동물관련 개정] 반드시 반려동물을 키우지 않는 사람과 키우는 사람과 함께 반려동물 관련법을 만들어야 할 듯…

[동물관련 처벌법 강화] 반려동물의 일탈에 대한 반려인의 처벌강화, 예) 반려동물이 사람을 물면 안락사 입법 추진. 반려인 입장에서는 반려동물이 자식 같지만 비반려인 입장에서는 그저 동물일 뿐일 수도 있는 데 서로 다른 입장 차이를 받아들이는 마인드가 필요.

2) 반려동물테마파크 등 시설인프라 조성

[반려동물테마놀이공원 조성] 반려동물과 동행할 수 있는 시설을 많이 만들었음 좋겠습니다.

[반려동물테마놀이공원 조성] 반려동물과 함께할 수 있는 시설이 많이 생겼으면 좋겠습니다.

[반려동물 종합복지센터 건립] 반려동물 종합복지센터 건립이 필요하다고 생각합니다.

[반려동물테마놀이공원 조성] 해운대구 반여2동인데 전에는 배수지에 데려갈 수 있었는데 지금은 못가요, 반려동물이랑 산책할 수 있는 공간이 필요합니다.

[반려동물테마놀이공원 놀이터 조성] 생각보다 많이 들고 반려동물이 즐길 수 있는 장소가 부족합니다.

[공공이용 관련시설] 공존을 위해 반려동물 의무등록, 공공시설에 반려 동

물 이용시설이 있었음 좋겠습니다. 각 기관마다.

3) 양유관련교육 및 펫티켓 교육

[동물사랑의식계몽] 반려동물의 생명을 중요시 여기는 일반인들의 인식변화가 절실하고 매년 시행하고 있는…

[보호자 교육] 귀여워서 키우는 시대는 지났다. 보호자는 반려견에 대한 공부가 필요하다.

[보호자 및 반려견 교육센터] 강아지 훈련 및 교육하는 곳이 있어서 교육을 해주었으면 좋겠습니다.

[펫티켓 및 보호자 교육강화] 공원에 아무 데나 배설물, 음식점 출입 자제 부탁하고 싶네요!

[보호자 및 반려견 교육센터] 강아지 훈련 및 교육하는 곳이 있어서 교육을 해줬음 좋겠습니다.

[펫티켓 및 보호자 교육강화] 반려동물을 키우는 사람들을 위한 기본적인 교육 특히 밖에서의 교육이 필요하다. 그리고 길에 버려지는 일이 없도록 반려펫을 가족으로 생각하는 마음을 가지도록 해야 할 것이다.

[보호자책임강화] 반려동물을 키우시기로 했으면 끝까지 키워야 한다고 생각합니다.

[유기동물 감시제] 안락사 줄이도록 유기동물 보호감시제 필요합니다.

[동물사랑의식계몽] 동물을 사랑합시다.

[펫티켓 및 보호자 교육강화] 반려동물을 키우는 것은 좋으나, 반려인들의 기본예절과 예의나 행동에 대해서는 교육이 필요하다고 생각합니다. 산

책을 나갈 때 분명 반려동물을 싫어하는 사람들도 있는데, 목줄을 너무 길게 풀어둔다던가 목줄 자체도 하지 않고 산책을 다니는 사람이 너무 많습니다. 그래서 겁을 먹거나 도망을 가려고 피하면 자기 개는 물지 않는다. 안전하다고 이야기를 하고 자기 개를 피하고 무서워한다고 반려인들이 째려보거나 싫어하는 티를 냅니다. 이런 것에 대해서는 확실한 교육이 필요하다고 생각합니다.

[보호자 책임 강화] 반려견, 묘의 관리가 강제등록제로 이루어졌으면 합니다. 그래야 버려지는 일이 일어나지 않을 것 같다.

[펫티켓 및 보호자 교육강화] 반려동물 키우면 주위 사람 좀 생각해주면 좋겠다.

[펫티켓 및 보호자 교육강화] 비반려인을 배려합시다. 당신에겐 가족이지만 타인에겐 맹수입니다.

[펫티켓 및 보호자 의무교육] 반려견 키울 시 등록 의무 및 책임감 의무 교육

[펫티켓 및 보호자 교육강화] 반려동물 개체별 등록, 사람에게 맹견이나 위해를 가할 수 있는 동물 반려인 의무교육실시

[펫티켓 및 보호자 교육강화] 입양할 수 있는 시설과 정보를 많이 제공 반려동물에 대한 사람들의 인식개선, 반려인이 반려동물을 건강하게 양육할 수 있는 교육(배변, 입마개, 반려동물을 사후까지 안전하게 케어할 수 있는 교육 등)을 어느 적정 시기까지 교육을 시킨 후 반려동물을 양육하도록 해야 한다.

[보호자 양육교육] 고양이나 강아지는 귀엽기는 하나 집에서 키우면 냄새 문제로 망설인다.

[보호자 책임 강화] 책임 좀 지라고 하세요.

[유기동물감시경찰제] 유기동물 상시감시제, 사복경찰감시제 도입 등 건의합니다.

[보호자 및 반려견교육] 반려동물의 교육 기간 절실히 필요

[보호자 교육 및 책임강화] 반려동물에 대한 개인 권리에 따른 책임을 물을 수 있는 제도 필요, 애견동물은 우울증 예방 자식 없는 가정에 웃음을 주고 말을 할 수 있고 집안 분위기가 다른 점

[동물사랑의식계몽] 반려견과 시민이 행복하게 공존할 수 있는 정책 필요함

[펫티켓 및 보호자 교육강화] 공동주택에서 이웃에 피해를 끼치는 반려동물소유주들께서는 한번 깊이 생각해보이소

[펫티켓 및 보호자 교육강화] 개는 개답게 키워주세요

[펫티켓 및 보호자 교육강화] 반려동물인의 반려동물 관리(위생, 배변처리, 소음 등 법적 책임) 의무강화

[펫티켓 및 보호자 교육강화] 반려견에 대한 책임을 질 수 있는 충분한 교육과 이해력 있는 분들의 분별력 있는 분양이 필요

[펫티켓 및 보호자 교육강화] 반려동물 반려인은 비반려인에게 피해가 없도록 최선의 에티켓을 지켜야 할 것이며 다른 사람에게 피해를 주지 않는 것은 에티켓을 넘어 의무화시켜야 할 것이다. 비반려인은 다른 사람의 반려동물도 그들의 가족이라는 인식으로 이해하여 줘야 할 것이다.

[펫티켓 및 보호자 교육강화] 사람은 공존하며 이해하는 것이 필요하겠다. 반려동물을 키우는 것 또한 자유이고 반려동물에게도 복지 예산이 지출된다면 배변이나 짖음과 냄새, 물림 등을 주의해서 잘 지키는 것에 대한 의무감도 함께 가져야 할 것이다.

그들의 복지에 예산(세금)이 들어갔다면 법적인 의무규정 또한 만들어져야 하겠다.

[펫티켓 및 보호자 교육강화] 반려동물도 사람과 함께 공존해가면 살아갈 일정의 권리가 있다고 생각합니다. 하지만 반려동물의 주인이 책임감이 없는 공존을 추구한다면 반드시 문제는 발생한다고 생각합니다. 체계적인 반려동물 관리법을 만들고 그에 준해서 반려동물을 교육하고 사회적 문제를 최소화한다면 모두가 반려동물에 대한 반감 없이 함께할 수 있을 것 같습니다.

비반려인의 한사람으로 이러한 문제에 관심을 가져주신 여러 관계자분들께 감사드립니다.

[펫티켓 및 보호자 교육강화] 캠페인 형태의 반려인 교육과 반려동물이라는 인식 주입

[동물사랑계몽강화] 반려동물의 올바른 문화 정착과 유기견, 유기묘에 대한 실천적 대책 마련 필요

[보호자 책임강화 교육] 제발 반려동물들 유기하지 않고 책임의식을 가지고 키웠으면 합니다. 반려동물 유기하는 것 또는 키우는 것에 대한 제도적인 받침이 있다면 더욱 좋겠습니다. 토론 좀 많이 했으면 합니다.

[펫티켓 및 보호자 교육강화] 개 키우는 건 좋지만 시민의식이 많이 바뀌어야 함 똥이 거름입니까? 애들 노는 놀이터에는 왜 버리는지 왜 안 치우는지… 자기 개똥은 깨끗하고. 남의 개똥은 쳐다보지도 않던데…

애나 개나 똑같음.

[펫티켓 및 보호자 교육강화] 너무 큰 반려견은 입막음을 철저히 하고 오물에 대해 철저한 관리가 시급함

[입양심사제 및 사전교육 강화] 평생을 함께할 의향이 있는 반려동물을 정말 사랑하는 사람들에게만 분양 또는 입양을 허용하고 단순 외로움, 또는 본인의 관심을 끌기 위한 수단(SNS 및 유튜브 업로드) 등으로 반려동물을 물건처럼 활용하고 필요 없게 되었을 때 양심 없이 버리는 사람들에 대한 확실한 처벌이 이루어지면 좋겠습니다.

[펫티켓 및 보호자 교육강화] 펫티켓에 대해 더 교육이 이루어졌음 좋겠습니다.

[펫티켓 및 보호자 교육강화] 반려동물을 막연히 키우기에 앞서 유기견센터 봉사 및 데려올 동물의 기초 소양교육 등 이수를 반의무적으로 이행시켜 무차별적 유기방지와 이성적 사고를 지닌 준비된 보호자로 이끌어 나갈 수 있게 도와주면 좋겠습니다… 얼마 전 유기견센터 봉사 갔다가 눈물 콧물 다 뽑고 왔어요… 집에 있는 애기들한테 더 잘해줘야겠단 생각도 들고요…

[펫티켓 및 보호자 교육강화] 아파트나 오피스텔 등 공동주택에서는 소음 문제가 심각합니다. 반려동물과 함께 살 수 있으나, 부적합한 동물(대형견 등)은 동물과 주변 사람들을 위해서 못 키우게 했음 좋겠고, 민원이 자주 발생할 시엔 법적으로 적합한 조치가 필요하다고 생각합니다. 배려와 책임 없는 무분별한 양육이 부정적한 인식을 초래하고 있다고 생각합니다.

[펫티켓 및 보호자 교육강화] 우선 가장 기본적인 목줄, 입마개부터 안되는데 뭘 한다고 되겠나 싶습니다. 기본적인 틀부터 제대로 마련한 후에 종합복지든 교육센터든 했으면 싶습니다. 개 산책시키는 사람들은 목줄과 입마개를 규정에 맞게 해야 한다고 생각합니다. 지금은 잘 안 되고 있습니다.

[펫티켓 및 보호자 교육강화] 반려동물에 대한 시민의식 개선과 반려인이 반려동물을 책임감 있게 양육할 수 있는 철저한 교육이 필요하다.

[펫티켓 및 보호자 교육강화] 입마개 단속강화, 그저 애완용이 아닌 같이 생활함으로써 교육, 행동 등을 잘 교육하고 애정으로 돌봐야 한다고 생각함. 비반려인에 대한 배려가 필요, 사람이 우선인지 동물이 우선인지 모호함. 비반려인에 대한 에티켓 교육 필수. 반려인에 대한 동물 특성 교육이 필요함.

[펫티켓 및 반려인 교육] 털 문제로 키우기 힘들고 음식물이나 냄새로 갈등이 있음 견주나 묘주가 없는 반려동물의 응가에 대한 대책이 필요함!

[펫티켓 교육강화] 펫티켓이 정착될 수 있도록 정책이 필요

[펫티켓 및 반려인 교육] 반려인의 타인에 대한 배려부족으로 갈등, 공존을 위해 다중이용시설의 반려동물 보관시설 비치, 1. 대형견 및 반려견 동반 외출 시 줄, 입마개 착용에 대한 규정 강화, 2. 마트 및 공공시설 내 반려동물 동반 금지, 3. 공동주택 내 반려동물 짖음 규정 강화

[반려동물 안전교육] 반려동물 입마개와 목줄 등 안전교육 실시

[입양단계보호자교육] 양육자 교육 꼭 받도록 해야 합니다!!

[펫티켓] 체육공원이나 동네 주변 등 목줄을 풀어놓거나 배변활동에 신경쓰지 않는 것을 자주 보게 됩니다. 반려견을 키우시는 분들은 이런 점을 주의해 주셨으면 합니다.

[반려동물교육센터] 반려동물교육센터가 있으면 좋겠습니다.

[동물사랑 시민계몽 운동] 반려동물 양육이나 유기에 관한 그런 사항을 공익광고나 홍보매체를 통해 주기적으로 송출해주었으면 함.

(반려동물 유기!! 특히 중요)

반려동물 문화와 관련하여 환경 보호에 대한 관심이 증가하고 있다. 소비자들은(반려인, 비반려인) 반려동물보호 · 복지 · 안전 그리고 반려동물과 함께 환경 친화적인 삶을 추구하고자 한다. 이러한 관심으로 인해 몇 가지 환경보호와 관련된 소비자 트렌드가 나타나고 있다.

첫째, 지속 가능한 반려동물 용품이다. 소비자들은 지속 가능한 재료로 만들어진 반려동물 용품을 선호합니다. 예를 들어, 재생 가능한 자원을 사용하여 제작된 침구, 장난감, 이동용기, 그리고 환경에 해를 끼치지 않는 청소용품 등이 인기를 얻고 있다. 둘째, 자연 친화적인 반려동물 식품이다. 환경에 더 적은 영향을 미치는 식품 선택에 대한 관심이 높아졌다. 소비자들은 자연 친화적이고 지속 가능한 식재료를 사용한 반려동물 사료와 간식을 찾고 있으며, 이러한 제품들은 인공 성분이나 유전자 조작된 성분을 배제하고 있다. 셋째, 재활용 및 재사용이다. 소비자들은 반려동물 용품의 재활용과 재사용을 더욱 중요시하고 있다. 예를 들어, 재사용 가능한 배변용품, 재활용 가능한 포장재를 사용한 제품, 그리고 재활용 섬유로 만든 의류 등이 인기를 얻고 있는 추세다. 넷째, 지속 가능한 반려동물 관리이다. 환경보호와 관련하여 반려동물을 관리하는 방식에 대한 관심이 증가하고 있다. 소비자들은 반려동물을 키우는 데 있어서 에너지 절약, 물 절약, 친환경적인 청소 방법 등을 고려하고 있다. 마지막으로 지역 커뮤니티와 협력이다. 지역 커뮤니티와 협력하여 환경 보호를 실천하는 활동에 참여하는 것도 반려동물 문화에서 중요한 요소가 되고 있다. 소비자들은 지역 환경단체나 동물보호 단체와 함께 일하는 사회적 기업이나 브랜드를 선호하는 경향으로 나타나고 있다.

부 록

[동물보호법]

[시행 2023. 6. 20.] [법률 제19486호, 2023. 6. 20., 일부개정]

농림축산식품부(동물복지정책과-동물보호센터 지원, 동물보호 · 복지 법인 관련) 044-201-2612

농림축산식품부(동물복지정책과-민간동물보호시설 지원, 동물보호 · 복지 교육 · 홍보) 044-201-2616

농림축산식품부(동물복지정책과-동물의 구조 · 보호, 동물학대 등의 금지) 044-201-2620

농림축산식품부(동물복지정책과-동물실험, 동물복지축산농장) 044-201-2615

농림축산식품부(동물복지정책과-동물등록, 유실 · 유기동물, 길고양이) 044-201-2618

농림축산식품부(반려산업동물의료팀-반려동물 관련 영업) 044-201-2660

농림축산식품부(반려산업동물의료팀- 반려동물의 안전관리, 맹견의 관리) 044-201-2659

제1장 총칙

제1조(목적) 이 법은 동물의 생명보호, 안전 보장 및 복지 증진을 꾀하고 건전하고 책임 있는 사육문화를 조성함으로써, 생명 존중의 국민 정서를 기르고 사람과 동물의 조화로운 공존에 이바지함을 목적으로 한다.

제2조(정의) 이 법에서 사용하는 용어의 뜻은 다음과 같다.

1. "동물"이란 고통을 느낄 수 있는 신경체계가 발달한 척추동물로서 다음 각 목의 어느 하나에 해당하는 동물을 말한다.
   가. 포유류
   나. 조류
   다. 파충류·양서류·어류 중 농림축산식품부장관이 관계 중앙행정기관의 장과의 협의를 거쳐 대통령령으로 정하는 동물
2. "소유자등"이란 동물의 소유자와 일시적 또는 영구적으로 동물을 사육·관리 또는 보호하는 사람을 말한다.
3. "유실·유기동물"이란 도로·공원 등의 공공장소에서 소유자등이 없이 배회하거나 내버려진 동물을 말한다.
4. "피학대동물"이란 제10조제2항 및 같은 조 제4항제2호에 따른 학대를 받은 동물을 말한다.
5. "맹견"이란 다음 각 목의 어느 하나에 해당하는 개를 말한다.
   가. 도사견, 핏불테리어, 로트와일러 등 사람의 생명이나 신체 또는 동물에 위해를 가할 우려가 있는 개로서 농림축산식품부령으로 정하는 개
   나. 사람의 생명이나 신체 또는 동물에 위해를 가할 우려가 있어 제24조제3항에 따라 시·도지사가 맹견으로 지정한 개
6. "봉사동물"이란 「장애인복지법」 제40조에 따른 장애인 보조견 등 사람이나 국가를 위하여 봉사하고 있거나 봉사한 동물로서 대통령령으로 정하는 동물을 말한다.
7. "반려동물"이란 반려(伴侶)의 목적으로 기르는 개, 고양이 등 농림축산식품부령으로 정하는 동물을 말한다.
8. "등록대상동물"이란 동물의 보호, 유실·유기(遺棄) 방지, 질병의 관리, 공중위생상의 위해 방지 등을 위하여 등록이 필요하다고 인정하여 대통령령으로 정하는 동물을 말한다.
9. "동물학대"란 동물을 대상으로 정당한 사유 없이 불필요하거나 피할 수 있는 고통과 스트레스를 주는 행위 및 굶주림, 질병 등에 대하여 적절한 조치를 게을리하거나 방치하는 행위를

말한다.

10. “기질평가”란 동물의 건강상태, 행동양태 및 소유자등의 통제능력 등을 종합적으로 분석하여 평가 대상 동물의 공격성을 판단하는 것을 말한다.
11. “반려동물행동지도사”란 반려동물의 행동분석·평가 및 훈련 등에 전문지식과 기술을 가진 사람으로서 제31조제1항에 따른 자격시험에 합격한 사람을 말한다.
12. “동물실험”이란 「실험동물에 관한 법률」 제2조제1호에 따른 동물실험을 말한다.
13. “동물실험시행기관”이란 동물실험을 실시하는 법인·단체 또는 기관으로서 대통령령으로 정하는 법인·단체 또는 기관을 말한다.

제3조(동물보호의 기본원칙) 누구든지 동물을 사육·관리 또는 보호할 때에는 다음 각 호의 원칙을 준수하여야 한다.

1. 동물이 본래의 습성과 몸의 원형을 유지하면서 정상적으로 살 수 있도록 할 것
2. 동물이 갈증 및 굶주림을 겪거나 영양이 결핍되지 아니하도록 할 것
3. 동물이 정상적인 행동을 표현할 수 있고 불편함을 겪지 아니하도록 할 것
4. 동물이 고통·상해 및 질병으로부터 자유롭도록 할 것
5. 동물이 공포와 스트레스를 받지 아니하도록 할 것

제4조(국가·지방자치단체 및 국민의 책무) ① 국가와 지방자치단체는 동물학대 방지 등 동물을 적정하게 보호·관리하기 위하여 필요한 시책을 수립·시행하여야 한다.

② 국가와 지방자치단체는 제1항에 따른 책무를 다하기 위하여 필요한 인력·예산 등을 확보하도록 노력하여야 하며, 국가는 동물의 적정한 보호·관리, 복지업무 추진을 위하여 지방자치단체에 필요한 사업비의 전부 또는 일부를 예산의 범위에서 지원할 수 있다.

③ 국가와 지방자치단체는 대통령령으로 정하는 민간단체에 동물보호운동이나 그 밖에 이와 관련된 활동을 권장하거나 필요한 지원을 할 수 있으며, 국민에게 동물의 적정한 보호·관리의 방법 등을 알리기 위하여 노력하여야 한다.

④ 국가와 지방자치단체는 「초·중등교육법」 제2조에 따른 학교에 재학 중인 학생이 동물의 보호·복지 등에 관한 사항을 교육받을 수 있도록 동물보호교육을 활성화하기 위하여 노력하여야 한다. 〈신설 2023. 6. 20.〉

⑤ 국가와 지방자치단체는 제4항에 따른 교육을 활성화하기 위하여 예산의 범위에서 지원할 수 있다. 〈신설 2023. 6. 20.〉

⑥ 모든 국민은 동물을 보호하기 위한 국가와 지방자치단체의 시책에 적극 협조하는 등 동물의 보호를 위하여 노력하여야 한다. 〈개정 2023. 6. 20.〉

⑦ 소유자등은 동물의 보호·복지에 관한 교육을 이수하는 등 동물의 적정한 보호·관리와 동물학대 방지를 위하여 노력하여야 한다. 〈개정 2023. 6. 20.〉

제5조(다른 법률과의 관계) 동물의 보호 및 이용·관리 등에 대하여 다른 법률에 특별한 규정이 있는 경우를 제외하고는 이 법에서 정하는 바에 따른다.

제2장 동물복지종합계획의 수립 등

제6조(동물복지종합계획) ① 농림축산식품부장관은 동물의 적정한 보호·관리를 위하여 5년마다 다음 각 호의 사항이 포함된 동물복지종합계획(이하 "종합계획"이라 한다)을 수립·시행하여야 한다.

1. 동물복지에 관한 기본방향
2. 동물의 보호·복지 및 관리에 관한 사항
3. 동물을 보호하는 시설에 대한 지원 및 관리에 관한 사항
4. 반려동물 관련 영업에 관한 사항
5. 동물의 질병 예방 및 치료 등 보건 증진에 관한 사항
6. 동물의 보호·복지 관련 대국민 교육 및 홍보에 관한 사항
7. 종합계획 추진 재원의 조달방안
8. 그 밖에 동물의 보호·복지를 위하여 필요한 사항

② 농림축산식품부장관은 종합계획을 수립할 때 관계 중앙행정기관의 장 및 특별시장·광역시장·특별자치시장·도지사·특별자치도지사(이하 "시·도지사"라 한다)의 의견을 수렴하고, 제7조에 따른 동물복지위원회의 심의를 거쳐 확정한다.

③ 시·도지사는 종합계획에 따라 5년마다 특별시·광역시·특별자치시·도·특별자치도(이하 "시·도"라 한다) 단위의 동물복지계획을 수립하여야 하고, 이를 농림축산식품부장관에게 통보하여야 한다.

제7조(동물복지위원회) ① 농림축산식품부장관의 다음 각 호의 자문에 응하도록 하기 위하여 농림축산식품부에 동물복지위원회(이하 이 조에서 "위원회"라 한다)를 둔다. 다만, 제1호는 심의사항으로 한다.

1. 종합계획의 수립에 관한 사항

2. 동물복지정책의 수립, 집행, 조정 및 평가 등에 관한 사항
3. 다른 중앙행정기관의 업무 중 동물의 보호·복지와 관련된 사항
4. 그 밖에 동물의 보호·복지에 관한 사항

② 위원회는 공동위원장 2명을 포함하여 20명 이내의 위원으로 구성한다.

③ 공동위원장은 농림축산식품부차관과 호선(互選)된 민간위원으로 하며, 위원은 관계 중앙행정기관의 소속 공무원 또는 다음 각 호에 해당하는 사람 중에서 농림축산식품부장관이 임명 또는 위촉한다.

1. 수의사로서 동물의 보호·복지에 대한 학식과 경험이 풍부한 사람
2. 동물복지정책에 관한 학식과 경험이 풍부한 사람으로서 제4조제3항에 따른 민간단체의 추천을 받은 사람
3. 그 밖에 동물복지정책에 관한 전문지식을 가진 사람으로서 농림축산식품부령으로 정하는 자격기준에 맞는 사람

④ 위원회는 위원회의 업무를 효율적으로 수행하기 위하여 위원회에 분과위원회를 둘 수 있다.

⑤ 제1항부터 제4항까지의 규정에 따른 사항 외에 위원회 및 분과위원회의 구성·운영 등에 관한 사항은 대통령령으로 정한다.

제8조(시·도 동물복지위원회) ① 시·도지사는 제6조제3항에 따른 시·도 단위의 동물복지계획의 수립, 동물의 적정한 보호·관리 및 동물복지에 관한 정책을 종합·조정하기 위하여 시·도 동물복지위원회를 설치·운영할 수 있다. 다만, 시·도에 동물복지위원회와 성격 및 기능이 유사한 위원회가 설치되어 있는 경우 해당 시·도의 조례로 정하는 바에 따라 그 위원회가 동물복지위원회의 기능을 대신할 수 있다.

② 시·도 동물복지위원회의 구성·운영 등에 관한 사항은 각 시·도의 조례로 정한다.

제3장 동물의 보호 및 관리

제1절 동물의 보호 등

제9조(적정한 사육·관리) ① 소유자등은 동물에게 적합한 사료와 물을 공급하고, 운동·휴식 및 수면이 보장되도록 노력하여야 한다.

② 소유자등은 동물이 질병에 걸리거나 부상당한 경우에는 신속하게 치료하거나 그 밖에 필요

한 조치를 하도록 노력하여야 한다.

③ 소유자등은 동물을 관리하거나 다른 장소로 옮긴 경우에는 그 동물이 새로운 환경에 적응하는 데에 필요한 조치를 하도록 노력하여야 한다.

④ 소유자등은 재난 시 동물이 안전하게 대피할 수 있도록 노력하여야 한다.

⑤ 제1항부터 제3항까지에서 규정한 사항 외에 동물의 적절한 사육·관리 방법 등에 관한 사항은 농림축산식품부령으로 정한다.

제10조(동물학대 등의 금지) ① 누구든지 동물을 죽이거나 죽음에 이르게 하는 다음 각 호의 행위를 하여서는 아니 된다.

1. 목을 매다는 등의 잔인한 방법으로 죽음에 이르게 하는 행위
2. 노상 등 공개된 장소에서 죽이거나 같은 종류의 다른 동물이 보는 앞에서 죽음에 이르게 하는 행위
3. 동물의 습성 및 생태환경 등 부득이한 사유가 없음에도 불구하고 해당 동물을 다른 동물의 먹이로 사용하는 행위
4. 그 밖에 사람의 생명·신체에 대한 직접적인 위협이나 재산상의 피해 방지 등 농림축산식품부령으로 정하는 정당한 사유 없이 동물을 죽음에 이르게 하는 행위

② 누구든지 동물에 대하여 다음 각 호의 행위를 하여서는 아니 된다.

1. 도구·약물 등 물리적·화학적 방법을 사용하여 상해를 입히는 행위. 다만, 해당 동물의 질병 예방이나 치료 등 농림축산식품부령으로 정하는 경우는 제외한다.
2. 살아있는 상태에서 동물의 몸을 손상하거나 체액을 채취하거나 체액을 채취하기 위한 장치를 설치하는 행위. 다만, 해당 동물의 질병 예방 및 동물실험 등 농림축산식품부령으로 정하는 경우는 제외한다.
3. 도박·광고·오락·유흥 등의 목적으로 동물에게 상해를 입히는 행위. 다만, 민속경기 등 농림축산식품부령으로 정하는 경우는 제외한다.
4. 동물의 몸에 고통을 주거나 상해를 입히는 다음 각 목에 해당하는 행위
   가. 사람의 생명·신체에 대한 직접적 위협이나 재산상의 피해를 방지하기 위하여 다른 방법이 있음에도 불구하고 동물에게 고통을 주거나 상해를 입히는 행위
   나. 동물의 습성 또는 사육환경 등의 부득이한 사유가 없음에도 불구하고 동물을 혹서·혹한 등의 환경에 방치하여 고통을 주거나 상해를 입히는 행위
   다. 갈증이나 굶주림의 해소 또는 질병의 예방이나 치료 등의 목적 없이 동물에게 물이나 음식을 강제로 먹여 고통을 주거나 상해를 입히는 행위
   라. 동물의 사육·훈련 등을 위하여 필요한 방식이 아님에도 불구하고 다른 동물과 싸우게

하거나 도구를 사용하는 등 잔인한 방식으로 고통을 주거나 상해를 입히는 행위

③ 누구든지 소유자등이 없이 배회하거나 내버려진 동물 또는 피학대동물 중 소유자등을 알 수 없는 동물에 대하여 다음 각 호의 어느 하나에 해당하는 행위를 하여서는 아니 된다.

1. 포획하여 판매하는 행위
2. 포획하여 죽이는 행위
3. 판매하거나 죽일 목적으로 포획하는 행위
4. 소유자등이 없이 배회하거나 내버려진 동물 또는 피학대동물 중 소유자등을 알 수 없는 동물임을 알면서 알선·구매하는 행위

④ 소유자등은 다음 각 호의 행위를 하여서는 아니 된다.

1. 동물을 유기하는 행위
2. 반려동물에게 최소한의 사육공간 및 먹이 제공, 적정한 길이의 목줄, 위생·건강 관리를 위한 사항 등 농림축산식품부령으로 정하는 사육·관리 또는 보호의무를 위반하여 상해를 입히거나 질병을 유발하는 행위
3. 제2호의 행위로 인하여 반려동물을 죽음에 이르게 하는 행위

⑤ 누구든지 다음 각 호의 행위를 하여서는 아니 된다.

1. 제1항부터 제4항까지(제4항제1호는 제외한다)의 규정에 해당하는 행위를 촬영한 사진 또는 영상물을 판매·전시·전달·상영하거나 인터넷에 게재하는 행위. 다만, 동물보호 의식을 고양하기 위한 목적이 표시된 홍보 활동 등 농림축산식품부령으로 정하는 경우에는 그러하지 아니하다.
2. 도박을 목적으로 동물을 이용하는 행위 또는 동물을 이용하는 도박을 행할 목적으로 광고·선전하는 행위. 다만, 「사행산업통합감독위원회법」 제2조제1호에 따른 사행산업은 제외한다.
3. 도박·시합·복권·오락·유흥·광고 등의 상이나 경품으로 동물을 제공하는 행위
4. 영리를 목적으로 동물을 대여하는 행위. 다만, 「장애인복지법」 제40조에 따른 장애인 보조견의 대여 등 농림축산식품부령으로 정하는 경우는 제외한다.

제11조(동물의 운송) ① 동물을 운송하는 자 중 농림축산식품부령으로 정하는 자는 다음 각 호의 사항을 준수하여야 한다.

1. 운송 중인 동물에게 적합한 사료와 물을 공급하고, 급격한 출발·제동 등으로 충격과 상해를 입지 아니하도록 할 것
2. 동물을 운송하는 차량은 동물이 운송 중에 상해를 입지 아니하고, 급격한 체온 변화, 호흡 곤란 등으로 인한 고통을 최소화할 수 있는 구조로 되어 있을 것

3. 병든 동물, 어린 동물 또는 임신 중이거나 포유 중인 새끼가 딸린 동물을 운송할 때에는 함께 운송 중인 다른 동물에 의하여 상해를 입지 아니하도록 칸막이의 설치 등 필요한 조치를 할 것
4. 동물을 싣고 내리는 과정에서 동물 또는 동물이 들어있는 운송용 우리를 던지거나 떨어뜨려서 동물을 다치게 하는 행위를 하지 아니할 것
5. 운송을 위하여 전기(電氣) 몰이도구를 사용하지 아니할 것

② 농림축산식품부장관은 제1항제2호에 따른 동물 운송 차량의 구조 및 설비기준을 정하고 이에 맞는 차량을 사용하도록 권장할 수 있다.

③ 농림축산식품부장관은 제1항 및 제2항에서 규정한 사항 외에 동물 운송에 관하여 필요한 사항을 정하여 권장할 수 있다.

제12조(반려동물의 전달방법) 반려동물을 다른 사람에게 전달하려는 자는 직접 전달하거나 제73조제1항에 따라 동물운송업의 등록을 한 자를 통하여 전달하여야 한다.

제13조(동물의 도살방법) ① 누구든지 혐오감을 주거나 잔인한 방법으로 동물을 도살하여서는 아니 되며, 도살과정에서 불필요한 고통이나 공포, 스트레스를 주어서는 아니 된다.

② 「축산물 위생관리법」 또는 「가축전염병 예방법」에 따라 동물을 죽이는 경우에는 가스법·전살법(電殺法) 등 농림축산식품부령으로 정하는 방법을 이용하여 고통을 최소화하여야 하며, 반드시 의식이 없는 상태에서 다음 도살 단계로 넘어가야 한다. 매몰을 하는 경우에도 또한 같다.

③ 제1항 및 제2항의 경우 외에도 동물을 불가피하게 죽여야 하는 경우에는 고통을 최소화할 수 있는 방법에 따라야 한다.

제14조(동물의 수술) 거세, 뿔 없애기, 꼬리 자르기 등 동물에 대한 외과적 수술을 하는 사람은 수의학적 방법에 따라야 한다.

제15조(등록대상동물의 등록 등) ① 등록대상동물의 소유자는 동물의 보호와 유실·유기 방지 및 공중위생상의 위해 방지 등을 위하여 특별자치시장·특별자치도지사·시장·군수·구청장에게 등록대상동물을 등록하여야 한다. 다만, 등록대상동물이 맹견이 아닌 경우로서 농림축산식품부령으로 정하는 바에 따라 시·도의 조례로 정하는 지역에서는 그러하지 아니하다.

② 제1항에 따라 등록된 등록대상동물(이하 "등록동물"이라 한다)의 소유자는 다음 각 호의 어느 하나에 해당하는 경우에는 해당 각 호의 구분에 따른 기간에 특별자치시장·특별자치

도지사·시장·군수·구청장에게 신고하여야 한다.

1. 등록동물을 잃어버린 경우: 등록동물을 잃어버린 날부터 10일 이내
2. 등록동물에 대하여 대통령령으로 정하는 사항이 변경된 경우: 변경사유 발생일부터 30일 이내

③ 등록동물의 소유권을 이전받은 자 중 제1항 본문에 따른 등록을 실시하는 지역에 거주하는 자는 그 사실을 소유권을 이전받은 날부터 30일 이내에 자신의 주소지를 관할하는 특별자치시장·특별자치도지사·시장·군수·구청장에게 신고하여야 한다.

④ 특별자치시장·특별자치도지사·시장·군수·구청장은 대통령령으로 정하는 자(이하 이 조에서 "동물등록대행자"라 한다)로 하여금 제1항부터 제3항까지의 규정에 따른 업무를 대행하게 할 수 있으며 이에 필요한 비용을 지급할 수 있다.

⑤ 특별자치시장·특별자치도지사·시장·군수·구청장은 다음 각 호의 어느 하나에 해당하는 경우 등록을 말소할 수 있다.

1. 거짓이나 그 밖의 부정한 방법으로 등록대상동물을 등록하거나 변경신고한 경우
2. 등록동물 소유자의 주민등록이나 외국인등록사항이 말소된 경우
3. 등록동물의 소유자인 법인이 해산한 경우

⑥ 국가와 지방자치단체는 제1항에 따른 등록에 필요한 비용의 일부 또는 전부를 지원할 수 있다.

⑦ 등록대상동물의 등록 사항 및 방법·절차, 변경신고 절차, 등록 말소 절차, 동물등록대행자 준수사항 등에 관한 사항은 대통령령으로 정하며, 그 밖에 등록에 필요한 사항은 시·도의 조례로 정한다.

제16조(등록대상동물의 관리 등) ① 등록대상동물의 소유자등은 소유자등이 없이 등록대상동물을 기르는 곳에서 벗어나지 아니하도록 관리하여야 한다.

② 등록대상동물의 소유자등은 등록대상동물을 동반하고 외출할 때에는 다음 각 호의 사항을 준수하여야 한다.

1. 농림축산식품부령으로 정하는 기준에 맞는 목줄 착용 등 사람 또는 동물에 대한 위해를 예방하기 위한 안전조치를 할 것
2. 등록대상동물의 이름, 소유자의 연락처, 그 밖에 농림축산식품부령으로 정하는 사항을 표시한 인식표를 등록대상동물에게 부착할 것
3. 배설물(소변의 경우에는 공동주택의 엘리베이터·계단 등 건물 내부의 공용공간 및 평상·의자 등 사람이 눕거나 앉을 수 있는 기구 위의 것으로 한정한다)이 생겼을 때에는 즉시 수거할 것

③ 시·도지사는 등록대상동물의 유실·유기 또는 공중위생상의 위해 방지를 위하여 필요할 때에는 시·도의 조례로 정하는 바에 따라 소유자등으로 하여금 등록대상동물에 대하여 예방접종을 하게 하거나 특정 지역 또는 장소에서의 사육 또는 출입을 제한하게 하는 등 필요한 조치를 할 수 있다.

제2절 맹견의 관리 등

제17조(맹견수입신고) ① 제2조제5호가목에 따른 맹견을 수입하려는 자는 대통령령으로 정하는 바에 따라 농림축산식품부장관에게 신고하여야 한다.

② 제1항에 따라 맹견수입신고를 하려는 자는 맹견의 품종, 수입 목적, 사육 장소 등 대통령령으로 정하는 사항을 신고서에 기재하여 농림축산식품부장관에게 제출하여야 한다.

[시행일: 2024. 4. 27.] 제17조

제18조(맹견사육허가 등) ① 등록대상동물인 맹견을 사육하려는 사람은 다음 각 호의 요건을 갖추어 시·도지사에게 맹견사육허가를 받아야 한다.

1. 제15조에 따른 등록을 할 것
2. 제23조에 따른 보험에 가입할 것
3. 중성화(中性化) 수술을 할 것. 다만, 맹견의 월령이 8개월 미만인 경우로서 발육상태 등으로 인하여 중성화 수술이 어려운 경우에는 대통령령으로 정하는 기간 내에 중성화 수술을 한 후 그 증명서류를 시·도지사에게 제출하여야 한다.

② 공동으로 맹견을 사육·관리 또는 보호하는 사람이 있는 경우에는 제1항에 따른 맹견사육허가를 공동으로 신청할 수 있다.

③ 시·도지사는 맹견사육허가를 하기 전에 제26조에 따른 기질평가위원회가 시행하는 기질평가를 거쳐야 한다.

④ 시·도지사는 맹견의 사육으로 인하여 공공의 안전에 위험이 발생할 우려가 크다고 판단하는 경우에는 맹견사육허가를 거부하여야 한다. 이 경우 기질평가위원회의 심의를 거쳐 해당 맹견에 대하여 인도적인 방법으로 처리할 것을 명할 수 있다.

⑤ 제4항에 따른 맹견의 인도적인 처리는 제46조제1항 및 제2항 전단을 준용한다.

⑥ 시·도지사는 맹견사육허가를 받은 자(제2항에 따라 공동으로 맹견사육허가를 신청한 경우 공동 신청한 자를 포함한다)에게 농림축산식품부령으로 정하는 바에 따라 교육이수 또는 허가대상 맹견의 훈련을 명할 수 있다.

⑦ 제1항부터 제6항까지의 규정에 따른 사항 외에 맹견사육허가의 절차 등에 관한 사항은 대통령령으로 정한다.

[시행일: 2024. 4. 27.] 제18조

제19조(맹견사육허가의 결격사유) 다음 각 호의 어느 하나에 해당하는 사람은 제18조에 따른 맹견사육허가를 받을 수 없다.

1. 미성년자(19세 미만의 사람을 말한다. 이하 같다)
2. 피성년후견인 또는 피한정후견인
3. 「정신건강증진 및 정신질환자 복지서비스 지원에 관한 법률」 제3조제1호에 따른 정신질환자 또는 「마약류 관리에 관한 법률」 제2조제1호에 따른 마약류의 중독자. 다만, 정신건강의학과 전문의가 맹견을 사육하는 것에 지장이 없다고 인정하는 사람은 그러하지 아니하다.
4. 제10조·제16조·제21조를 위반하여 벌금 이상의 실형을 선고받고 그 집행이 종료(집행이 종료된 것으로 보는 경우를 포함한다)되거나 집행이 면제된 날부터 3년이 지나지 아니한 사람
5. 제10조·제16조·제21조를 위반하여 벌금 이상의 형의 집행유예를 선고받고 그 유예기간 중에 있는 사람

[시행일: 2024. 4. 27.] 제19조

제20조(맹견사육허가의 철회 등) ① 시·도지사는 다음 각 호의 어느 하나에 해당하는 경우에 맹견사육허가를 철회할 수 있다.

1. 제18조에 따라 맹견사육허가를 받은 사람의 맹견이 사람 또는 동물을 공격하여 다치게 하거나 죽게 한 경우
2. 정당한 사유 없이 제18조제1항제3호 단서에서 규정한 기간이 지나도록 중성화 수술을 이행하지 아니한 경우
3. 제18조제6항에 따른 교육이수명령 또는 허가대상 맹견의 훈련 명령에 따르지 아니한 경우

② 시·도지사는 제1항제1호에 따라 맹견사육허가를 철회하는 경우 기질평가위원회의 심의를 거쳐 해당 맹견에 대하여 인도적인 방법으로 처리할 것을 명할 수 있다. 이 경우 제46조제1항 및 제2항 전단을 준용한다.

[시행일: 2024. 4. 27.] 제20조

제21조(맹견의 관리) ① 맹견의 소유자등은 다음 각 호의 사항을 준수하여야 한다.

1. 소유자등이 없이 맹견을 기르는 곳에서 벗어나지 아니하게 할 것. 다만, 제18조에 따라 맹견사육허가를 받은 사람의 맹견은 맹견사육허가를 받은 사람 또는 대통령령으로 정하는 맹견사육에 대한 전문지식을 가진 사람 없이 맹견을 기르는 곳에서 벗어나지 아니하게

할 것

2. 월령이 3개월 이상인 맹견을 동반하고 외출할 때에는 농림축산식품부령으로 정하는 바에 따라 목줄 및 입마개 등 안전장치를 하거나 맹견의 탈출을 방지할 수 있는 적정한 이동장치를 할 것
3. 그 밖에 맹견이 사람 또는 동물에게 위해를 가하지 못하도록 하기 위하여 농림축산식품부령으로 정하는 사항을 따를 것

② 시·도지사와 시장·군수·구청장은 맹견이 사람에게 신체적 피해를 주는 경우 농림축산식품부령으로 정하는 바에 따라 소유자등의 동의 없이 맹견에 대하여 격리조치 등 필요한 조치를 취할 수 있다.

③ 제18조제1항 및 제2항에 따라 맹견사육허가를 받은 사람은 맹견의 안전한 사육·관리 또는 보호에 관하여 농림축산식품부령으로 정하는 바에 따라 정기적으로 교육을 받아야 한다.

[시행일: 2024. 4. 27.] 제21조

제22조(맹견의 출입금지 등) 맹견의 소유자등은 다음 각 호의 어느 하나에 해당하는 장소에 맹견이 출입하지 아니하도록 하여야 한다.

1. 「영유아보육법」 제2조제3호에 따른 어린이집
2. 「유아교육법」 제2조제2호에 따른 유치원
3. 「초·중등교육법」 제2조제1호 및 제4호에 따른 초등학교 및 특수학교
4. 「노인복지법」 제31조에 따른 노인복지시설
5. 「장애인복지법」 제58조에 따른 장애인복지시설
6. 「도시공원 및 녹지 등에 관한 법률」 제15조제1항제2호나목에 따른 어린이공원
7. 「어린이놀이시설 안전관리법」 제2조제2호에 따른 어린이놀이시설
8. 그 밖에 불특정 다수인이 이용하는 장소로서 시·도의 조례로 정하는 장소

제23조(보험의 가입 등) ① 맹견의 소유자는 자신의 맹견이 다른 사람 또는 동물을 다치게 하거나 죽게 한 경우 발생한 피해를 보상하기 위하여 보험에 가입하여야 한다.

② 제1항에 따른 보험에 가입하여야 할 맹견의 범위, 보험의 종류, 보상한도액 및 그 밖에 필요한 사항은 대통령령으로 정한다.

③ 농림축산식품부장관은 제1항에 따른 보험의 가입관리 업무를 위하여 필요한 경우 대통령령으로 정하는 바에 따라 관계 중앙행정기관의 장 또는 지방자치단체의 장에게 행정적 조치를 하도록 요청하거나 관계 기관, 보험회사 및 보험 관련 단체에 보험의 가입관리 업무에

필요한 자료를 요청할 수 있다. 이 경우 요청을 받은 자는 정당한 사유가 없으면 이에 따라야 한다.

제24조(맹견 아닌 개의 기질평가) ① 시·도지사는 제2조제5호가목에 따른 맹견이 아닌 개가 사람 또는 동물에게 위해를 가한 경우 그 개의 소유자에게 해당 동물에 대한 기질평가를 받을 것을 명할 수 있다.

② 맹견이 아닌 개의 소유자는 해당 개의 공격성이 분쟁의 대상이 된 경우 시·도지사에게 해당 개에 대한 기질평가를 신청할 수 있다.

③ 시·도지사는 제1항에 따른 명령을 하거나 제2항에 따른 신청을 받은 경우 기질평가를 거쳐 해당 개의 공격성이 높은 경우 맹견으로 지정하여야 한다.

④ 시·도지사는 제3항에 따라 맹견 지정을 하는 경우에는 해당 개의 소유자의 신청이 있으면 제18조에 따른 맹견사육허가 여부를 함께 결정할 수 있다.

⑤ 시·도지사는 제3항에 따라 맹견 지정을 하지 아니하는 경우에도 해당 개의 소유자에게 대통령령으로 정하는 바에 따라 교육이수 또는 개의 훈련을 명할 수 있다.

[시행일: 2024. 4. 27.] 제24조

제25조(비용부담 등) ① 기질평가에 소요되는 비용은 소유자의 부담으로 하며, 그 비용의 징수는 「지방행정제재·부과금의 징수 등에 관한 법률」의 예에 따른다.

② 제1항에 따른 기질평가비용의 기준, 지급 범위 등과 관련하여 필요한 사항은 농림축산식품부령으로 정한다.

[시행일: 2024. 4. 27.] 제25조

제26조(기질평가위원회) ① 시·도지사는 다음 각 호의 업무를 수행하기 위하여 시·도에 기질평가위원회를 둔다.

1. 제2조제5호가목에 따른 맹견 종(種)의 판정
2. 제18조제3항에 따른 맹견의 기질평가
3. 제18조제4항에 따른 인도적인 처리에 대한 심의
4. 제24조제3항에 따른 맹견이 아닌 개에 대한 기질평가
5. 그 밖에 시·도지사가 요청하는 사항

② 기질평가위원회는 위원장 1명을 포함하여 3명 이상의 위원으로 구성한다.

③ 위원은 다음 각 호의 어느 하나에 해당하는 사람 중에서 시·도지사가 위촉하며, 위원장은 위원 중에서 호선한다.

1. 수의사로서 동물의 행동과 발달 과정에 대한 학식과 경험이 풍부한 사람
2. 반려동물행동지도사
3. 동물복지정책에 대한 학식과 경험이 풍부하다고 시·도지사가 인정하는 사람

④ 제1항부터 제3항까지의 규정에 따른 사항 외에 기질평가위원회의 구성·운영 등에 관한 사항은 대통령령으로 정한다.

[시행일: 2024. 4. 27.] 제26조

제27조(기질평가위원회의 권한 등) ① 기질평가위원회는 기질평가를 위하여 필요하다고 인정하는 경우 평가대상동물의 소유자등에 대하여 출석하여 진술하게 하거나 의견서 또는 자료의 제출을 요청할 수 있다.

② 기질평가위원회는 평가에 필요한 경우 소유자의 거주지, 그 밖에 사건과 관련된 장소에서 기질평가와 관련된 조사를 할 수 있다.

③ 제2항에 따라 조사를 하는 경우 농림축산식품부령으로 정하는 증표를 지니고 이를 소유자에게 보여주어야 한다.

④ 평가대상동물의 소유자등은 정당한 사유 없이 제1항 및 제2항에 따른 출석, 자료제출요구 또는 기질평가와 관련한 조사를 거부하여서는 아니 된다.

[시행일: 2024. 4. 27.] 제27조

제28조(기질평가에 필요한 정보의 요청 등) ① 시·도지사 또는 기질평가위원회는 기질평가를 위하여 필요하다고 인정하는 경우 동물이 사람 또는 동물에게 위해를 가한 사건에 대하여 관계 기관에 영상정보처리기기의 기록 등 필요한 정보를 요청할 수 있다.

② 제1항에 따른 요청을 받은 관계 기관의 장은 정당한 사유 없이 이를 거부하여서는 아니 된다.

③ 제1항의 정보의 보호 및 관리에 관한 사항은 이 법에서 규정된 것을 제외하고는 「개인정보 보호법」을 따른다.

[시행일: 2024. 4. 27.] 제28조

제29조(비밀엄수의 의무 등) ① 기질평가위원회의 위원이나 위원이었던 사람은 업무상 알게 된 비밀을 누설하여서는 아니 된다.

② 기질평가위원회의 위원 중 공무원이 아닌 사람은 「형법」 제129조부터 제132조까지의 규정을 적용할 때에 공무원으로 본다.

[시행일: 2024. 4. 27.] 제29조

제3절 반려동물행동지도사

제30조(반려동물행동지도사의 업무) ① 반려동물행동지도사는 다음 각 호의 업무를 수행한다.

1. 반려동물에 대한 행동분석 및 평가
2. 반려동물에 대한 훈련
3. 반려동물 소유자등에 대한 교육
4. 그 밖에 반려동물행동지도에 필요한 사항으로 농림축산식품부령으로 정하는 업무

② 농림축산식품부장관은 반려동물행동지도사의 업무능력 및 전문성 향상을 위하여 농림축산식품부령으로 정하는 바에 따라 보수교육을 실시할 수 있다.

[시행일: 2024. 4. 27.] 제30조

제31조(반려동물행동지도사 자격시험) ① 반려동물행동지도사가 되려는 사람은 농림축산식품부장관이 시행하는 자격시험에 합격하여야 한다.

② 반려동물의 행동분석·평가 및 훈련 등에 전문지식과 기술을 갖추었다고 인정되는 대통령령으로 정하는 기준에 해당하는 사람에게는 제1항에 따른 자격시험 과목의 일부를 면제할 수 있다.

③ 농림축산식품부장관은 다음 각 호의 어느 하나에 해당하는 사람에 대해서는 해당 시험을 무효로 하거나 합격 결정을 취소하여야 한다.

1. 거짓이나 그 밖에 부정한 방법으로 시험에 응시한 사람
2. 시험에서 부정한 행위를 한 사람

④ 다음 각 호의 어느 하나에 해당하는 사람은 그 처분이 있은 날부터 3년간 반려동물행동지도사 자격시험에 응시하지 못한다.

1. 제3항에 따라 시험의 무효 또는 합격 결정의 취소를 받은 사람
2. 제32조제2항에 따라 반려동물행동지도사의 자격이 취소된 사람

⑤ 농림축산식품부장관은 제1항에 따른 자격시험의 시행 등에 관한 사항을 대통령령으로 정하는 바에 따라 관계 전문기관에 위탁할 수 있다.

⑥ 반려동물행동지도사 자격시험의 시험과목, 시험방법, 합격기준 및 자격증 발급 등에 관한 사항은 대통령령으로 정한다.

[시행일: 2024. 4. 27.] 제31조

제32조(반려동물행동지도사의 결격사유 및 자격취소 등) ① 다음 각 호의 어느 하나에 해당하는 사람은 반려동물행동지도사가 될 수 없다.

1. 피성년후견인

2. 「정신건강증진 및 정신질환자 복지서비스 지원에 관한 법률」 제3조제1호에 따른 정신질환자 또는 「마약류 관리에 관한 법률」 제2조제1호에 따른 마약류의 중독자. 다만, 정신건강의학과 전문의가 반려동물행동지도사 업무를 수행할 수 있다고 인정하는 사람은 그러하지 아니하다.
3. 이 법을 위반하여 벌금 이상의 실형을 선고받고 그 집행이 종료(집행이 종료된 것으로 보는 경우를 포함한다)되거나 집행이 면제된 날부터 3년이 지나지 아니한 경우
4. 이 법을 위반하여 벌금 이상의 형의 집행유예를 선고받고 그 유예기간 중에 있는 경우

② 농림축산식품부장관은 반려동물행동지도사가 다음 각 호의 어느 하나에 해당하면 그 자격을 취소하거나 2년 이내의 기간을 정하여 그 자격을 정지시킬 수 있다. 다만, 제1호부터 제4호까지 중 어느 하나에 해당하는 경우에는 그 자격을 취소하여야 한다.

1. 제1항 각 호의 어느 하나에 해당하게 된 경우
2. 거짓이나 그 밖의 부정한 방법으로 자격을 취득한 경우
3. 다른 사람에게 명의를 사용하게 하거나 자격증을 대여한 경우
4. 자격정지기간에 업무를 수행한 경우
5. 이 법을 위반하여 벌금 이상의 형을 선고받고 그 형이 확정된 경우
6. 영리를 목적으로 반려동물의 소유자등에게 불필요한 서비스를 선택하도록 알선·유인하거나 강요한 경우

③ 제2항에 따른 자격의 취소 및 정지에 관한 기준은 그 처분의 사유와 위반 정도 등을 고려하여 농림축산식품부령으로 정한다.

[시행일: 2024. 4. 27.] 제32조

제33조(명의대여 금지 등) ① 제31조에 따른 자격시험에 합격한 자가 아니면 반려동물행동지도사의 명칭을 사용하지 못한다.

② 반려동물행동지도사는 다른 사람에게 자기의 명의를 사용하여 제30조제1항에 따른 업무를 수행하게 하거나 그 자격증을 대여하여서는 아니 된다.

③ 누구든지 제1항이나 제2항에서 금지된 행위를 알선하여서는 아니 된다.

[시행일: 2024. 4. 27.] 제33조

제4절 동물의 구조 등

제34조(동물의 구조·보호) ① 시·도지사와 시장·군수·구청장은 다음 각 호의 어느 하나에 해당하는 동물을 발견한 때에는 그 동물을 구조하여 **제9조에 따라 치료·보호에 필요한 조치(이하 "보호조치"라 한다)**를 하여야 하며, 제2호 및 제3호에 해당하는 동물은 학대 재발 방지를

위하여 학대행위자로부터 격리하여야 한다. 다만, 제1호에 해당하는 동물 중 농림축산식품부령으로 정하는 동물은 구조·보호조치의 대상에서 제외한다.

1. 유실·유기동물
2. 피학대동물 중 소유자를 알 수 없는 동물
3. 소유자등으로부터 제10조제2항 및 같은 조 제4항제2호에 따른 학대를 받아 적정하게 치료·보호받을 수 없다고 판단되는 동물

② 시·도지사와 시장·군수·구청장이 제1항제1호 및 제2호에 해당하는 동물에 대하여 보호조치 중인 경우에는 그 동물의 등록 여부를 확인하여야 하고, 등록된 동물인 경우에는 지체 없이 동물의 소유자에게 보호조치 중인 사실을 통보하여야 한다.

③ 시·도지사와 시장·군수·구청장이 제1항제3호에 따른 동물을 보호할 때에는 농림축산식품부령으로 정하는 바에 따라 기간을 정하여 해당 동물에 대한 보호조치를 하여야 한다.

④ 시·도지사와 시장·군수·구청장은 제1항 각 호 외의 부분 단서에 해당하는 동물에 대하여도 보호·관리를 위하여 필요한 조치를 할 수 있다.

제35조(동물보호센터의 설치 등) ① 시·도지사와 시장·군수·구청장은 제34조에 따른 동물의 구조·보호 등을 위하여 농림축산식품부령으로 정하는 시설 및 인력 기준에 맞는 동물보호센터를 설치·운영할 수 있다.

② 시·도지사와 시장·군수·구청장은 제1항에 따른 동물보호센터를 직접 설치·운영하도록 노력하여야 한다.

③ 제1항에 따라 설치한 동물보호센터의 업무는 다음 각 호와 같다.

1. 제34조에 따른 동물의 구조·보호조치
2. 제41조에 따른 동물의 반환 등
3. 제44조에 따른 사육포기 동물의 인수 등
4. 제45조에 따른 동물의 기증·분양
5. 제46조에 따른 동물의 인도적인 처리 등
6. 반려동물사육에 대한 교육
7. 유실·유기동물 발생 예방 교육
8. 동물학대행위 근절을 위한 동물보호 홍보
9. 그 밖에 동물의 구조·보호 등을 위하여 농림축산식품부령으로 정하는 업무

④ 농림축산식품부장관은 제1항에 따라 시·도지사 또는 시장·군수·구청장이 설치·운영하는 동물보호센터의 설치·운영에 드는 비용의 전부 또는 일부를 지원할 수 있다.

⑤ 제1항에 따라 설치된 동물보호센터의 장 및 그 종사자는 농림축산식품부령으로 정하는

바에 따라 정기적으로 동물의 보호 및 공중위생상의 위해 방지 등에 관한 교육을 받아야 한다.

⑥ 동물보호센터 운영의 공정성과 투명성을 확보하기 위하여 농림축산식품부령으로 정하는 일정 규모 이상의 동물보호센터는 농림축산식품부령으로 정하는 바에 따라 운영위원회를 구성·운영하여야 한다. 다만, 시·도 또는 시·군·구에 운영위원회와 성격 및 기능이 유사한 위원회가 설치되어 있는 경우 해당 시·도 또는 시·군·구의 조례로 정하는 바에 따라 그 위원회가 운영위원회의 기능을 대신할 수 있다.

⑦ 제1항에 따른 동물보호센터의 준수사항 등에 관한 사항은 농림축산식품부령으로 정하고, 보호조치의 구체적인 내용 등 그 밖에 필요한 사항은 시·도의 조례로 정한다.

제36조(동물보호센터의 지정 등) ① 시·도지사 또는 시장·군수·구청장은 농림축산식품부령으로 정하는 시설 및 인력 기준에 맞는 기관이나 단체 등을 동물보호센터로 지정하여 제35조제3항에 따른 업무를 위탁할 수 있다. 이 경우 동물보호센터로 지정받은 기관이나 단체 등은 동물의 보호조치를 제3자에게 위탁하여서는 아니 된다.

② 제1항에 따른 동물보호센터로 지정받으려는 자는 농림축산식품부령으로 정하는 바에 따라 시·도지사 또는 시장·군수·구청장에게 신청하여야 한다.

③ 시·도지사 또는 시장·군수·구청장은 제1항에 따른 동물보호센터에 동물의 구조·보호조치 등에 드는 비용(이하 "보호비용"이라 한다)의 전부 또는 일부를 지원할 수 있으며, 보호비용의 지급절차와 그 밖에 필요한 사항은 농림축산식품부령으로 정한다.

④ 시·도지사 또는 시장·군수·구청장은 제1항에 따라 지정된 동물보호센터가 다음 각 호의 어느 하나에 해당하는 경우에는 그 지정을 취소할 수 있다. 다만, 제1호 및 제4호에 해당하는 경우에는 그 지정을 취소하여야 한다.

1. 거짓이나 그 밖의 부정한 방법으로 지정을 받은 경우
2. 제1항에 따른 지정기준에 맞지 아니하게 된 경우
3. 보호비용을 거짓으로 청구한 경우
4. 제10조제1항부터 제4항까지의 규정을 위반한 경우
5. 제46조를 위반한 경우
6. 제86조제1항제3호의 시정명령을 위반한 경우
7. 특별한 사유 없이 유실·유기동물 및 피학대동물에 대한 보호조치를 3회 이상 거부한 경우
8. 보호 중인 동물을 영리를 목적으로 분양한 경우

⑤ 시·도지사 또는 시장·군수·구청장은 제4항에 따라 지정이 취소된 기관이나 단체 등을 지정이 취소된 날부터 1년 이내에는 다시 동물보호센터로 지정하여서는 아니 된다. 다만,

제4항제4호에 따라 지정이 취소된 기관이나 단체는 지정이 취소된 날부터 5년 이내에는 다시 동물보호센터로 지정하여서는 아니 된다.

⑥ 제1항에 따른 동물보호센터 지정절차의 구체적인 내용은 시·도의 조례로 정하고, 지정된 동물보호센터에 대하여는 제35조제5항부터 제7항까지의 규정을 준용한다.

제37조(민간동물보호시설의 신고 등) ① 영리를 목적으로 하지 아니하고 유실·유기동물 및 피학대동물을 기증받거나 인수 등을 하여 임시로 보호하기 위하여 대통령령으로 정하는 규모 이상의 민간동물보호시설(이하 "보호시설"이라 한다)을 운영하려는 자는 농림축산식품부령으로 정하는 바에 따라 시설 명칭, 주소, 규모 등을 특별자치시장·특별자치도지사·시장·군수·구청장에게 신고하여야 한다.

② 제1항에 따라 신고한 사항 중 대통령령으로 정하는 중요한 사항을 변경할 때에는 특별자치시장·특별자치도지사·시장·군수·구청장에게 신고하여야 한다.

③ 특별자치시장·특별자치도지사·시장·군수·구청장은 제1항에 따른 신고 또는 제2항에 따른 변경신고를 받은 경우 그 내용을 검토하여 이 법에 적합하면 신고를 수리하여야 한다.

④ 제3항에 따라 신고가 수리된 보호시설의 운영자(이하 "보호시설운영자"라 한다)는 농림축산식품부령으로 정하는 시설 및 운영 기준 등을 준수하여야 하며 동물보호를 위하여 시설정비 등의 사후관리를 하여야 한다.

⑤ 보호시설운영자가 보호시설의 운영을 일시적으로 중단하거나 영구적으로 폐쇄 또는 그 운영을 재개하려는 경우에는 농림축산식품부령으로 정하는 바에 따라 보호하고 있는 동물에 대한 관리 또는 처리 방안 등을 마련하여 특별자치시장·특별자치도지사·시장·군수·구청장에게 신고하여야 한다. 이 경우 제3항을 준용한다.

⑥ 제74조제1호·제2호·제6호·제7호에 해당하는 자는 보호시설운영자가 되거나 보호시설 종사자로 채용될 수 없다.

⑦ 농림축산식품부장관 또는 특별자치시장·특별자치도지사·시장·군수·구청장은 보호시설의 환경개선 및 운영에 드는 비용의 일부를 지원할 수 있다.

⑧ 제1항부터 제6항까지의 규정에 따른 보호시설의 시설 및 운영 등에 관한 사항은 대통령령으로 정한다.

제38조(시정명령 및 시설폐쇄 등) ① 특별자치시장·특별자치도지사·시장·군수·구청장은 제37조제4항을 위반한 보호시설운영자에게 해당 위반행위의 중지나 시정을 위하여 필요한 조치를 명할 수 있다.

② 특별자치시장·특별자치도지사·시장·군수·구청장은 보호시설운영자가 다음 각 호의 어

느 하나에 해당하는 경우에는 보호시설의 폐쇄를 명할 수 있다. 다만, 제1호 및 제2호에 해당하는 경우에는 보호시설의 폐쇄를 명하여야 한다.

1. 거짓이나 그 밖의 부정한 방법으로 보호시설의 신고 또는 변경신고를 한 경우
2. 제10조제1항부터 제4항까지의 규정을 위반하여 벌금 이상의 형을 선고받은 경우
3. 제1항에 따른 중지명령이나 시정명령을 최근 2년 이내에 3회 이상 반복하여 이행하지 아니한 경우
4. 제37조제1항에 따른 신고를 하지 아니하고 보호시설을 운영한 경우
5. 제37조제2항에 따른 변경신고를 하지 아니하고 보호시설을 운영한 경우

제39조(신고 등) ① 누구든지 다음 각 호의 어느 하나에 해당하는 동물을 발견한 때에는 관할 지방자치단체 또는 동물보호센터에 신고할 수 있다.

1. 제10조에서 금지한 학대를 받는 동물
2. 유실·유기동물

② 다음 각 호의 어느 하나에 해당하는 자가 그 직무상 제1항에 따른 동물을 발견한 때에는 지체 없이 관할 지방자치단체 또는 동물보호센터에 신고하여야 한다. 〈개정 2023. 6. 20.〉

1. 제4조제3항에 따른 민간단체의 임원 및 회원
2. 제35조제1항에 따라 설치되거나 제36조제1항에 따라 지정된 동물보호센터의 장 및 그 종사자
3. 제37조에 따른 보호시설운영자 및 보호시설의 종사자
4. 제51조제1항에 따라 동물실험윤리위원회를 설치한 동물실험시행기관의 장 및 그 종사자
5. 제53조제2항에 따른 동물실험윤리위원회의 위원
6. 제59조제1항에 따라 동물복지축산농장 인증을 받은 자
7. 제69조제1항에 따른 영업의 허가를 받은 자 또는 제73조제1항에 따라 영업의 등록을 한 자 및 그 종사자
8. 제88조제1항에 따른 동물보호관
9. 수의사, 동물병원의 장 및 그 종사자

③ 신고인의 신분은 보장되어야 하며 그 의사에 반하여 신원이 노출되어서는 아니 된다.

④ 제1항 또는 제2항에 따라 신고한 자 또는 신고·통보를 받은 관할 특별자치시장·특별자치도지사·시장·군수·구청장은 관할 시·도 가축방역기관장 또는 국립가축방역기관장에게 해당 동물의 학대 여부 판단 등을 위한 동물검사를 의뢰할 수 있다.

제40조(공고) 시·도지사와 시장·군수·구청장은 제34조제1항제1호 및 제2호에 따른 동물을 보

호하고 있는 경우에는 소유자등이 보호조치 사실을 알 수 있도록 대통령령으로 정하는 바에 따라 지체 없이 7일 이상 그 사실을 공고하여야 한다.

제41조(동물의 반환 등) ① 시·도지사와 시장·군수·구청장은 다음 각 호의 어느 하나에 해당하는 사유가 발생한 경우에는 제34조에 해당하는 동물을 그 동물의 소유자에게 반환하여야 한다.

1. 제34조제1항제1호 및 제2호에 해당하는 동물이 보호조치 중에 있고, 소유자가 그 동물에 대하여 반환을 요구하는 경우
2. 제34조제3항에 따른 보호기간이 지난 후, 보호조치 중인 같은 조 제1항제3호의 동물에 대하여 소유자가 제2항에 따른 사육계획서를 제출한 후 제42조제2항에 따라 보호비용을 부담하고 반환을 요구하는 경우

② 시·도지사와 시장·군수·구청장이 보호조치 중인 제34조제1항제3호의 동물을 반환받으려는 소유자는 농림축산식품부령으로 정하는 바에 따라 학대행위의 재발 방지 등 동물을 적정하게 보호·관리하기 위한 사육계획서를 제출하여야 한다.

③ 시·도지사와 시장·군수·구청장은 제1항제2호에 해당하는 동물의 반환과 관련하여 동물의 소유자에게 보호기간, 보호비용 납부기한 및 면제 등에 관한 사항을 알려야 한다.

④ 시·도지사와 시장·군수·구청장은 제1항제2호에 따라 동물을 반환받은 소유자가 제2항에 따라 제출한 사육계획서의 내용을 이행하고 있는지를 제88조제1항에 따른 동물보호관에게 점검하게 할 수 있다.

제42조(보호비용의 부담) ① 시·도지사와 시장·군수·구청장은 제34조제1항제1호 및 제2호에 해당하는 동물의 보호비용을 소유자 또는 제45조제1항에 따라 분양을 받는 자에게 청구할 수 있다.

② 제34조제1항제3호에 해당하는 동물의 보호비용은 농림축산식품부령으로 정하는 바에 따라 납부기한까지 그 동물의 소유자가 내야 한다. 이 경우 시·도지사와 시장·군수·구청장은 동물의 소유자가 제43조제2호에 따라 그 동물의 소유권을 포기한 경우에는 보호비용의 전부 또는 일부를 면제할 수 있다.

③ 제1항 및 제2항에 따른 보호비용의 징수에 관한 사항은 대통령령으로 정하고, 보호비용의 산정 기준에 관한 사항은 농림축산식품부령으로 정하는 범위에서 해당 시·도의 조례로 정한다.

제43조(동물의 소유권 취득) 시·도 및 시·군·구가 동물의 소유권을 취득할 수 있는 경우는

다음 각 호와 같다.

1. 「유실물법」 제12조 및 「민법」 제253조에도 불구하고 제40조에 따라 공고한 날부터 10일이 지나도 동물의 소유자등을 알 수 없는 경우
2. 제34조제1항제3호에 해당하는 동물의 소유자가 그 동물의 소유권을 포기한 경우
3. 제34조제1항제3호에 해당하는 동물의 소유자가 제42조제2항에 따른 보호비용의 납부기한이 종료된 날부터 10일이 지나도 보호비용을 납부하지 아니하거나 제41조제2항에 따른 사육계획서를 제출하지 아니한 경우
4. 동물의 소유자를 확인한 날부터 10일이 지나도 정당한 사유 없이 동물의 소유자와 연락이 되지 아니하거나 소유자가 반환받을 의사를 표시하지 아니한 경우

제44조(사육포기 동물의 인수 등) ① 소유자등은 시·도지사와 시장·군수·구청장에게 자신이 소유하거나 사육·관리 또는 보호하는 동물의 인수를 신청할 수 있다.

② 시·도지사와 시장·군수·구청장이 제1항에 따른 인수신청을 승인하는 경우에 해당 동물의 소유권은 시·도 및 시·군·구에 귀속된다.

③ 시·도지사와 시장·군수·구청장은 제1항에 따라 동물의 인수를 신청하는 자에 대하여 농림축산식품부령으로 정하는 바에 따라 해당 동물에 대한 보호비용 등을 청구할 수 있다.

④ 시·도지사와 시장·군수·구청장은 장기입원 또는 요양, 「병역법」에 따른 병역 복무 등 농림축산식품부령으로 정하는 불가피한 사유가 없음에도 불구하고 동물의 인수를 신청하는 자에 대하여는 제1항에 따른 동물인수신청을 거부할 수 있다.

제45조(동물의 기증·분양) ① 시·도지사와 시장·군수·구청장은 제43조 또는 제44조에 따라 소유권을 취득한 동물이 적정하게 사육·관리될 수 있도록 시·도의 조례로 정하는 바에 따라 동물원, 동물을 애호하는 자(시·도의 조례로 정하는 자격요건을 갖춘 자로 한정한다)나 대통령령으로 정하는 민간단체 등에 기증하거나 분양할 수 있다.

② 시·도지사와 시장·군수·구청장은 제1항에 따라 기증하거나 분양하는 동물이 등록대상동물인 경우 등록 여부를 확인하여 등록이 되어 있지 아니한 때에는 등록한 후 기증하거나 분양하여야 한다.

③ 시·도지사와 시장·군수·구청장은 제43조 또는 제44조에 따라 소유권을 취득한 동물에 대하여는 제1항에 따라 분양될 수 있도록 공고할 수 있다.

④ 제1항에 따른 기증·분양의 요건 및 절차 등 그 밖에 필요한 사항은 시·도의 조례로 정한다.

제46조(동물의 인도적인 처리 등) ① 제35조제1항 및 제36조제1항에 따른 동물보호센터의 장은 제34조제1항에 따라 보호조치 중인 동물에게 질병 등 농림축산식품부령으로 정하는 사유가 있는 경우에는 농림축산식품부장관이 정하는 바에 따라 마취 등을 통하여 동물의 고통을 최소화하는 인도적인 방법으로 처리하여야 한다.

② 제1항에 따라 시행하는 동물의 인도적인 처리는 수의사가 하여야 한다. 이 경우 사용된 약제 관련 사용기록의 작성·보관 등에 관한 사항은 농림축산식품부령으로 정하는 바에 따른다.

③ 동물보호센터의 장은 제1항에 따라 동물의 사체가 발생한 경우 「폐기물관리법」에 따라 처리하거나 제69조제1항제4호에 따른 동물장묘업의 허가를 받은 자가 설치·운영하는 동물장묘시설 및 제71조제1항에 따른 공설동물장묘시설에서 처리하여야 한다.

제4장 동물실험의 관리 등

제47조(동물실험의 원칙) ① 동물실험은 인류의 복지 증진과 동물 생명의 존엄성을 고려하여 실시되어야 한다.

② 동물실험을 하려는 경우에는 이를 대체할 수 있는 방법을 우선적으로 고려하여야 한다.

③ 동물실험은 실험동물의 윤리적 취급과 과학적 사용에 관한 지식과 경험을 보유한 자가 시행하여야 하며 필요한 최소한의 동물을 사용하여야 한다.

④ 실험동물의 고통이 수반되는 실험을 하려는 경우에는 감각능력이 낮은 동물을 사용하고 진통제·진정제·마취제의 사용 등 수의학적 방법에 따라 고통을 덜어주기 위한 적절한 조치를 하여야 한다.

⑤ 동물실험을 한 자는 그 실험이 끝난 후 지체 없이 해당 동물을 검사하여야 하며, 검사 결과 정상적으로 회복한 동물은 기증하거나 분양할 수 있다.

⑥ 제5항에 따른 검사 결과 해당 동물이 회복할 수 없거나 지속적으로 고통을 받으며 살아야 할 것으로 인정되는 경우에는 신속하게 고통을 주지 아니하는 방법으로 처리하여야 한다.

⑦ 제1항부터 제6항까지에서 규정한 사항 외에 동물실험의 원칙과 이에 따른 기준 및 방법에 관한 사항은 농림축산식품부장관이 정하여 고시한다.

제48조(전임수의사) ① 대통령령으로 정하는 기준 이상의 실험동물을 보유한 동물실험시행기관의 장은 그 실험동물의 건강 및 복지 증진을 위하여 실험동물을 전담하는 수의사(이하 “전

임수의사"라 한다)를 두어야 한다.

② 전임수의사의 자격 및 업무 범위 등에 필요한 사항은 대통령령으로 정한다.

제49조(동물실험의 금지 등) 누구든지 다음 각 호의 동물실험을 하여서는 아니 된다. 다만, 인수공통전염병 등 질병의 확산으로 인간 및 동물의 건강과 안전에 심각한 위해가 발생될 것이 우려되는 경우 또는 봉사동물의 선발·훈련방식에 관한 연구를 하는 경우로서 제52조에 따른 공용동물실험윤리위원회의 실험 심의 및 승인을 받은 때에는 그러하지 아니하다.

1. 유실·유기동물(보호조치 중인 동물을 포함한다)을 대상으로 하는 실험
2. 봉사동물을 대상으로 하는 실험

제50조(미성년자 동물 해부실습의 금지) 누구든지 미성년자에게 체험·교육·시험·연구 등의 목적으로 동물(사체를 포함한다) 해부실습을 하게 하여서는 아니 된다. 다만, 「초·중등교육법」 제2조에 따른 학교 또는 동물실험시행기관 등이 시행하는 경우 등 농림축산식품부령으로 정하는 경우에는 그러하지 아니하다.

제51조(동물실험윤리위원회의 설치 등) ① 동물실험시행기관의 장은 실험동물의 보호와 윤리적인 취급을 위하여 제53조에 따라 동물실험윤리위원회(이하 "윤리위원회"라 한다)를 설치·운영하여야 한다.

② 제1항에도 불구하고 다음 각 호의 어느 하나에 해당하는 경우에는 윤리위원회를 설치한 것으로 본다.

1. 농림축산식품부령으로 정하는 일정 기준 이하의 동물실험시행기관이 제54조에 따른 윤리위원회의 기능을 제52조에 따른 공용동물실험윤리위원회에 위탁하는 협약을 맺은 경우
2. 동물실험시행기관에 「실험동물에 관한 법률」 제7조에 따른 실험동물운영위원회가 설치되어 있고, 그 위원회의 구성이 제53조제2항부터 제4항까지에 규정된 요건을 충족할 경우

③ 동물실험시행기관의 장은 동물실험을 하려면 윤리위원회의 심의를 거쳐야 한다.

④ 동물실험시행기관의 장은 제3항에 따른 심의를 거친 내용 중 농림축산식품부령으로 정하는 중요사항에 변경이 있는 경우에는 해당 변경사유의 발생 즉시 윤리위원회에 변경심의를 요청하여야 한다. 다만, 농림축산식품부령으로 정하는 경미한 변경이 있는 경우에는 제56조제1항에 따라 지정된 전문위원의 검토를 거친 후 제53조제1항의 위원장의 승인을 받아야 한다.

⑤ 농림축산식품부장관은 윤리위원회의 운영에 관한 표준지침을 위원회(IACUC)표준운영가이드라인으로 고시하여야 한다.

제52조(공용동물실험윤리위원회의 지정 등) ① 농림축산식품부장관은 동물실험시행기관 또는 연구자가 공동으로 이용할 수 있는 공용동물실험윤리위원회(이하 "공용윤리위원회"라 한다)를 지정 또는 설치할 수 있다.

② 공용윤리위원회는 다음 각 호의 실험에 대한 심의 및 지도·감독을 수행한다.

1. 제51조제2항제1호에 따라 공용윤리위원회와 협약을 맺은 기관이 위탁한 실험
2. 제49조 각 호 외의 부분 단서에 따라 공용윤리위원회의 실험 심의 및 승인을 받도록 규정한 같은 조 각 호의 동물실험
3. 제50조에 따라 「초·중등교육법」 제2조에 따른 학교 등이 신청한 동물해부실습
4. 둘 이상의 동물실험시행기관이 공동으로 수행하는 실험으로 각각의 윤리위원회에서 해당 실험을 심의 및 지도·감독하는 것이 적절하지 아니하다고 판단되어 해당 동물실험시행기관의 장들이 공용윤리위원회를 이용하기로 합의한 실험
5. 그 밖에 농림축산식품부령으로 정하는 실험

③ 제2항에 따른 공용윤리위원회의 심의 및 지도·감독에 대해서는 제51조제4항, 제54조제2항·제3항, 제55조의 규정을 준용한다.

④ 제1항 및 제2항에 따른 공용윤리위원회의 지정 및 설치, 기능, 운영 등에 필요한 사항은 농림축산식품부령으로 정한다.

[시행일: 2024. 4. 27.] 제52조

제53조(윤리위원회의 구성) ① 윤리위원회는 위원장 1명을 포함하여 3명 이상의 위원으로 구성한다.

② 위원은 다음 각 호에 해당하는 사람 중에서 동물실험시행기관의 장이 위촉하며, 위원장은 위원 중에서 호선한다.

1. 수의사로서 농림축산식품부령으로 정하는 자격기준에 맞는 사람
2. 제4조제3항에 따른 민간단체가 추천하는 동물보호에 관한 학식과 경험이 풍부한 사람으로서 농림축산식품부령으로 정하는 자격기준에 맞는 사람
3. 그 밖에 실험동물의 보호와 윤리적인 취급을 도모하기 위하여 필요한 사람으로서 농림축산식품부령으로 정하는 사람

③ 윤리위원회에는 제2항제1호 및 제2호에 해당하는 위원을 각각 1명 이상 포함하여야 한다.

④ 윤리위원회를 구성하는 위원의 3분의 1 이상은 해당 동물실험시행기관과 이해관계가 없는 사람이어야 한다.

⑤ 위원의 임기는 2년으로 한다.

⑥ 동물실험시행기관의 장은 제2항에 따른 위원의 추천 및 선정 과정을 투명하고 공정하게

관리하여야 한다.

⑦ 그 밖에 윤리위원회의 구성 및 이해관계의 범위 등에 관한 사항은 농림축산식품부령으로 정한다.

제54조(윤리위원회의 기능 등) ① 윤리위원회는 다음 각 호의 기능을 수행한다.

1. 동물실험에 대한 심의(변경심의를 포함한다. 이하 같다)
2. 제1호에 따라 심의한 실험의 진행·종료에 대한 확인 및 평가
3. 동물실험이 제47조의 원칙에 맞게 시행되도록 지도·감독
4. 동물실험시행기관의 장에게 실험동물의 보호와 윤리적인 취급을 위하여 필요한 조치 요구

② 윤리위원회의 심의대상인 동물실험에 관여하고 있는 위원은 해당 동물실험에 관한 심의에 참여하여서는 아니 된다.

③ 윤리위원회의 위원 또는 그 직에 있었던 자는 그 직무를 수행하면서 알게 된 비밀을 누설하거나 도용하여서는 아니 된다.

④ 제1항에 따른 심의·확인·평가 및 지도·감독의 방법과 그 밖에 윤리위원회의 운영 등에 관한 사항은 대통령령으로 정한다.

제55조(심의 후 감독) ① 동물실험시행기관의 장은 제53조제1항의 위원장에게 대통령령으로 정하는 바에 따라 동물실험이 심의된 내용대로 진행되고 있는지 감독하도록 요청하여야 한다.

② 위원장은 윤리위원회의 심의를 받지 아니한 실험이 진행되고 있는 경우 즉시 실험의 중지를 요구하여야 한다. 다만, 실험의 중지로 해당 실험동물의 복지에 중대한 침해가 발생할 것으로 우려되는 경우 등 대통령령으로 정하는 경우에는 실험의 중지를 요구하지 아니할 수 있다.

③ 제2항 본문에 따라 실험 중지 요구를 받은 동물실험시행기관의 장은 해당 동물실험을 중지하여야 한다.

④ 동물실험시행기관의 장은 제2항 본문에 따라 실험 중지 요구를 받은 경우 제51조제3항 또는 제4항에 따른 심의를 받은 후에 동물실험을 재개할 수 있다.

⑤ 동물실험시행기관의 장은 제1항에 따른 감독 결과 위법사항이 발견되었을 경우에는 지체 없이 농림축산식품부장관에게 통보하여야 한다.

제56조(전문위원의 지정 및 검토) ① 윤리위원회의 위원장은 윤리위원회의 위원 중 해당 분야에 대한 전문성을 가지고 실험을 심의할 수 있는 자를 전문위원으로 지정할 수 있다.

② 위원장은 제1항에 따라 지정한 전문위원에게 다음 각 호의 사항에 대한 검토를 요청할

수 있다.

1. 제51조제4항 단서에 따른 경미한 변경에 관한 사항
2. 제54조제1항제2호에 따른 확인 및 평가

제57조(윤리위원회 위원 및 기관 종사자에 대한 교육) ① 윤리위원회의 위원은 동물의 보호·복지에 관한 사항과 동물실험의 심의에 관하여 농림축산식품부령으로 정하는 바에 따라 정기적으로 교육을 이수하여야 한다.

② 동물실험시행기관의 장은 위원과 기관 종사자를 위하여 동물의 보호·복지와 동물실험 심의에 관한 교육의 기회를 제공할 수 있다.

제58조(윤리위원회의 구성 등에 대한 지도·감독) ① 농림축산식품부장관은 제51조제1항 및 제2항에 따라 윤리위원회를 설치한 동물실험시행기관의 장에게 제53조부터 제57조까지의 규정에 따른 윤리위원회의 구성·운영 등에 관하여 지도·감독을 할 수 있다.

② 농림축산식품부장관은 윤리위원회가 제53조부터 제57조까지의 규정에 따라 구성·운영되지 아니할 때에는 해당 동물실험시행기관의 장에게 대통령령으로 정하는 바에 따라 기간을 정하여 해당 윤리위원회의 구성·운영 등에 대한 개선명령을 할 수 있다.

제5장 동물복지축산농장의 인증

제59조(동물복지축산농장의 인증) ① 농림축산식품부장관은 동물복지 증진에 이바지하기 위하여 「축산물 위생관리법」 제2조제1호에 따른 가축으로서 농림축산식품부령으로 정하는 동물(이하 "농장동물"이라 한다)이 본래의 습성 등을 유지하면서 정상적으로 살 수 있도록 관리하는 축산농장을 동물복지축산농장으로 인증할 수 있다.

② 제1항에 따른 인증을 받으려는 자는 제60조제1항에 따라 지정된 인증기관(이하 "인증기관"이라 한다)에 농림축산식품부령으로 정하는 서류를 갖추어 인증을 신청하여야 한다.

③ 인증기관은 인증 신청을 받은 경우 농림축산식품부령으로 정하는 인증기준에 따라 심사한 후 그 기준에 맞는 경우에는 인증하여 주어야 한다.

④ 제3항에 따른 인증의 유효기간은 인증을 받은 날부터 3년으로 한다.

⑤ 제3항에 따라 인증을 받은 동물복지축산농장(이하 "인증농장"이라 한다)의 경영자는 그 인증을 유지하려면 제4항에 따른 유효기간이 끝나기 2개월 전까지 인증기관에 갱신 신청을

하여야 한다.

⑥ 제3항에 따른 인증 또는 제5항에 따른 인증갱신에 대한 심사결과에 이의가 있는 자는 인증기관에 재심사를 요청할 수 있다.

⑦ 제6항에 따른 재심사 신청을 받은 인증기관은 농림축산식품부령으로 정하는 바에 따라 재심사 여부 및 그 결과를 신청자에게 통보하여야 한다.

⑧ 인증농장의 인증 절차 및 인증의 갱신, 재심사 등에 관한 사항은 농림축산식품부령으로 정한다.

[시행일: 2024. 4. 27.] 제59조

제60조(인증기관의 지정 등) ① 농림축산식품부장관은 대통령령으로 정하는 공공기관 또는 법인을 인증기관으로 지정하여 인증농장의 인증과 관련한 업무 및 인증농장에 대한 사후관리업무를 수행하게 할 수 있다.

② 제1항에 따라 지정된 인증기관은 인증농장의 인증에 필요한 인력·조직·시설 및 인증업무 규정 등을 갖추어야 한다.

③ 농림축산식품부장관은 제1항에 따라 지정한 인증기관에서 인증심사업무를 수행하는 자에 대한 교육을 실시하여야 한다.

④ 제1항부터 제3항까지의 규정에 따른 인증기관의 지정, 인증업무의 범위, 인증심사업무를 수행하는 자에 대한 교육, 인증농장에 대한 사후관리 등에 필요한 구체적인 사항은 농림축산식품부령으로 정한다.

[시행일: 2024. 4. 27.] 제60조

제61조(인증기관의 지정취소 등) ① 농림축산식품부장관은 인증기관이 다음 각 호의 어느 하나에 해당하면 그 지정을 취소하거나 6개월 이내의 기간을 정하여 인증업무의 전부 또는 일부의 정지를 명할 수 있다. 다만, 제1호 또는 제2호에 해당하면 그 지정을 취소하여야 한다.

1. 거짓이나 그 밖의 부정한 방법으로 지정을 받은 경우
2. 업무정지 명령을 위반하여 정지기간 중 인증을 한 경우
3. 제60조제2항에 따른 지정기준에 맞지 아니하게 된 경우
4. 고의 또는 중대한 과실로 제59조제3항에 따른 인증기준에 맞지 아니한 축산농장을 인증한 경우
5. 정당한 사유 없이 지정된 인증업무를 하지 아니하는 경우

② 제1항에 따른 지정취소 및 업무정지의 기준 등에 관한 사항은 농림축산식품부령으로 정한다.

[시행일: 2024. 4. 27.] 제61조

제62조(인증농장의 표시) ① 인증농장은 농림축산식품부령으로 정하는 바에 따라 인증농장 표시를 할 수 있다.

② 제1항에 따른 인증농장의 표시에 관한 기준 및 방법 등은 농림축산식품부령으로 정한다.

[시행일: 2024. 4. 27.] 제62조

제63조(동물복지축산물의 표시) ① 인증농장에서 생산한 축산물에는 다음 각 호의 구분에 따라 그 포장·용기 등에 동물복지축산물 표시를 할 수 있다.

1. 「축산물 위생관리법」 제2조제3호 및 제4호의 축산물: 다음 각 목의 요건을 모두 충족하여야 한다.
   가. 인증농장에서 생산할 것
   나. 농장동물을 운송할 때에는 농림축산식품부령으로 정하는 운송차량을 이용하여 운송할 것
   다. 농장동물을 도축할 때에는 농림축산식품부령으로 정하는 도축장에서 도축할 것
2. 「축산물 위생관리법」 제2조제5호 및 제6호의 축산물: 인증농장에서 생산하여야 한다.
3. 「축산물 위생관리법」 제2조제8호의 축산물: 제1호의 요건을 모두 충족한 원료의 함량에 따라 동물복지축산물 표시를 할 수 있다.
4. 「축산물 위생관리법」 제2조제9호 및 제10호의 축산물: 인증농장에서 생산한 축산물의 함량에 따라 동물복지축산물 표시를 할 수 있다.

② 제1항에 따른 동물복지축산물을 포장하지 아니한 상태로 판매하거나 낱개로 판매하는 때에는 표지판 또는 푯말에 동물복지축산물 표시를 할 수 있다.

③ 제1항 및 제2항에 따른 동물복지축산물 표시에 관한 기준 및 방법 등에 관한 사항은 농림축산식품부령으로 정한다.

[시행일: 2024. 4. 27.] 제63조

제64조(인증농장에 대한 지원 등) ① 농림축산식품부장관은 인증농장에 대하여 다음 각 호의 지원을 할 수 있다.

1. 동물의 보호·복지 증진을 위하여 축사시설 개선에 필요한 비용
2. 인증농장의 환경개선 및 경영에 관한 지도·상담 및 교육

② 농림축산식품부장관, 시·도지사, 시장·군수·구청장, 제4조제3항에 따른 민간단체 및 「축산자조금의 조성 및 운용에 관한 법률」 제2조제3호에 따른 축산단체는 인증농장의 운영사

례를 교육·홍보에 적극 활용하여야 한다.

제64조(인증농장에 대한 지원 등) ① 농림축산식품부장관은 인증농장에 대하여 다음 각 호의 지원을 할 수 있다. 〈개정 2023. 6. 20.〉

1. 동물의 보호·복지 증진을 위하여 축사시설 개선에 필요한 비용
2. 인증농장의 환경개선 및 경영에 관한 지도·상담 및 교육
3. 인증농장에서 생산한 축산물의 판로개척을 위한 상담·자문 및 판촉
4. 인증농장에서 생산한 축산물의 해외시장의 진출·확대를 위한 정보제공, 홍보활동 및 투자 유치
5. 그 밖에 인증농장의 경영안정을 위하여 필요한 사항

② 농림축산식품부장관, 시·도지사, 시장·군수·구청장, 제4조제3항에 따른 민간단체 및 「축산자조금의 조성 및 운용에 관한 법률」 제2조제3호에 따른 축산단체는 인증농장의 운영사례를 교육·홍보에 적극 활용하여야 한다.

[시행일: 2024. 4. 27.] 제64조

제65조(인증취소 등) ① 농림축산식품부장관 또는 인증기관은 인증 받은 자가 거짓이나 그 밖의 부정한 방법으로 인증을 받은 경우 그 인증을 취소하여야 하며, 제59조제3항에 따른 인증기준에 맞지 아니하게 된 경우 그 인증을 취소할 수 있다.

② 제1항에 따라 인증이 취소된 자(법인인 경우에는 그 대표자를 포함한다)는 그 인증이 취소된 날부터 1년 이내에는 인증농장 인증을 신청할 수 없다.

[시행일: 2024. 4. 27.] 제65조

제66조(사후관리) ① 농림축산식품부장관은 인증기관으로 하여금 매년 인증농장이 제59조제3항에 따른 인증기준에 맞는지 여부를 조사하게 하여야 한다.

② 제1항에 따른 조사를 위하여 인증농장에 출입하는 자는 농림축산식품부령으로 정하는 증표를 지니고 이를 관계인에게 보여 주어야 한다.

③ 제1항에 따른 조사의 요구를 받은 자는 정당한 사유 없이 이를 거부·방해하거나 기피하여서는 아니 된다.

[시행일: 2024. 4. 27.] 제66조

제67조(부정행위의 금지) ① 누구든지 다음 각 호에 해당하는 행위를 하여서는 아니 된다.

1. 거짓이나 그 밖의 부정한 방법으로 인증농장 인증을 받는 행위

2. 제59조제3항에 따른 인증을 받지 아니한 축산농장을 인증농장으로 표시하는 행위
3. 거짓이나 그 밖의 부정한 방법으로 제59조제3항, 제5항 및 제6항에 따른 인증심사, 인증갱신에 대한 심사 및 재심사를 하거나 받을 수 있도록 도와주는 행위
4. 제63조제1항부터 제3항까지의 규정을 위반하여 동물복지축산물 표시를 하는 다음 각 목의 행위(동물복지축산물로 잘못 인식할 우려가 있는 유사한 표시를 하는 행위를 포함한다)
  가. 제63조제1항제1호가목 및 같은 항 제2호를 위반하여 인증농장에서 생산되지 아니한 축산물에 동물복지축산물 표시를 하는 행위
  나. 제63조제1항제1호나목 및 다목을 따르지 아니한 축산물에 동물복지축산물 표시를 하는 행위
  다. 제63조제3항에 따른 동물복지축산물 표시 기준 및 방법을 위반하여 동물복지축산물 표시를 하는 행위

② 제1항제4호에 따른 동물복지축산물로 잘못 인식할 우려가 있는 유사한 표시의 세부기준은 농림축산식품부령으로 정한다.

[시행일: 2024. 4. 27.] 제67조

제68조(인증의 승계) ① 다음 각 호의 어느 하나에 해당하는 자는 인증농장 인증을 받은 자의 지위를 승계한다.

1. 인증농장 인증을 받은 사람이 사망한 경우 그 농장을 계속하여 운영하려는 상속인
2. 인증농장 인증을 받은 자가 그 사업을 양도한 경우 그 양수인
3. 인증농장 인증을 받은 법인이 합병한 경우 합병 후 존속하는 법인이나 합병으로 설립되는 법인

② 제1항에 따라 인증농장 인증을 받은 자의 지위를 승계한 자는 그 사실을 30일 이내에 인증기관에 신고하여야 한다.

③ 제2항에 따른 신고에 필요한 사항은 농림축산식품부령으로 정한다.

[시행일: 2024. 4. 27.] 제68조

제6장 반려동물 영업

제69조(영업의 허가) ① 반려동물(이하 이 장에서 "동물"이라 한다. 다만, 동물장묘업 및 제71조제1항에 따른 공설동물장묘시설의 경우에는 제2조제1호에 따른 동물로 한다)과 관련된 다음

각 호의 영업을 하려는 자는 농림축산식품부령으로 정하는 바에 따라 특별자치시장·특별자치도지사·시장·군수·구청장의 허가를 받아야 한다.

1. 동물생산업
2. 동물수입업
3. 동물판매업
4. 동물장묘업

② 제1항 각 호에 따른 영업의 세부 범위는 농림축산식품부령으로 정한다.

③ 제1항에 따른 허가를 받으려는 자는 영업장의 시설 및 인력 등 농림축산식품부령으로 정하는 기준을 갖추어야 한다.

④ 제1항에 따라 영업의 허가를 받은 자가 허가받은 사항을 변경하려는 경우에는 변경허가를 받아야 한다. 다만, 농림축산식품부령으로 정하는 경미한 사항을 변경하는 경우에는 특별자치시장·특별자치도지사·시장·군수·구청장에게 신고하여야 한다.

제70조(맹견취급영업의 특례) ① 제2조제5호가목에 따른 맹견을 생산·수입 또는 판매(이하 "취급"이라 한다)하는 영업을 하려는 자는 제69조제1항에 따른 동물생산업, 동물수입업 또는 동물판매업의 허가 외에 대통령령으로 정하는 바에 따라 맹견 취급에 대하여 시·도지사의 허가(이하 "맹견취급허가"라 한다)를 받아야 한다. 허가받은 사항을 변경하려는 때에도 또한 같다.

② 맹견취급허가를 받으려는 자의 결격사유에 대하여는 제19조를 준용한다.

③ 맹견취급허가를 받은 자는 다음 각 호의 어느 하나에 해당하는 경우 농림축산식품부령으로 정하는 바에 따라 시·도지사에게 신고하여야 한다.

1. 맹견을 번식시킨 경우
2. 맹견을 수입한 경우
3. 맹견을 양도하거나 양수한 경우
4. 보유하고 있는 맹견이 죽은 경우

④ 맹견 취급을 위한 동물생산업, 동물수입업 또는 동물판매업의 시설 및 인력 기준은 제69조제3항에 따른 기준 외에 별도로 농림축산식품부령으로 정한다.

[시행일: 2024. 4. 27.] 제70조

제71조(공설동물장묘시설의 특례) ① 지방자치단체의 장은 동물을 위한 장묘시설(이하 "공설동물장묘시설"이라 한다)을 설치·운영할 수 있다. 이 경우 시설 및 인력 등 농림축산식품부령으로 정하는 기준을 갖추어야 한다.

② 농림축산식품부장관은 제1항에 따라 공설동물장묘시설을 설치·운영하는 지방자치단체에

대해서는 예산의 범위에서 시설의 설치에 필요한 경비를 지원할 수 있다.

③ 지방자치단체의 장이 공설동물장묘시설을 사용하는 자에게 부과하는 사용료 또는 관리비의 금액과 부과방법 및 용도, 그 밖에 필요한 사항은 해당 지방자치단체의 조례로 정한다.

제72조(동물장묘시설의 설치 제한) 다음 각 호의 어느 하나에 해당하는 지역에는 제69조제1항 제4호의 동물장묘업을 영위하기 위한 동물장묘시설 및 공설동물장묘시설을 설치할 수 없다.

1. 「장사 등에 관한 법률」 제17조에 해당하는 지역
2. 20호 이상의 인가밀집지역, 학교, 그 밖에 공중이 수시로 집합하는 시설 또는 장소로부터 300미터 이내. 다만, 해당 지역의 위치 또는 지형 등의 상황을 고려하여 해당 시설의 기능이나 이용 등에 지장이 없는 경우로서 특별자치시장·특별자치도지사·시장·군수·구청장이 인정하는 경우에는 적용을 제외한다.

제72조의2(장묘정보시스템의 구축·운영 등) ① 농림축산식품부장관은 동물장묘 등에 관한 정보의 제공과 동물장묘시설 이용·관리의 업무 등을 전자적으로 처리할 수 있는 정보시스템(이하 "장묘정보시스템"이라 한다)을 구축·운영할 수 있다.

② 장묘정보시스템의 기능에는 다음 각 호의 사항이 포함되어야 한다.

1. 동물장묘시설의 현황 및 가격 정보 제공
2. 동물장묘절차 등에 관한 정보 제공
3. 그 밖에 농림축산식품부장관이 필요하다고 인정하는 사항

③ 장묘정보시스템의 구축·운영 등에 필요한 사항은 농림축산식품부장관이 정한다.

[본조신설 2023. 6. 20.]

제73조(영업의 등록) ① 동물과 관련된 다음 각 호의 영업을 하려는 자는 농림축산식품부령으로 정하는 바에 따라 특별자치시장·특별자치도지사·시장·군수·구청장에게 등록하여야 한다.

1. 동물전시업
2. 동물위탁관리업
3. 동물미용업
4. 동물운송업

② 제1항 각 호에 따른 영업의 세부 범위는 농림축산식품부령으로 정한다.

③ 제1항에 따른 영업의 등록을 신청하려는 자는 영업장의 시설 및 인력 등 농림축산식품부령으로 정하는 기준을 갖추어야 한다.

④ 제1항에 따라 영업을 등록한 자가 등록사항을 변경하는 경우에는 변경등록을 하여야 한다. 다만, 농림축산식품부령으로 정하는 경미한 사항을 변경하는 경우에는 특별자치시장·특별자치도지사·시장·군수·구청장에게 신고하여야 한다.

제74조(허가 또는 등록의 결격사유) 다음 각 호의 어느 하나에 해당하는 사람은 제69조제1항에 따른 영업의 허가를 받거나 제73조제1항에 따른 영업의 등록을 할 수 없다.

1. 미성년자
2. 피성년후견인
3. 파산선고를 받은 자로서 복권되지 아니한 사람
4. 제82조제1항에 따른 교육을 이수하지 아니한 사람
5. 제83조제1항에 따라 허가 또는 등록이 취소된 후 1년이 지나지 아니한 상태에서 취소된 업종과 같은 업종의 허가를 받거나 등록을 하려는 사람(법인인 경우에는 그 대표자를 포함한다)
6. 이 법을 위반하여 벌금 이상의 실형을 선고받고 그 집행이 종료(집행이 종료된 것으로 보는 경우를 포함한다)되거나 집행이 면제된 날부터 3년(제10조를 위반한 경우에는 5년으로 한다)이 지나지 아니한 사람
7. 이 법을 위반하여 벌금 이상의 형의 집행유예를 선고받고 그 유예기간 중에 있는 사람

제75조(영업승계) ① 제69조제1항에 따른 영업의 허가를 받거나 제73조제1항에 따라 영업의 등록을 한 자(이하 "영업자"라 한다)가 그 영업을 양도하거나 사망한 경우 또는 법인이 합병한 경우에는 그 양수인·상속인 또는 합병 후 존속하는 법인이나 합병으로 설립되는 법인(이하 "양수인등"이라 한다)은 그 영업자의 지위를 승계한다.

② 다음 각 호의 어느 하나에 해당하는 절차에 따라 영업시설의 전부를 인수한 자는 그 영업자의 지위를 승계한다.

1. 「민사집행법」에 따른 경매
2. 「채무자 회생 및 파산에 관한 법률」에 따른 환가(換價)
3. 「국세징수법」·「관세법」 또는 「지방세법」에 따른 압류재산의 매각
4. 그 밖에 제1호부터 제3호까지의 어느 하나에 준하는 절차

③ 제1항 또는 제2항에 따라 영업자의 지위를 승계한 자는 그 지위를 승계한 날부터 30일 이내에 농림축산식품부령으로 정하는 바에 따라 특별자치시장·특별자치도지사·시장·군수·구청장에게 신고하여야 한다.

④ 제1항 및 제2항에 따른 승계에 관하여는 제74조에 따른 결격사유 규정을 준용한다. 다만,

상속인이 제74조제1호 및 제2호에 해당하는 경우에는 상속을 받은 날부터 3개월 동안은 그러하지 아니하다.

제76조(휴업·폐업 등의 신고) ① 영업자가 휴업, 폐업 또는 그 영업을 재개하려는 경우에는 농림축산식품부령으로 정하는 바에 따라 특별자치시장·특별자치도지사·시장·군수·구청장에게 신고하여야 한다.

② 영업자(동물장묘업자는 제외한다. 이하 이 조에서 같다)는 제1항에 따라 휴업 또는 폐업의 신고를 하려는 경우에는 농림축산식품부령으로 정하는 바에 따라 특별자치시장·특별자치도지사·시장·군수·구청장에게 휴업 또는 폐업 30일 전에 보유하고 있는 동물의 적절한 사육 및 처리를 위한 계획서(이하 "동물처리계획서"라 한다)를 제출하여야 한다.

③ 영업자는 동물처리계획서에 따라 동물을 처리한 후 그 결과를 특별자치시장·특별자치도지사·시장·군수·구청장에게 보고하여야 하며, 보고를 받은 특별자치시장·특별자치도지사·시장·군수·구청장은 동물처리계획서의 이행 여부를 확인하여야 한다.

④ 제2항 및 제3항에 따른 동물처리계획서의 제출 및 보고에 관한 사항은 농림축산식품부령으로 정한다.

제77조(직권말소) ① 특별자치시장·특별자치도지사·시장·군수·구청장은 영업자가 제76조제1항에 따른 폐업신고를 하지 아니한 경우에는 농림축산식품부령으로 정하는 바에 따라 폐업 사실을 확인한 후 허가 또는 등록사항을 직권으로 말소할 수 있다.

② 특별자치시장·특별자치도지사·시장·군수·구청장은 영업자가 영업을 폐업하였는지를 확인하기 위하여 필요한 경우 관할 세무서장에게 영업자의 폐업 여부에 대한 정보 제공을 요청할 수 있다. 이 경우 요청을 받은 관할 세무서장은 정당한 사유 없이 이를 거부하여서는 아니 된다.

제78조(영업자 등의 준수사항) ① 영업자(법인인 경우에는 그 대표자를 포함한다)와 그 종사자는 다음 각 호의 사항을 준수하여야 한다.

1. 동물을 안전하고 위생적으로 사육·관리 또는 보호할 것
2. 동물의 건강과 안전을 위하여 동물병원과의 적절한 연계를 확보할 것
3. 노화나 질병이 있는 동물을 유기하거나 폐기할 목적으로 거래하지 아니할 것
4. 동물의 번식, 반입·반출 등의 기록 및 관리를 하고 이를 보관할 것
5. 동물에 관한 사항을 표시·광고하는 경우 이 법에 따른 영업허가번호 또는 영업등록번호와 거래금액을 함께 표시할 것

6. 동물의 분뇨, 사체 등은 관계 법령에 따라 적정하게 처리할 것
7. 농림축산식품부령으로 정하는 영업장의 시설 및 인력 기준을 준수할 것
8. 제82조제2항에 따른 정기교육을 이수하고 그 종사자에게 교육을 실시할 것
9. 농림축산식품부령으로 정하는 바에 따라 동물의 취급 등에 관한 영업실적을 보고할 것
10. 등록대상동물의 등록 및 변경신고의무(등록·변경신고방법 및 위반 시 처벌에 관한 사항 등을 포함한다)를 고지할 것
11. 다른 사람의 영업명의를 도용하거나 대여받지 아니하고, 다른 사람에게 자기의 영업명의 또는 상호를 사용하도록 하지 아니할 것

② 동물생산업자는 제1항에서 규정한 사항 외에 다음 각 호의 사항을 준수하여야 한다.

1. 월령이 12개월 미만인 개·고양이는 교배 또는 출산시키지 아니할 것
2. 약품 등을 사용하여 인위적으로 동물의 발정을 유도하는 행위를 하지 아니할 것
3. 동물의 특성에 따라 정기적으로 예방접종 및 건강관리를 실시하고 기록할 것

③ 동물수입업자는 제1항에서 규정한 사항 외에 다음 각 호의 사항을 준수하여야 한다.

1. 동물을 수입하는 경우 농림축산식품부장관에게 수입의 내역을 신고할 것
2. 수입의 목적으로 신고한 사항과 다른 용도로 동물을 사용하지 아니할 것

④ 동물판매업자(동물생산업자 및 동물수입업자가 동물을 판매하는 경우를 포함한다)는 제1항에서 규정한 사항 외에 다음 각 호의 사항을 준수하여야 한다.

1. 월령이 2개월 미만인 개·고양이를 판매(알선 또는 중개를 포함한다)하지 아니할 것
2. 동물을 판매 또는 전달을 하는 경우 직접 전달하거나 동물운송업자를 통하여 전달할 것

⑤ 동물장묘업자는 제1항에서 규정한 사항 외에 다음 각 호의 사항을 준수하여야 한다. 〈개정 2023. 6. 20.〉

1. 살아있는 동물을 처리(마취 등을 통하여 동물의 고통을 최소화하는 인도적인 방법으로 처리하는 것을 포함한다)하지 아니할 것
2. 등록대상동물의 사체를 처리한 경우 농림축산식품부령으로 정하는 바에 따라 특별자치시장·특별자치도지사·시장·군수·구청장에게 신고할 것
3. 자신의 영업장에 있는 동물장묘시설을 다른 자에게 대여하지 아니할 것

⑥ 제1항부터 제5항까지의 규정에 따른 영업자의 준수사항에 관한 구체적인 사항 및 그 밖에 동물의 보호와 공중위생상의 위해 방지를 위하여 영업자가 준수하여야 할 사항은 농림축산식품부령으로 정한다.

제79조(등록대상동물의 판매에 따른 등록신청) ① 동물생산업자, 동물수입업자 및 동물판매업자는 등록대상동물을 판매하는 경우에 구매자(영업자를 제외한다)에게 동물등록의 방법을 설

명하고 구매자의 명의로 특별자치시장·특별자치도지사·시장·군수·구청장에게 동물등록을 신청한 후 판매하여야 한다.

② 제1항에 따른 등록대상동물의 등록신청에 대해서는 제15조를 준용한다.

제80조(거래내역의 신고) ① 동물생산업자, 동물수입업자 및 동물판매업자가 등록대상동물을 취급하는 경우에는 그 거래내역을 농림축산식품부령으로 정하는 바에 따라 특별자치시장·특별자치도지사·시장·군수·구청장에게 신고하여야 한다.

② 농림축산식품부장관은 제1항에 따른 등록대상동물의 거래내역을 제95조제2항에 따른 국가동물보호정보시스템으로 신고하게 할 수 있다.

제81조(표준계약서의 제정·보급) ① 농림축산식품부장관은 동물보호 및 동물영업의 건전한 거래질서 확립을 위하여 공정거래위원회와 협의하여 표준계약서를 제정 또는 개정하고 영업자에게 이를 사용하도록 권고할 수 있다.

② 농림축산식품부장관은 제1항에 따른 표준계약서에 관한 업무를 대통령령으로 정하는 기관에 위탁할 수 있다.

③ 제1항에 따른 표준계약서의 구체적인 사항은 농림축산식품부령으로 정한다.

제82조(교육) ① 제69조제1항에 따른 허가를 받거나 제73조제1항에 따른 등록을 하려는 자는 허가를 받거나 등록을 하기 전에 동물의 보호 및 공중위생상의 위해 방지 등에 관한 교육을 받아야 한다.

② 영업자는 정기적으로 제1항에 따른 교육을 받아야 한다.

③ 제83조제1항에 따른 영업정지처분을 받은 영업자는 제2항의 정기 교육 외에 동물의 보호 및 영업자 준수사항 등에 관한 추가교육을 받아야 한다.

④ 제1항부터 제3항까지의 규정에 따라 교육을 받아야 하는 영업자로서 교육을 받지 아니한 자는 그 영업을 하여서는 아니 된다.

⑤ 제1항 또는 제2항에 따라 교육을 받아야 하는 영업자가 영업에 직접 종사하지 아니하거나 두 곳 이상의 장소에서 영업을 하는 경우에는 종사자 중에서 책임자를 지정하여 영업자 대신 교육을 받게 할 수 있다.

⑥ 제1항부터 제3항까지의 규정에 따른 교육의 종류, 내용, 시기, 이수방법 등에 관하여는 농림축산식품부령으로 정한다.

제83조(허가 또는 등록의 취소 등) ① 특별자치시장·특별자치도지사·시장·군수·구청장은 영

업자가 다음 각 호의 어느 하나에 해당하는 경우에는 농림축산식품부령으로 정하는 바에 따라 그 허가 또는 등록을 취소하거나 6개월 이내의 기간을 정하여 그 영업의 전부 또는 일부의 정지를 명할 수 있다. 다만, 제1호, 제7호 또는 제8호에 해당하는 경우에는 허가 또는 등록을 취소하여야 한다.

1. 거짓이나 그 밖의 부정한 방법으로 허가를 받거나 등록을 한 것이 판명된 경우
2. 제10조제1항부터 제4항까지의 규정을 위반한 경우
3. 허가를 받은 날 또는 등록을 한 날부터 1년이 지나도록 영업을 개시하지 아니한 경우
4. 제69조제1항 또는 제73조제1항에 따른 허가 또는 등록 사항과 다른 방식으로 영업을 한 경우
5. 제69조제4항 또는 제73조제4항에 따른 변경허가를 받거나 변경등록을 하지 아니한 경우
6. 제69조제3항 또는 제73조제3항에 따른 시설 및 인력 기준에 미달하게 된 경우
7. 제72조에 따라 설치가 금지된 곳에 동물장묘시설을 설치한 경우
8. 제74조 각 호의 어느 하나에 해당하게 된 경우
9. 제78조에 따른 준수사항을 지키지 아니한 경우

② 특별자치시장·특별자치도지사·시장·군수·구청장은 제1항에 따라 영업의 허가 또는 등록을 취소하거나 영업의 전부 또는 일부를 정지하는 경우에는 해당 영업자에게 보유하고 있는 동물을 양도하게 하는 등 적절한 사육·관리 또는 보호를 위하여 필요한 조치를 명하여야 한다.

③ 제1항에 따른 처분의 효과는 그 처분기간이 만료된 날부터 1년간 양수인등에게 승계되며, 처분의 절차가 진행 중일 때에는 양수인등에 대하여 처분의 절차를 행할 수 있다. 다만, 양수인등이 양수·상속 또는 합병 시에 그 처분 또는 위반사실을 알지 못하였음을 증명하는 경우에는 그러하지 아니하다.

제84조(과징금의 부과) ① 특별자치시장·특별자치도지사·시장·군수·구청장은 영업자가 제83조제1항제4호부터 제6호까지 또는 제9호의 어느 하나에 해당하여 영업정지처분을 하여야 하는 경우로서 그 영업정지처분이 해당 영업의 동물 또는 이용자에게 곤란을 주거나 공익에 현저한 지장을 줄 우려가 있다고 인정되는 경우에는 영업정지처분에 갈음하여 1억원 이하의 과징금을 부과할 수 있다.

② 특별자치시장·특별자치도지사·시장·군수·구청장은 제1항에 따른 과징금을 부과받은 자가 납부기한까지 과징금을 내지 아니하면 「지방행정제재·부과금의 징수 등에 관한 법률」에 따라 징수한다.

③ 특별자치시장·특별자치도지사·시장·군수·구청장은 제1항에 따른 과징금을 부과하기 위

하여 필요한 경우에는 다음 각 호의 사항을 적은 문서로 관할 세무서장에게 과세 정보의 제공을 요청할 수 있다.

1. 납세자의 인적 사항
2. 과세 정보의 사용 목적
3. 과징금 부과기준이 되는 매출금액

④ 제1항에 따른 과징금을 부과하는 위반행위의 종류, 영업의 규모, 위반횟수 등에 따른 과징금의 금액, 그 밖에 필요한 사항은 대통령령으로 정한다.

제85조(영업장의 폐쇄) ① 특별자치시장·특별자치도지사·시장·군수·구청장은 제69조 또는 제73조에 따른 영업이 다음 각 호의 어느 하나에 해당하는 때에는 관계 공무원으로 하여금 농림축산식품부령으로 정하는 바에 따라 해당 영업장을 폐쇄하게 할 수 있다.

1. 제69조제1항에 따른 허가를 받지 아니하거나 제73조제1항에 따른 등록을 하지 아니한 때
2. 제83조에 따라 허가 또는 등록이 취소되거나 영업정지명령을 받았음에도 불구하고 계속하여 영업을 한 때

② 특별자치시장·특별자치도지사·시장·군수·구청장은 제1항에 따라 영업장을 폐쇄하기 위하여 관계 공무원에게 다음 각 호의 조치를 하게 할 수 있다.

1. 해당 영업장의 간판이나 그 밖의 영업표지물의 제거 또는 삭제
2. 해당 영업장이 적법한 영업장이 아니라는 것을 알리는 게시문 등의 부착
3. 영업을 위하여 꼭 필요한 시설물 또는 기구 등을 사용할 수 없게 하는 봉인(封印)

③ 특별자치시장·특별자치도지사·시장·군수·구청장은 제1항 및 제2항에 따른 폐쇄조치를 하려는 때에는 폐쇄조치의 일시·장소 및 관계 공무원의 성명 등을 미리 해당 영업을 하는 영업자 또는 그 대리인에게 서면으로 알려주어야 한다.

④ 특별자치시장·특별자치도지사·시장·군수·구청장은 제1항에 따라 해당 영업장을 폐쇄하는 경우 해당 영업자에게 보유하고 있는 동물을 양도하게 하는 등 적절한 사육·관리 또는 보호를 위하여 필요한 조치를 명하여야 한다.

⑤ 제1항에 따른 영업장 폐쇄의 세부적인 기준과 절차는 그 위반행위의 유형과 위반 정도 등을 고려하여 농림축산식품부령으로 정한다.

제7장 보칙

제86조(출입·검사 등) ① 농림축산식품부장관, 시·도지사 또는 시장·군수·구청장은 동물의 보호 및 공중위생상의 위해 방지 등을 위하여 필요하면 동물의 소유자등에 대하여 다음 각 호의 조치를 할 수 있다.

1. 동물 현황 및 관리실태 등 필요한 자료제출의 요구
2. 동물이 있는 장소에 대한 출입·검사
3. 동물에 대한 위해 방지 조치의 이행 등 농림축산식품부령으로 정하는 시정명령

② 농림축산식품부장관, 시·도지사 또는 시장·군수·구청장은 동물보호 등과 관련하여 필요하면 다음 각 호의 어느 하나에 해당하는 자에게 필요한 보고를 하도록 명하거나 자료를 제출하게 할 수 있으며, 관계 공무원으로 하여금 해당 시설 등에 출입하여 운영실태를 조사하게 하거나 관계 서류를 검사하게 할 수 있다.

1. 제35조제1항 및 제36조제1항에 따른 동물보호센터의 장
2. 제37조에 따른 보호시설운영자
3. 제51조제1항 및 제2항에 따라 윤리위원회를 설치한 동물실험시행기관의 장
4. 제59조제3항에 따른 동물복지축산농장의 인증을 받은 자
5. 제60조에 따라 지정된 인증기관의 장
6. 제63조제1항에 따라 동물복지축산물의 표시를 한 자
7. 제69조제1항에 따른 영업의 허가를 받은 자 또는 제73조제1항에 따라 영업의 등록을 한 자

③ 특별자치시장·특별자치도지사·시장·군수·구청장은 소속 공무원으로 하여금 제2항제2호에 따른 보호시설운영자에 대하여 제37조제4항에 따른 시설기준·운영기준 등의 사항 및 동물보호를 위한 시설정비 등의 사후관리와 관련한 사항을 1년에 1회 이상 정기적으로 점검하도록 하고, 필요한 경우 수시로 점검하게 할 수 있다.

④ 시·도지사와 시장·군수·구청장은 소속 공무원으로 하여금 제2항제7호에 따른 영업자에 대하여 다음 각 호의 구분에 따라 1년에 1회 이상 정기적으로 점검하도록 하고, 필요한 경우 수시로 점검하게 할 수 있다.

1. 시·도지사: 제70조제4항에 따른 시설 및 인력 기준의 준수 여부
2. 특별자치시장·특별자치도지사·시장·군수·구청장: 제69조제3항 및 제73조제3항에 따른 시설 및 인력 기준의 준수 여부와 제78조에 따른 준수사항의 이행 여부

⑤ 시·도지사는 제3항 및 제4항에 따른 점검 결과(관할 시·군·구의 점검 결과를 포함한다)를

다음 연도 1월 31일까지 농림축산식품부장관에게 보고하여야 한다.

⑥ 농림축산식품부장관, 시·도지사 또는 시장·군수·구청장이 제1항제2호 및 제2항 각 호에 따른 출입·검사 또는 제3항 및 제4항에 따른 점검(이하 "출입·검사등"이라 한다)을 할 때에는 출입·검사등의 시작 7일 전까지 대상자에게 다음 각 호의 사항이 포함된 출입·검사등 계획을 통지하여야 한다. 다만, 출입·검사등 계획을 미리 통지할 경우 그 목적을 달성할 수 없다고 인정하는 경우에는 출입·검사등을 착수할 때에 통지할 수 있다.

1. 출입·검사등의 목적
2. 출입·검사등의 기간 및 장소
3. 관계 공무원의 성명과 직위
4. 출입·검사등의 범위 및 내용
5. 제출할 자료

⑦ 농림축산식품부장관, 시·도지사 또는 시장·군수·구청장은 제2항부터 제4항까지의 규정에 따른 출입·검사등의 결과에 따라 필요한 시정을 명하는 등의 조치를 할 수 있다.

제87조(영상정보처리기기의 설치 등) ① 다음 각 호의 어느 하나에 해당하는 자는 동물학대 방지 등을 위하여 「개인정보 보호법」 제2조제7호에 따른 영상정보처리기기를 설치하여야 한다.

1. 제35조제1항 또는 제36조제1항에 따른 동물보호센터의 장
2. 제37조에 따른 보호시설운영자
3. 제63조제1항제1호다목에 따른 도축장 운영자
4. 제69조제1항에 따른 영업의 허가를 받은 자 또는 제73조제1항에 따라 영업의 등록을 한 자

② 제1항에 따른 영상정보처리기기의 설치 대상, 장소 및 기준 등에 필요한 사항은 대통령령으로 정한다.

③ 제1항에 따라 영상정보처리기기를 설치·관리하는 자는 동물보호센터·보호시설·영업장의 종사자, 이용자 등 정보주체의 인권이 침해되지 아니하도록 다음 각 호의 사항을 준수하여야 한다.

1. 설치 목적과 다른 목적으로 영상정보처리기기를 임의로 조작하거나 다른 곳을 비추지 아니할 것
2. 녹음기능을 사용하지 아니할 것

④ 제1항에 따라 영상정보처리기기를 설치·관리하는 자는 다음 각 호의 어느 하나에 해당하는 경우 외에는 영상정보처리기기로 촬영한 영상기록을 다른 사람에게 제공하여서는 아니

된다.

1. 소유자등이 자기 동물의 안전을 확인하기 위하여 요청하는 경우
2. 「개인정보 보호법」 제2호제6호가목에 따른 공공기관이 제86조 등 법령에서 정하는 동물보호 업무 수행을 위하여 요청하는 경우
3. 범죄의 수사와 공소의 제기 및 유지, 법원의 재판업무 수행을 위하여 필요한 경우

⑤ 이 법에서 정하는 사항 외에 영상정보처리기기의 설치, 운영 및 관리 등에 관한 사항은 「개인정보 보호법」에 따른다.

제87조(고정형 영상정보처리기기의 설치 등) ① 다음 각 호의 어느 하나에 해당하는 자는 동물학대 방지 등을 위하여 「개인정보 보호법」 제2조제7호에 따른 고정형 영상정보처리기기를 설치하여야 한다. 〈개정 2023. 3. 14.〉

1. 제35조제1항 또는 제36조제1항에 따른 동물보호센터의 장
2. 제37조에 따른 보호시설운영자
3. 제63조제1항제1호다목에 따른 도축장 운영자
4. 제69조제1항에 따른 영업의 허가를 받은 자 또는 제73조제1항에 따라 영업의 등록을 한 자

② 제1항에 따른 고정형 영상정보처리기기의 설치 대상, 장소 및 기준 등에 필요한 사항은 대통령령으로 정한다. 〈개정 2023. 3. 14.〉

③ 제1항에 따라 고정형 영상정보처리기기를 설치·관리하는 자는 동물보호센터·보호시설·영업장의 종사자, 이용자 등 정보주체의 인권이 침해되지 아니하도록 다음 각 호의 사항을 준수하여야 한다. 〈개정 2023. 3. 14.〉

1. 설치 목적과 다른 목적으로 고정형 영상정보처리기기를 임의로 조작하거나 다른 곳을 비추지 아니할 것
2. 녹음기능을 사용하지 아니할 것

④ 제1항에 따라 고정형 영상정보처리기기를 설치·관리하는 자는 다음 각 호의 어느 하나에 해당하는 경우 외에는 고정형 영상정보처리기기로 촬영한 영상기록을 다른 사람에게 제공하여서는 아니 된다. 〈개정 2023. 3. 14.〉

1. 소유자등이 자기 동물의 안전을 확인하기 위하여 요청하는 경우
2. 「개인정보 보호법」 제2호제6호가목에 따른 공공기관이 제86조 등 법령에서 정하는 동물보호 업무 수행을 위하여 요청하는 경우
3. 범죄의 수사와 공소의 제기 및 유지, 법원의 재판업무 수행을 위하여 필요한 경우

⑤ 이 법에서 정하는 사항 외에 고정형 영상정보처리기기의 설치, 운영 및 관리 등에 관한

사항은 「개인정보 보호법」에 따른다. 〈개정 2023. 3. 14.〉
[제목개정 2023. 3. 14.]
[시행일: 2023. 9. 15.] 제87조

제88조(동물보호관) ① 농림축산식품부장관(대통령령으로 정하는 소속 기관의 장을 포함한다), 시·도지사 및 시장·군수·구청장은 동물의 학대 방지 등 동물보호에 관한 사무를 처리하기 위하여 소속 공무원 중에서 동물보호관을 지정하여야 한다.
② 제1항에 따른 동물보호관(이하 "동물보호관"이라 한다)의 자격, 임명, 직무 범위 등에 관한 사항은 대통령령으로 정한다.
③ 동물보호관이 제2항에 따른 직무를 수행할 때에는 농림축산식품부령으로 정하는 증표를 지니고 이를 관계인에게 보여주어야 한다.
④ 누구든지 동물의 특성에 따른 출산, 질병 치료 등 부득이한 사유가 있는 경우를 제외하고는 제2항에 따른 동물보호관의 직무 수행을 거부·방해 또는 기피하여서는 아니 된다.

제89조(학대행위자에 대한 상담·교육 등의 권고) 동물보호관은 학대행위자에 대하여 상담·교육 또는 심리치료 등 필요한 지원을 받을 것을 권고할 수 있다.

제90조(명예동물보호관) ① 농림축산식품부장관, 시·도지사 및 시장·군수·구청장은 동물의 학대 방지 등 동물보호를 위한 지도·계몽 등을 위하여 명예동물보호관을 위촉할 수 있다.
② 제10조를 위반하여 제97조에 따라 형을 선고받고 그 형이 확정된 사람은 제1항에 따른 명예동물보호관(이하 "명예동물보호관"이라 한다)이 될 수 없다.
③ 명예동물보호관의 자격, 위촉, 해촉, 직무, 활동 범위와 수당의 지급 등에 관한 사항은 대통령령으로 정한다.
④ 명예동물보호관은 제3항에 따른 직무를 수행할 때에는 부정한 행위를 하거나 권한을 남용하여서는 아니 된다.
⑤ 명예동물보호관이 그 직무를 수행하는 경우에는 신분을 표시하는 증표를 지니고 이를 관계인에게 보여주어야 한다.

제91조(수수료) 다음 각 호의 어느 하나에 해당하는 자는 농림축산식품부령으로 정하는 바에 따라 수수료를 내야 한다. 다만, 제1호에 해당하는 자에 대하여는 시·도의 조례로 정하는 바에 따라 수수료를 감면할 수 있다.
1. 제15조제1항에 따라 등록대상동물을 등록하려는 자

2. 제31조에 따른 자격시험에 응시하려는 자 또는 자격증의 재발급 등을 받으려는 자
3. 제59조제3항, 제5항 또는 제6항에 따라 동물복지축산농장 인증을 받거나 갱신 및 재심사를 받으려는 자
4. 제69조, 제70조 및 제73조에 따라 영업의 허가 또는 변경허가를 받거나, 영업의 등록 또는 변경등록을 하거나, 변경신고를 하려는 자

제92조(청문) 농림축산식품부장관, 시·도지사 또는 시장·군수·구청장은 다음 각 호의 어느 하나에 해당하는 처분을 하려면 청문을 하여야 한다.

1. 제20조제1항에 따른 맹견사육허가의 철회
2. 제32조제2항에 따른 반려동물행동지도사의 자격취소
3. 제36조제4항에 따른 동물보호센터의 지정취소
4. 제38조제2항에 따른 보호시설의 시설폐쇄
5. 제61조제1항에 따른 인증기관의 지정취소
6. 제65조제1항에 따른 동물복지축산농장의 인증취소
7. 제83조제1항에 따른 영업허가 또는 영업등록의 취소

제93조(권한의 위임·위탁) ① 농림축산식품부장관은 대통령령으로 정하는 바에 따라 이 법에 따른 권한의 일부를 소속기관의 장 또는 시·도지사에게 위임할 수 있다.

② 농림축산식품부장관은 대통령령으로 정하는 바에 따라 이 법에 따른 업무 및 동물복지 진흥에 관한 업무의 일부를 농림축산 또는 동물보호 관련 업무를 수행하는 기관·법인·단체의 장에게 위탁할 수 있다.

③ 농림축산식품부장관은 제1항에 따라 위임한 업무 및 제2항에 따라 위탁한 업무에 관하여 필요하다고 인정하면 업무처리지침을 정하여 통보하거나 그 업무처리를 지도·감독할 수 있다.

④ 제2항에 따라 위탁받은 이 법에 따른 업무를 수행하는 기관·법인·단체의 임원 및 직원은 「형법」 제129조부터 제132조까지의 규정을 적용할 때에는 공무원으로 본다.

⑤ 농림축산식품부장관은 제2항에 따라 업무를 위탁한 기관에 필요한 비용의 전부 또는 일부를 예산의 범위에서 출연 또는 보조할 수 있다.

제94조(실태조사 및 정보의 공개) ① 농림축산식품부장관은 다음 각 호의 정보와 자료를 수집·조사·분석하고 그 결과를 해마다 정기적으로 공표하여야 한다. 다만, 제2호에 해당하는 사항에 관하여는 해당 동물을 관리하는 중앙행정기관의 장 및 관련 기관의 장과 협의하여 결과

공표 여부를 정할 수 있다.

1. 제6조제1항의 동물복지종합계획 수립을 위한 동물의 보호·복지 실태에 관한 사항
2. 제2조제6호에 따른 봉사동물 중 국가소유 봉사동물의 마릿수 및 해당 봉사동물의 관리 등에 관한 사항
3. 제15조에 따른 등록대상동물의 등록에 관한 사항
4. 제34조부터 제36조까지 및 제39조부터 제46조까지의 규정에 따른 동물보호센터와 유실·유기동물 등의 치료·보호 등에 관한 사항
5. 제37조에 따른 보호시설의 운영실태에 관한 사항
6. 제51조부터 제56조까지, 제58조의 규정에 따른 윤리위원회의 운영 및 동물실험 실태, 지도·감독 등에 관한 사항
7. 제59조에 따른 동물복지축산농장 인증현황 등에 관한 사항
8. 제69조 및 제73조에 따른 영업의 허가 및 등록과 운영실태에 관한 사항
9. 제86조제4항에 따른 영업자에 대한 정기점검에 관한 사항
10. 그 밖에 동물의 보호·복지 실태와 관련된 사항

② 농림축산식품부장관은 제1항 각 호에 따른 업무를 효율적으로 추진하기 위하여 실태조사를 실시할 수 있으며, 실태조사를 위하여 필요한 경우 관계 중앙행정기관의 장, 지방자치단체의 장, 공공기관(「공공기관의 운영에 관한 법률」 제4조에 따른 공공기관을 말한다. 이하 같다)의 장, 관련 기관 및 단체, 동물의 소유자등에게 필요한 자료 및 정보의 제공을 요청할 수 있다. 이 경우 자료 및 정보의 제공을 요청받은 자는 정당한 사유가 없는 한 자료 및 정보를 제공하여야 한다.

③ 제2항에 따른 실태조사(현장조사를 포함한다)의 범위, 방법, 그 밖에 필요한 사항은 대통령령으로 정한다.

④ 시·도지사, 시장·군수·구청장, 동물실험시행기관의 장 또는 인증기관은 제1항 각 호의 실적을 다음 연도 1월 31일까지 농림축산식품부장관(대통령령으로 정하는 그 소속기관의 장을 포함한다)에게 보고하여야 한다.

제95조(동물보호정보의 수집 및 활용) ① 농림축산식품부장관은 동물의 생명보호, 안전 보장 및 복지 증진과 건전하고 책임 있는 사육문화를 조성하기 위하여 다음 각 호의 정보(이하 "동물보호정보"라 한다)를 수집하여 체계적으로 관리하여야 한다.

1. 제17조에 따라 맹견수입신고를 한 자 및 신고한 자가 소유한 맹견에 대한 정보
2. 제18조 및 제20조에 따라 맹견사육허가·허가철회를 받은 사람 및 허가받은 사람이 소유한 맹견에 대한 정보

3. 제18조제3항 및 제24조에 따라 기질평가를 받은 동물과 그 소유자에 대한 정보
4. 제69조 및 제70조에 따른 영업의 허가 및 제73조에 따른 영업의 등록에 관한 사항(영업의 허가 및 등록 번호, 업체명, 전화번호, 소재지 등을 포함한다)
5. 제94조제1항 각 호의 정보
6. 그 밖에 동물보호에 관한 정보로서 농림축산식품부장관이 수집·관리할 필요가 있다고 인정하는 정보

② 농림축산식품부장관은 동물보호정보를 체계적으로 관리하고 통합적으로 분석하기 위하여 국가동물보호정보시스템을 구축·운영하여야 한다.

③ 농림축산식품부장관은 동물보호정보의 수집을 위하여 관계 중앙행정기관의 장, 시·도지사 또는 시장·군수·구청장, 경찰관서의 장 등에게 필요한 자료를 요청할 수 있다. 이 경우 관계 중앙행정기관의 장, 시·도지사 또는 시장·군수·구청장, 경찰관서의 장 등은 정당한 사유가 없으면 요청에 응하여야 한다.

④ 시·도지사 및 시장·군수·구청장은 동물의 보호 또는 동물학대 발생 방지를 위하여 필요한 경우 국가동물보호정보시스템에 등록된 관련 정보를 농림축산식품부장관에게 요청할 수 있다. 이 경우 정보활용의 목적과 필요한 정보의 범위를 구체적으로 기재하여 요청하여야 한다.

⑤ 제4항에 따른 정보를 취득한 사람은 같은 항 후단의 요청 목적 외로 해당 정보를 사용하거나 다른 사람에게 정보를 제공 또는 누설하여서는 아니 된다.

⑥ 농림축산식품부장관은 대통령령으로 정하는 바에 따라 제1항제4호의 정보 중 영업의 허가 및 등록 번호, 업체명, 전화번호, 소재지 등을 공개하여야 한다.

⑦ 제1항부터 제6항까지에서 규정한 사항 외에 동물보호정보 등의 수집·관리·공개 및 정보의 요청 방법, 국가동물보호정보시스템의 구축·활용 등에 필요한 사항은 대통령령으로 정한다.

제96조(위반사실의 공표) ① 시·도지사 또는 시장·군수·구청장은 제36조제4항 또는 제38조에 따라 행정처분이 확정된 동물보호센터 또는 보호시설에 대하여 위반행위, 해당 기관·단체 또는 시설의 명칭, 대표자 성명 등 대통령령으로 정하는 사항을 공표할 수 있다.

② 특별자치시장·특별자치도지사·시장·군수·구청장은 제83조부터 제85조까지의 규정에 따라 행정처분이 확정된 영업자에 대하여 위반행위, 해당 영업장의 명칭, 대표자 성명 등 대통령령으로 정하는 사항을 공표할 수 있다.

③ 제1항 및 제2항에 따른 공표 여부를 결정할 때에는 위반행위의 동기, 정도, 횟수 및 결과 등을 고려하여야 한다.

④ 시·도지사 또는 시장·군수·구청장은 제1항 및 제2항에 따른 공표를 실시하기 전에 공표 대상자에게 그 사실을 통지하여 소명자료를 제출하거나 출석하여 의견진술을 할 수 있는 기회를 부여하여야 한다.

⑤ 제1항 및 제2항에 따른 공표의 절차·방법, 그 밖에 필요한 사항은 대통령령으로 정한다.

제8장 벌칙

제97조(벌칙) ① 다음 각 호의 어느 하나에 해당하는 자는 3년 이하의 징역 또는 3천만원 이하의 벌금에 처한다.

1. 제10조제1항 각 호의 어느 하나를 위반한 자
2. 제10조제3항제2호 또는 같은 조 제4항제3호를 위반한 자
3. 제16조제1항 또는 같은 조 제2항제1호를 위반하여 사람을 사망에 이르게 한 자
4. 제21조제1항 각 호를 위반하여 사람을 사망에 이르게 한 자

② 다음 각 호의 어느 하나에 해당하는 자는 2년 이하의 징역 또는 2천만원 이하의 벌금에 처한다.

1. 제10조제2항 또는 같은 조 제3항제1호·제3호·제4호의 어느 하나를 위반한 자
2. 제10조제4항제1호를 위반하여 맹견을 유기한 소유자등
3. 제10조제4항제2호를 위반한 소유자등
4. 제16조제1항 또는 같은 조 제2항제1호를 위반하여 사람의 신체를 상해에 이르게 한 자
5. 제21조제1항 각 호의 어느 하나를 위반하여 사람의 신체를 상해에 이르게 한 자
6. 제67조제1항제1호를 위반하여 거짓이나 그 밖의 부정한 방법으로 인증농장 인증을 받은 자
7. 제67조제1항제2호를 위반하여 인증을 받지 아니한 축산농장을 인증농장으로 표시한 자
8. 제67조제1항제3호를 위반하여 거짓이나 그 밖의 부정한 방법으로 인증심사·재심사 및 인증갱신을 하거나 받을 수 있도록 도와주는 행위를 한 자
9. 제69조제1항 또는 같은 조 제4항을 위반하여 허가 또는 변경허가를 받지 아니하고 영업을 한 자
10. 거짓이나 그 밖의 부정한 방법으로 제69조제1항에 따른 허가 또는 같은 조 제4항에 따른 변경허가를 받은 자
11. 제70조제1항을 위반하여 맹견취급허가 또는 변경허가를 받지 아니하고 맹견을 취급하는

영업을 한 자

12. 거짓이나 그 밖의 부정한 방법으로 제70조제1항에 따른 맹견취급허가 또는 변경허가를 받은 자

13. 제72조를 위반하여 설치가 금지된 곳에 동물장묘시설을 설치한 자

14. 제85조제1항에 따른 영업장 폐쇄조치를 위반하여 영업을 계속한 자

③ 다음 각 호의 어느 하나에 해당하는 자는 1년 이하의 징역 또는 1천만원 이하의 벌금에 처한다. 〈개정 2023. 6. 20.〉

1. 제18조제1항을 위반하여 맹견사육허가를 받지 아니한 자
2. 제33조제1항을 위반하여 반려동물행동지도사의 명칭을 사용한 자
3. 제33조제2항을 위반하여 다른 사람에게 반려동물행동지도사의 명의를 사용하게 하거나 그 자격증을 대여한 자 또는 반려동물행동지도사의 명의를 사용하거나 그 자격증을 대여받은 자
4. 제33조제3항을 위반한 자
5. 제73조제1항 또는 같은 조 제4항을 위반하여 등록 또는 변경등록을 하지 아니하고 영업을 한 자
6. 거짓이나 그 밖의 부정한 방법으로 제73조제1항에 따른 등록 또는 같은 조 제4항에 따른 변경등록을 한 자
7. 제78조제1항제11호를 위반하여 다른 사람의 영업명의를 도용하거나 대여받은 자 또는 다른 사람에게 자기의 영업명의나 상호를 사용하게 한 영업자

7의2. 제78조제5항제3호를 위반하여 자신의 영업장에 있는 동물장묘시설을 다른 자에게 대여한 영업자

8. 제83조를 위반하여 영업정지 기간에 영업을 한 자
9. 제87조제3항을 위반하여 설치 목적과 다른 목적으로 영상정보처리기기를 임의로 조작하거나 다른 곳을 비춘 자 또는 녹음기능을 사용한 자
10. 제87조제4항을 위반하여 영상기록을 목적 외의 용도로 다른 사람에게 제공한 자

④ 다음 각 호의 어느 하나에 해당하는 자는 500만원 이하의 벌금에 처한다.

1. 제29조제1항을 위반하여 업무상 알게 된 비밀을 누설한 기질평가위원회의 위원 또는 위원이었던 자
2. 제37조제1항에 따른 신고를 하지 아니하고 보호시설을 운영한 자
3. 제38조제2항에 따른 폐쇄명령에 따르지 아니한 자
4. 제54조제3항을 위반하여 비밀을 누설하거나 도용한 윤리위원회의 위원 또는 위원이었던 자(제52조제3항에서 준용하는 경우를 포함한다)

5. 제78조제2항제1호를 위반하여 월령이 12개월 미만인 개·고양이를 교배 또는 출산시킨 영업자
6. 제78조제2항제2호를 위반하여 동물의 발정을 유도한 영업자
7. 제78조제5항제1호를 위반하여 살아있는 동물을 처리한 영업자
8. 제95조제5항을 위반하여 요청 목적 외로 정보를 사용하거나 다른 사람에게 정보를 제공 또는 누설한 자

⑤ 다음 각 호의 어느 하나에 해당하는 자는 300만원 이하의 벌금에 처한다.

1. 제10조제4항제1호를 위반하여 동물을 유기한 소유자등(맹견을 유기한 경우는 제외한다)
2. 제10조제5항제1호를 위반하여 사진 또는 영상물을 판매·전시·전달·상영하거나 인터넷에 게재한 자
3. 제10조제5항제2호를 위반하여 도박을 목적으로 동물을 이용한 자 또는 동물을 이용하는 도박을 행할 목적으로 광고·선전한 자
4. 제10조제5항제3호를 위반하여 도박·시합·복권·오락·유흥·광고 등의 상이나 경품으로 동물을 제공한 자
5. 제10조제5항제4호를 위반하여 영리를 목적으로 동물을 대여한 자
6. 제18조제4항 후단에 따른 인도적인 방법에 의한 처리 명령에 따르지 아니한 맹견의 소유자
7. 제20조제2항에 따른 인도적인 방법에 의한 처리 명령에 따르지 아니한 맹견의 소유자
8. 제24조제1항에 따른 기질평가 명령에 따르지 아니한 맹견 아닌 개의 소유자
9. 제46조제2항을 위반하여 수의사에 의하지 아니하고 동물의 인도적인 처리를 한 자
10. 제49조를 위반하여 동물실험을 한 자
11. 제78조제4항제1호를 위반하여 월령이 2개월 미만인 개·고양이를 판매(알선 또는 중개를 포함한다)한 영업자
12. 제85조제2항에 따른 게시문 등 또는 봉인을 제거하거나 손상시킨 자

⑥ 상습적으로 제1항부터 제5항까지의 죄를 지은 자는 그 죄에 정한 형의 2분의 1까지 가중한다.

제97조(벌칙) ① 다음 각 호의 어느 하나에 해당하는 자는 3년 이하의 징역 또는 3천만원 이하의 벌금에 처한다.

1. 제10조제1항 각 호의 어느 하나를 위반한 자
2. 제10조제3항제2호 또는 같은 조 제4항제3호를 위반한 자
3. 제16조제1항 또는 같은 조 제2항제1호를 위반하여 사람을 사망에 이르게 한 자
4. 제21조제1항 각 호를 위반하여 사람을 사망에 이르게 한 자

② 다음 각 호의 어느 하나에 해당하는 자는 2년 이하의 징역 또는 2천만원 이하의 벌금에 처한다.

1. 제10조제2항 또는 같은 조 제3항제1호·제3호·제4호의 어느 하나를 위반한 자
2. 제10조제4항제1호를 위반하여 맹견을 유기한 소유자등
3. 제10조제4항제2호를 위반한 소유자등
4. 제16조제1항 또는 같은 조 제2항제1호를 위반하여 사람의 신체를 상해에 이르게 한 자
5. 제21조제1항 각 호의 어느 하나를 위반하여 사람의 신체를 상해에 이르게 한 자
6. 제67조제1항제1호를 위반하여 거짓이나 그 밖의 부정한 방법으로 인증농장 인증을 받은 자
7. 제67조제1항제2호를 위반하여 인증을 받지 아니한 축산농장을 인증농장으로 표시한 자
8. 제67조제1항제3호를 위반하여 거짓이나 그 밖의 부정한 방법으로 인증심사·재심사 및 인증갱신을 하거나 받을 수 있도록 도와주는 행위를 한 자
9. 제69조제1항 또는 같은 조 제4항을 위반하여 허가 또는 변경허가를 받지 아니하고 영업을 한 자
10. 거짓이나 그 밖의 부정한 방법으로 제69조제1항에 따른 허가 또는 같은 조 제4항에 따른 변경허가를 받은 자
11. 제70조제1항을 위반하여 맹견취급허가 또는 변경허가를 받지 아니하고 맹견을 취급하는 영업을 한 자
12. 거짓이나 그 밖의 부정한 방법으로 제70조제1항에 따른 맹견취급허가 또는 변경허가를 받은 자
13. 제72조를 위반하여 설치가 금지된 곳에 동물장묘시설을 설치한 자
14. 제85조제1항에 따른 영업장 폐쇄조치를 위반하여 영업을 계속한 자

③ 다음 각 호의 어느 하나에 해당하는 자는 1년 이하의 징역 또는 1천만원 이하의 벌금에 처한다. 〈개정 2023. 3. 14., 2023. 6. 20.〉

1. 제18조제1항을 위반하여 맹견사육허가를 받지 아니한 자
2. 제33조제1항을 위반하여 반려동물행동지도사의 명칭을 사용한 자
3. 제33조제2항을 위반하여 다른 사람에게 반려동물행동지도사의 명의를 사용하게 하거나 그 자격증을 대여한 자 또는 반려동물행동지도사의 명의를 사용하거나 그 자격증을 대여받은 자
4. 제33조제3항을 위반한 자
5. 제73조제1항 또는 같은 조 제4항을 위반하여 등록 또는 변경등록을 하지 아니하고 영업을 한 자

6. 거짓이나 그 밖의 부정한 방법으로 제73조제1항에 따른 등록 또는 같은 조 제4항에 따른 변경등록을 한 자
7. 제78조제1항제11호를 위반하여 다른 사람의 영업명의를 도용하거나 대여받은 자 또는 다른 사람에게 자기의 영업명의나 상호를 사용하게 한 영업자

7의2. 제78조제5항제3호를 위반하여 자신의 영업장에 있는 동물장묘시설을 다른 자에게 대여한 영업자

8. 제83조를 위반하여 영업정지 기간에 영업을 한 자
9. 제87조제3항을 위반하여 설치 목적과 다른 목적으로 고정형 영상정보처리기기를 임의로 조작하거나 다른 곳을 비춘 자 또는 녹음기능을 사용한 자
10. 제87조제4항을 위반하여 영상기록을 목적 외의 용도로 다른 사람에게 제공한 자

④ 다음 각 호의 어느 하나에 해당하는 자는 500만원 이하의 벌금에 처한다.

1. 제29조제1항을 위반하여 업무상 알게 된 비밀을 누설한 기질평가위원회의 위원 또는 위원이었던 자
2. 제37조제1항에 따른 신고를 하지 아니하고 보호시설을 운영한 자
3. 제38조제2항에 따른 폐쇄명령에 따르지 아니한 자
4. 제54조제3항을 위반하여 비밀을 누설하거나 도용한 윤리위원회의 위원 또는 위원이었던 자(제52조제3항에서 준용하는 경우를 포함한다)
5. 제78조제2항제1호를 위반하여 월령이 12개월 미만인 개·고양이를 교배 또는 출산시킨 영업자
6. 제78조제2항제2호를 위반하여 동물의 발정을 유도한 영업자
7. 제78조제5항제1호를 위반하여 살아있는 동물을 처리한 영업자
8. 제95조제5항을 위반하여 요청 목적 외로 정보를 사용하거나 다른 사람에게 정보를 제공 또는 누설한 자

⑤ 다음 각 호의 어느 하나에 해당하는 자는 300만원 이하의 벌금에 처한다.

1. 제10조제4항제1호를 위반하여 동물을 유기한 소유자등(맹견을 유기한 경우는 제외한다)
2. 제10조제5항제1호를 위반하여 사진 또는 영상물을 판매·전시·전달·상영하거나 인터넷에 게재한 자
3. 제10조제5항제2호를 위반하여 도박을 목적으로 동물을 이용한 자 또는 동물을 이용하는 도박을 행할 목적으로 광고·선전한 자
4. 제10조제5항제3호를 위반하여 도박·시합·복권·오락·유흥·광고 등의 상이나 경품으로 동물을 제공한 자
5. 제10조제5항제4호를 위반하여 영리를 목적으로 동물을 대여한 자

6. 제18조제4항 후단에 따른 인도적인 방법에 의한 처리 명령에 따르지 아니한 맹견의 소유자
7. 제20조제2항에 따른 인도적인 방법에 의한 처리 명령에 따르지 아니한 맹견의 소유자
8. 제24조제1항에 따른 기질평가 명령에 따르지 아니한 맹견 아닌 개의 소유자
9. 제46조제2항을 위반하여 수의사에 의하지 아니하고 동물의 인도적인 처리를 한 자
10. 제49조를 위반하여 동물실험을 한 자
11. 제78조제4항제1호를 위반하여 월령이 2개월 미만인 개·고양이를 판매(알선 또는 중개를 포함한다)한 영업자
12. 제85조제2항에 따른 게시문 등 또는 봉인을 제거하거나 손상시킨 자

⑥ 상습적으로 제1항부터 제5항까지의 죄를 지은 자는 그 죄에 정한 형의 2분의 1까지 가중한다.

[시행일: 2023. 9. 15.] 제97조

제98조(벌칙) 제100조제1항에 따라 이수명령을 부과받은 사람이 보호관찰소의 장 또는 교정시설의 장의 이수명령 이행에 관한 지시에 따르지 아니하여 「보호관찰 등에 관한 법률」 또는 「형의 집행 및 수용자의 처우에 관한 법률」에 따른 경고를 받은 후 재차 정당한 사유 없이 이수명령 이행에 관한 지시를 따르지 아니한 경우에는 다음 각 호에 따른다.

1. 벌금형과 병과된 경우에는 500만원 이하의 벌금에 처한다.
2. 징역형 이상의 실형과 병과된 경우에는 1년 이하의 징역 또는 1천만원 이하의 벌금에 처한다.

제99조(양벌규정) 법인의 대표자나 법인 또는 개인의 대리인, 사용인, 그 밖의 종업원이 그 법인 또는 개인의 업무에 관하여 제97조에 따른 위반행위를 하면 그 행위자를 벌하는 외에 그 법인 또는 개인에게도 해당 조문의 벌금형을 과한다. 다만, 법인 또는 개인이 그 위반행위를 방지하기 위하여 해당 업무에 관하여 상당한 주의와 감독을 게을리하지 아니한 경우에는 그러하지 아니하다.

제100조(형벌과 수강명령 등의 병과) ① 법원은 제97조제1항제1호부터 제4호까지 및 같은 조 제2항제1호부터 제5호까지의 죄를 지은 자(이하 이 조에서 "동물학대행위자등"이라 한다)에게 유죄판결(선고유예는 제외한다)을 선고하면서 200시간의 범위에서 재범예방에 필요한 수강명령(「보호관찰 등에 관한 법률」에 따른 수강명령을 말한다. 이하 같다) 또는 치료프로그램의 이수명령(이하 "이수명령"이라 한다)을 병과할 수 있다. 〈개정 2023. 6. 20.〉

② 동물학대행위자등에게 부과하는 수강명령은 형의 집행을 유예할 경우에는 그 집행유예기

간 내에서 병과하고, 이수명령은 벌금형 또는 징역형의 실형을 선고할 경우에 병과한다. 〈개정 2023. 6. 20.〉

③ 법원이 동물학대행위자등에 대하여 형의 집행을 유예하는 경우에는 제1항에 따른 수강명령 외에 그 집행유예기간 내에서 보호관찰 또는 사회봉사 중 하나 이상의 처분을 병과할 수 있다. 〈개정 2023. 6. 20.〉

④ 제1항에 따른 수강명령 또는 이수명령은 형의 집행을 유예할 경우에는 그 집행유예기간 내에, 벌금형을 선고할 경우에는 형 확정일부터 6개월 이내에, 징역형의 실형을 선고할 경우에는 형기 내에 각각 집행한다.

⑤ 제1항에 따른 수강명령 또는 이수명령이 벌금형 또는 형의 집행유예와 병과된 경우에는 보호관찰소의 장이 집행하고, 징역형의 실형과 병과된 경우에는 교정시설의 장이 집행한다. 다만, 징역형의 실형과 병과된 이수명령을 모두 이행하기 전에 석방 또는 가석방되거나 미결구금일수 산입 등의 사유로 형을 집행할 수 없게 된 경우에는 보호관찰소의 장이 남은 이수명령을 집행한다.

⑥ 제1항에 따른 수강명령 또는 이수명령의 내용은 다음 각 호의 구분에 따른다. 〈개정 2023. 6. 20.〉

1. 제97조제1항제1호·제2호 및 같은 조 제2항제1호부터 제3호까지의 죄를 지은 자
   가. 동물학대 행동의 진단·상담
   나. 소유자등으로서의 기본 소양을 갖추게 하기 위한 교육
   다. 그 밖에 동물학대행위자의 재범 예방을 위하여 필요한 사항
2. 제97조제1항제3호·제4호 및 같은 조 제2항제4호·제5호의 죄를 지은 자
   가. 등록대상동물, 맹견 등의 안전한 사육 및 관리에 관한 사항
   나. 그 밖에 개물림 관련 재범 예방을 위하여 필요한 사항
3. 삭제 〈2023. 6. 20.〉

⑦ 형벌과 병과하는 수강명령 및 이수명령에 관하여 이 법에서 규정한 사항 외에는 「보호관찰 등에 관한 법률」을 준용한다.

제101조(과태료) ① 다음 각 호의 어느 하나에 해당하는 자에게는 500만원 이하의 과태료를 부과한다.

1. 제51조제1항을 위반하여 윤리위원회를 설치·운영하지 아니한 동물실험시행기관의 장
2. 제51조제3항을 위반하여 윤리위원회의 심의를 거치지 아니하고 동물실험을 한 동물실험시행기관의 장
3. 제51조제4항을 위반하여 윤리위원회의 변경심의를 거치지 아니하고 동물실험을 한 동물실

험시행기관의 장(제52조제3항에서 준용하는 경우를 포함한다)

4. 제55조제1항을 위반하여 심의 후 감독을 요청하지 아니한 경우 해당 동물실험시행기관의 장(제52조제3항에서 준용하는 경우를 포함한다)
5. 제55조제3항을 위반하여 정당한 사유 없이 실험 중지 요구를 따르지 아니하고 동물실험을 한 동물실험시행기관의 장(제52조제3항에서 준용하는 경우를 포함한다)
6. 제55조제4항을 위반하여 윤리위원회의 심의 또는 변경심의를 받지 아니하고 동물실험을 재개한 동물실험시행기관의 장(제52조제3항에서 준용하는 경우를 포함한다)
7. 제58조제2항을 위반하여 개선명령을 이행하지 아니한 동물실험시행기관의 장
8. 제67조제1항제4호가목을 위반하여 동물복지축산물 표시를 한 자
9. 제78조제1항제7호를 위반하여 영업별 시설 및 인력 기준을 준수하지 아니한 영업자

② 다음 각 호의 어느 하나에 해당하는 자에게는 300만원 이하의 과태료를 부과한다.

1. 제17조제1항을 위반하여 맹견수입신고를 하지 아니한 자
2. 제21조제1항 각 호를 위반한 맹견의 소유자등
3. 제21조제3항을 위반하여 맹견의 안전한 사육 및 관리에 관한 교육을 받지 아니한 자
4. 제22조를 위반하여 맹견을 출입하게 한 소유자등
5. 제23조제1항을 위반하여 보험에 가입하지 아니한 소유자
6. 제24조제5항에 따른 교육이수명령 또는 개의 훈련 명령에 따르지 아니한 소유자
7. 제37조제4항을 위반하여 시설 및 운영 기준 등을 준수하지 아니하거나 시설정비 등의 사후관리를 하지 아니한 자
8. 제37조제5항에 따른 신고를 하지 아니하고 보호시설의 운영을 중단하거나 보호시설을 폐쇄한 자
9. 제38조제1항에 따른 중지명령이나 시정명령을 3회 이상 반복하여 이행하지 아니한 자
10. 제48조제1항을 위반하여 전임수의사를 두지 아니한 동물실험시행기관의 장
11. 제67조제1항제4호나목 또는 다목을 위반하여 동물복지축산물 표시를 한 자
12. 제70조제3항을 위반하여 맹견 취급의 사실을 신고하지 아니한 영업자
13. 제76조제1항을 위반하여 휴업·폐업 또는 재개업의 신고를 하지 아니한 영업자
14. 제76조제2항을 위반하여 동물처리계획서를 제출하지 아니하거나 같은 조 제3항에 따른 처리결과를 보고하지 아니한 영업자
15. 제78조제1항제3호를 위반하여 노화나 질병이 있는 동물을 유기하거나 폐기할 목적으로 거래한 영업자
16. 제78조제1항제4호를 위반하여 동물의 번식, 반입·반출 등의 기록, 관리 및 보관을 하지 아니한 영업자

17. 제78조제1항제5호를 위반하여 영업허가번호 또는 영업등록번호를 명시하지 아니하고 거래금액을 표시한 영업자
18. 제78조제3항제1호를 위반하여 수입신고를 하지 아니하거나 거짓이나 그 밖의 부정한 방법으로 수입신고를 한 영업자

③ 다음 각 호의 어느 하나에 해당하는 자에게는 100만원 이하의 과태료를 부과한다.

1. 제11조제1항제4호 또는 제5호를 위반하여 동물을 운송한 자
2. 제11조제1항을 위반하여 제69조제1항의 동물을 운송한 자
3. 제12조를 위반하여 반려동물을 전달한 자
4. 제15조제1항을 위반하여 등록대상동물을 등록하지 아니한 소유자
5. 제27조제4항을 위반하여 정당한 사유 없이 출석, 자료제출요구 또는 기질평가와 관련한 조사를 거부한 자
6. 제36조제6항에 따라 준용되는 제35조제5항을 위반하여 교육을 받지 아니한 동물보호센터의 장 및 그 종사자
7. 제37조제2항에 따른 변경신고를 하지 아니하거나 같은 조 제5항에 따른 운영재개신고를 하지 아니한 자
8. 제50조를 위반하여 미성년자에게 동물 해부실습을 하게 한 자
9. 제57조제1항을 위반하여 교육을 이수하지 아니한 윤리위원회의 위원
10. 정당한 사유 없이 제66조제3항에 따른 조사를 거부·방해하거나 기피한 자
11. 제68조제2항을 위반하여 인증을 받은 자의 지위를 승계하고 그 사실을 신고하지 아니한 자
12. 제69조제4항 단서 또는 제73조제4항 단서를 위반하여 경미한 사항의 변경을 신고하지 아니한 영업자
13. 제75조제3항을 위반하여 영업자의 지위를 승계하고 그 사실을 신고하지 아니한 자
14. 제78조제1항제8호를 위반하여 종사자에게 교육을 실시하지 아니한 영업자
15. 제78조제1항제9호를 위반하여 영업실적을 보고하지 아니한 영업자
16. 제78조제1항제10호를 위반하여 등록대상동물의 등록 및 변경신고의무를 고지하지 아니한 영업자
17. 제78조제3항제2호를 위반하여 신고한 사항과 다른 용도로 동물을 사용한 영업자
18. 제78조제5항제2호를 위반하여 등록대상동물의 사체를 처리한 후 신고하지 아니한 영업자
19. 제78조제6항에 따라 동물의 보호와 공중위생상의 위해 방지를 위하여 농림축산식품부령으로 정하는 준수사항을 지키지 아니한 영업자
20. 제79조를 위반하여 등록대상동물의 등록을 신청하지 아니하고 판매한 영업자

21. 제82조제2항 또는 제3항을 위반하여 교육을 받지 아니하고 영업을 한 영업자
22. 제86조제1항제1호에 따른 자료제출 요구에 응하지 아니하거나 거짓 자료를 제출한 동물의 소유자등
23. 제86조제1항제2호에 따른 출입·검사를 거부·방해 또는 기피한 동물의 소유자등
24. 제86조제2항에 따른 보고·자료제출을 하지 아니하거나 거짓으로 보고·자료제출을 한 자 또는 같은 항에 따른 출입·조사·검사를 거부·방해·기피한 자
25. 제86조제1항제3호 또는 같은 조 제7항에 따른 시정명령 등의 조치에 따르지 아니한 자
26. 제88조제4항을 위반하여 동물보호관의 직무 수행을 거부·방해 또는 기피한 자

④ 다음 각 호의 어느 하나에 해당하는 자에게는 50만원 이하의 과태료를 부과한다.

1. 제15조제2항을 위반하여 정해진 기간 내에 신고를 하지 아니한 소유자
2. 제15조제3항을 위반하여 소유권을 이전받은 날부터 30일 이내에 신고를 하지 아니한 자
3. 제16조제1항을 위반하여 소유자등 없이 등록대상동물을 기르는 곳에서 벗어나게 한 소유자등
4. 제16조제2항제1호에 따른 안전조치를 하지 아니한 소유자등
5. 제16조제2항제2호를 위반하여 인식표를 부착하지 아니한 소유자등
6. 제16조제2항제3호를 위반하여 배설물을 수거하지 아니한 소유자등
7. 제94조제2항을 위반하여 정당한 사유 없이 자료 및 정보의 제공을 하지 아니한 자

⑤ 제1항부터 제4항까지의 과태료는 대통령령으로 정하는 바에 따라 농림축산식품부장관, 시·도지사 또는 시장·군수·구청장이 부과·징수한다.

부칙 〈제19486호, 2023. 6. 20.〉

이 법은 공포한 날부터 시행한다. 다만, 법률 제18853호 동물보호법 전부개정법률 제64조제1항제3호부터 제5호까지의 개정규정은 2024년 4월 27일부터 시행한다.

참고문헌

구자억 외(2021). 5차 산업혁명 시대 리더가 되라. 동문사.

김상균(2020). 메타버스. 플랜디자인.

김재영 외(2021). 이것이 메타버스다. 미디어북.

김주환(2011). 회복탄력성. 위즈덤하우스.

김현수(2016). 제4차 산업혁명의 서비스경제화 촉진 연구. 서비스연구, 6(3).

다니엘 핑크(2012). 새로운 미래가 온다_A Whole New Mind. 김명철 역, 한국경제신문 한경BP.

류기락(2017). 사람 중심 4차산업혁명을 위한 몇 가지 제안. The HRD Review, 20(4), 한국직업능력개발원.

이경호(2019). 4차 산업혁명시대 인재상분석을 통한 교육과제 탐색. 한국교육학연구, 25(2).

이재형 외(2020). 테크로사피엔스. 중앙books.

이지성(2019). (인공지능에 대체되지 않는 나를 만드는 법) 에이트. 차이정원.

이해성(2020). 1등의 독서법. 미다스북스.

일본경제신문사(2019). AI 2045. 인공지능 미래보고서.

최경선(2019). BIG DATA로 보는 반려동물산업의 미래. 박영story.

최동락 외(2020). 부산광역시 반려동물 양육 현황과 관리방안. BDi부산연구원.

KB금융그룹(2018-2021). 한국 반려동물보고서. KB경영연구소.

KOTRA(2020-2021). 해외시장 뉴스.

GPT-3.5 - Open AI

https://www.dailyvet.co.kr/news/industry/149144.

https://www.dailyvet.co.kr/news/industry/150260.

https://www.dailyvet.co.kr/news/industry/130056.

https://www.dailyvet.co.kr/news/industry/88780.

https://www.1cup.kr/con_news/26557.

https://www.dailyvet.co.kr/news/industry/92398.

https://www.hankyung.com/it/article/202103096740i.

https://www.zoetis.kr.

https://blog.daum.net/ardc/521

https://dream.kotra.or.kr/kotranews/cms/news

https://dream.kotra.or.kr/kotranews/cms/news

https://icibs.org/news/70050

https://www.dreamstime.com/illustrations-concept138759322

저자소개

■ 최동락

현. 부산경상대학교 반려동물산업과 교수
전. 부천대학교, 대경대학교 교수

대구대학교 경영학 박사
대만 봉갑대학교 경영학 석사

현. 한국반려동물학회장
현. 해운대구청 동물복지위원장
현. 부산시반려동물사관학교장
수상: 2020 부산광역시장 표창(반려동물교육문화)

■ 김송병

현. 대경대학교 동물사육복지과 교수
현. 대경대학교 k-공연예술대학 학장
현. 대경대학교 취업역량강화 본부장
전. 호주 빅토리아대학교 객원교수

영남대학교 경영학 박사

■ 김현주

현. 부천대학교 반려동물과 교수

국립경상대학교 수의학과 학사
서울대학교 수의학과 석사, 박사수료

동물보건사 대학교육협회 이사
한국동물매개심리치료학회 윤리위원장
경기도 창업지원사업 산학연협의체 전문가
IACUC 운영회 위원

■ 김병석

현. 부산경상대학교 반려동물보건(산업)과 교수

원광대학교 농학박사

부산경상대 동물교감심리치유 연구센터장
한국반려동물학회 윤리위원장
농축산식품부 치유농업사 국가자격증 전문강사
부산시 반려동물교육 전문강사

반려동물산업의 이해 개정판

초 판 1쇄 발행 / 2022년 8월 30일
개정판 1쇄 발행 / 2023년 8월 25일

공저자 / 최동락 · 김송병 ·
김현주 · 김병석
발행인 / 이 중 수
발행처 / 동 문 사

서울특별시 서대문구 홍제원 1길 12
(홍제동 137-8)
Tel: 02)736-3718(대), 736-3710, 3720
Fax: 02)736-3719
등록번호: 1974.04.27. 제9-17호
가격: 22,000원

ISBN: 979-11-6328-537-3 (93500)
E-mail: dong736@naver.com
www.dongmunsa.com